이재철 목사의 로마서

이재철 목사의 로마서

ROMANS

2

로마서 8-12장

영화롭게 하셨느니라

이재철

홍성사

책을 내면서

주님의교회에서 로마서를 설교한 것은 1992년 5월 20일부터 1995년 12월 27일까지였습니다. 그때 하나님께서 넘치도록 부어 주셨던 은혜를, 저는 지금도 생생하게 기억하고 있습니다. 자칫 공기의 진동으로 끝나 버릴 수도 있었던 그 은혜가, 이번에 홍성사의 수고를 통해 사라지지 않는 기록으로 남게 되었습니다. 말을 글로 정리하는 것이 참으로 어려운 일인데도, 홍성사 가족들이 오래전의 말을 현재의 글로 잘 표현해 주었습니다. 이 모든 과정을 섭리하신 하나님께, 그리고 수고하신 홍성사 가족 모든 분들께 진심으로 감사드립니다.

2015년 5월 양화진에서

이재철

로마서 11장

로마서 12장

일러두기

- 〈이재철 목사의 로마서〉는 이재철 목사가 주님의교회에서 목회하면서, 수요성경공부 시간에 로마서를 본문으로 설교한 내용을 엮은 것입니다. 제2권에는 1993년 3월 24일부터 1994년 안식년을 거쳐 1995년 2월 22일까지 설교한 내용을 담았습니다.

- 제2권에는 로마서 8장부터 12장 6-8절까지를 본문으로 한 설교를 담았고, 제3권에는 로마서 12장 6-8절을 동일하게 본문으로 삼은 설교부터 로마서 마지막 16장을 본문으로 한 설교를 담았습니다.

- 당시 설교가 행해졌으나 녹음이 남아 있지 않아, 아래 설교들은 이 책에 담겨 있지 않습니다.
- 차례에서 3번과 4번 설교 사이에 '생각하건대'(롬 8:18, 1993.4.28), 4번과 5번 설교 사이에 '모든 것이 합력하여'(롬 8:26-28, 1993.5.26), 6번과 7번 설교 사이에 '저주를 받아 끊어질지라도'(롬 9:1-5, 1993.6.23), '이스라엘 사람이라'(롬 9:4-5, 1993.6.30), 8번과 9번 설교 사이에 '사랑한 자라 부르리라'(롬 9:19-29, 1993.8.11).

- 펴내는 과정에서 원고에 대한 저자의 별도 검토 없이, 편집팀이 녹취원고를 교정·교열하고 오늘날의 정황에 맞지 않는 내용을 적절히 거르고 다듬었습니다.

- 본문에 인용한 성경 구절은 개역개정판 성경을, 찬송가는 새찬송가를 기본으로 하였습니다. 개역개정판 외의 성경 역본을 따랐을 경우 별도 표기했습니다.

- 본문에서 괄호 속의 * 표시는 해당 괄호 속 내용이 편집자 주임을 나타냅니다.

로마서 8장

1
결코 정죄함이 없나니

로마서 8장 1-4절

그러므로 이제 그리스도 예수 안에 있는 자에게는 **결코 정죄함이 없나니** 이는 그리스도 예수 안에 있는 생명의 성령의 법이 죄와 사망의 법에서 너를 해방하였음이라 율법이 육신으로 말미암아 연약하여 할 수 없는 그것을 하나님은 하시나니 곧 죄로 말미암아 자기 아들을 죄 있는 육신의 모양으로 보내어 육신에 죄를 정하사 육신을 따르지 않고 그 영을 따라 행하는 우리에게 율법의 요구가 이루어지게 하려 하심이니라

로마서 7장에서는 예수 그리스도를 믿고 구원받은 사람들이 겪는 내적 갈등과 번민을 살펴보았습니다. 반면, 로마서 8장은 예수 그리스도를 믿고 구원받은 이들이 누리는 승리와 영광을 다룹니다. 이 같은 내용을 다루기에, 로마서 총 열여섯 장 가운데 8장이 가장 중요한 장으로 꼽힙니다. 어떤 신학자는 성경 한 권을 몽땅 잊어버릴지라도 로마서 8장만 잘 기억하면 그리스도인으로 살아가는 데 무리가 없다고 말할 정도로 그 중요성을 강조합니다.

로마서 8장 1절은 "그러므로"라는 단어로 시작합니다. 이 단어가 로마서 7장 전체를 받고 있습니다. 따라서 7장에 대한 바른 이해가 없으면 8장 또한 제대로 이해할 수 없습니다. 로마서 7장의 기초 위에서 로마서 8장이 시작됩니다.

지난 시간 우리는 로마서 7장을 마무리하면서 세 가지 교훈을 얻었습니다. 첫째, 그리스도인과 성화의 관계입니다. 예수 그리스도를 믿어 구원받은 사람은 성화, 즉 거룩한 삶을 살아야 합니다. 거룩한 삶이란 율법의 내용과 정신을 실천하는 삶입니다. 어느 정도로 살아야 합니까? 율법의 일점일획도 빠뜨리지 않고 완성하는 삶을 살아야 하는 것입니다. 주님께서 "하늘에 계신 너희 아버지의 온전하심과 같이 너희도 온전하라"(마 5:48)고 말씀하셨습니다. 이 말씀의 의미는, 하나님께서 하나님으로서 온전하심같이 사람은 사람으로서 온전하라는 것입니다. 모든 사람이 저마다 처한 입장과 수준이 다릅니다. 그러므로 사람으로서 온전하라는 것은 각자 자기 수준에서 온전해야 한다는 것입니다. 다른 사람과 비교해서 나의 온전함이 더할 수도 있고 훨씬 못할 수도 있습니다. 비록 못하다 할지라도, 내 마음이 하나님의 법에 묶여 있는 한은 문제가 되지 않습니다. 내가 온전함을 위한 도상에 있는 한, 하나님께서 언젠가는 나의 온전함을 이루실 것이기 때문입니다.

좋은 예가 나아만 이야기입니다. 아람의 군대 장관 나아만은 이스라엘의 엘리사를 찾아와 그의 말에 순종함으로, 한센병이 나으면서 하나님의 실체를 경험했습니다. 그래서 엘리사에게 이제부터 여호와 하나님만이 참신임을 알았으니 그분만 섬기겠다고 하였습니다. 그런데 고민이 있었습니다. 자기가 모시는 왕이 림몬이라는 우상에게 절할 때, 부하인 자신도 림몬에게 절할 수밖에 없다는 것이었습니다. 그래서 엘리사에게 그런 자신의 처지를 이해해 달라고 했습니다. 그때 엘리사가 나아만에게 "평안히 가라"(왕하 5:19)고 대답했습니다. 평안히 가라는 것은 그렇게 하라는 것이었습니다. 만약 목사인 제가 엘리사에게 나아만처럼 말했다고 하십시다. 엘리사가 동일하게 평안히 가라고 답했겠습니까? 그러고도 당신이 목사냐고 반문했을 것입니다. 이방인인 나아만의 수준에서는 그처럼 고민했다는 것만으로 칭찬받을 만합니다. 여하튼 그 마음이 하나님의 법에 묶여 있는 한 문제가 되지 않기에, 엘리사가 평안히 가라고 한 것입니다.

이상이 열왕기하 5장에 나오는 이야기입니다. 그런데 6장에서 아람 나라가 이스라엘을 침공하는 이야기로 이어질 때, 나아만 장군의 이름이 빠져 있음을 볼 수 있습니다. 이것이 무엇을 의미합니까? 나아만 장군은 하나님의 법에 묶여 있으면서 우상에게 절을 하다 보니, 하나님의 법을 어기면서까지 장관을 해야 되겠나 싶어졌을 것입니다. 그래서 그 자리를 스스로 내던졌음을 의미합니다. 우리가 하나님의 법에 묶여 있으면, 하나님께서 우리를 온전함으로 인도해 주십니다. 하나님의 법에 묶여 있는 사람은 하나님과 연결되어 있는 사람이기 때문에, 하나님께서 그를 친히 가꾸어 가십니다. 그러므로 내 마음이 하나님께 묶여 있는 것, 내 마음이 하나님을 향해 있는 것, 온전함을 목표로 설정하고 나아가는 것이 중요합니다.

둘째, 그리스도인과 자기 발견의 문제입니다. 바울이 복음의 진리를 깊이 깨달을 수 있었던 것은 자신을 정확하게 알았기 때문입니다. 만약 바울이 자기 자신을 스스로 의를 행할 수 있는 존재라고 착각했다면, 구원자이신 예수 그리스도를 인격적으로 만나지 못했을 것입니다. 바울뿐 아니라 많은 사람들이 자신이 죄인이요 '에노스 אֱנוֹשׁ', 즉 죽을 수밖에 없는 무력한 존재임을 알게 됨으로써 복음의 진리를 정확하게 깨닫게 되었습니다.

우리도 처음부터 예수님을 알아 예수님을 믿은 것이 아닙니다. 성령님께서 우리의 마음을 움직여 예배당에 가게 하셨으며, 성령님의 은총 속에서 말씀을 체험하고 우리 자신을 발견했습니다. 이전까지는 스스로를 대단한 사람이라 생각했는데, 말씀에 비추어 보니 형편없는 존재임을 깨닫게 되었습니다. 이렇게 말씀의 체험 속에서 자신을 발견함으로써 비로소 은혜의 삶, 구원자이신 예수 그리스도와 함께하는 삶, 마음이 하나님의 법에 묶이는 삶이 가능해지는 것입니다.

셋째, 그리스도인과 갈등의 문제입니다. 바울은 로마서 7장에서 마음속 갈등을 고통스럽게 토로했습니다. 그 갈등은 바울이 예수님을 만나기 전에는 없던 것으로, 하나님의 자녀가 되었음에도 하나님의 자녀로 살지 못하여 생긴 것입니다. 이 갈등이 크면 클수록 우리는 주님을 더 바라보게 되고, 하나님의 법에 더 단단히 묶이게 됩니다. 그리고 회개를 거쳐 성화의 삶에 더 가까이 나아가게 됩니다.

이상 세 가지 내용의 공통된 핵심은 어떤 경우에도 우리가 하나님의 법에 묶여 있어야 한다는 것입니다. 이 토대 위에서 로마서 8장이 시작됩니다.

그러므로 이제 그리스도 예수 안에 있는 자에게는 결코 정죄함이 없나니(1절)

"이제"라는 단어는 성경 전반에서 중요한 의미로 사용됩니다. 하나님께서는 우리 각자에게 "지금 믿느냐"라고 물으십니다. 지금 내가 주님을 향하고 있습니까, 세상을 향하고 있습니까? 지금 내 마음이 하나님의 법을 향하고 있습니까, 세상의 법을 향하고 있습니까? 이처럼 지금 나의 상태가 중요합니다. 주님께서 언제 오시든지 내가 바로 서 있기 위해서는, 하나님의 법에 늘 묶여 살아야 합니다.

그다음 구절인 "그리스도 예수 안에 있는 자"는 그리스도 예수를 닮는 것을 삶의 목표로 하는 사람, 주님의 말씀대로 사는 사람을 의미합니다. 그런 사람에게는 '결코 정죄함이 없다'고 하였는데, 여기에서 "정죄"는 헬라어로 '카타크리마κατάκριμα', 즉 '형벌', '심판'이라는 뜻입니다. 바꾸어 말하면, 그리스도 밖에 있는 사람에게는 필경 형벌이 따른다는 것입니다. 그리스도 안에 있는 사람에게는 어떻게 정죄함이 없을 수 있습니까?

이는 그리스도 예수 안에 있는 생명의 성령의 법이 죄와 사망의 법에서 너를 해방하였음이라(2절)

서로 대립되는 두 가지 법이 있습니다. 하나는 성령의 법 곧 생명의 법이고, 다른 하나는 죄의 법 즉 사망의 법입니다. 예수 그리스도 안에서 생명을 누리게 하는 법이 사망의 법에서 우리를 해방시켜 주었습니다. 그러므로 우리가 주님 안에 있으면, 우리에게 형벌이 있을 수 없습니다. 여기에서 중요한 단어가 "해방"입니다. 생명의 법이 사망의 법을 '폐지'한다고 하지 않고, 사망의 법에서 '해방'한다고 전하고 있습니다. 죄의 법, 사망의 법은 여전히 이 땅에서 효력을 미치며 사람들을 죽음으로 몰아갑니다. 그러나 사망의 법이 아무리 흥왕해도 그리스도 예수 안에 있는 사람은 그 영향권에서 완전히 벗어나게 된다는 것입니다.

출애굽한 이스라엘 백성이 홍해를 건널 때를 생각해 보십시오. 홍해는 이스라엘 백성에게 생명의 바다였습니다. 그곳을 지나서야 그들은 목숨을 건질 수 있었습니다. 그런데 애굽 군대가 홍해를 지날 때는 죽음의 바다가 되었습니다. 같은 바다요 같은 장소인데 어째서 이스라엘 백성에게는 생명의 바다가 되고 애굽 군대에게는 죽음의 바다가 된 것입니까? 이스라엘 백성은 하나님의 말씀을 따라 가나안을 향했기에 생명의 법이 그들을 지키고 있었고, 애굽 사람들은 하나님의 말씀을 등졌기에 사망의 법에 따라 심판의 형벌이 있게 된 것입니다. 같은 현장에 있을지라도 성령의 법에 속해 있느냐, 죄의 법에 속해 있느냐에 따라서 그 결과는 생명과 사망으로 갈라지는 것입니다.

믿음이 생기면 우리 안의 갈등이 커질 수 있습니다. 그러나 나팔꽃이 흔들림과 떨림을 통해 줄을 타고 올라가는 것처럼, 우리는 갈등을 겪으며 더욱 성화된 삶으로 나아갈 수 있습니다. 하나님을 믿지 않는 사람들 가운데 어떤 이들도 그러한 갈등 속에 처해 있지만, 그리스도 안에 있는 사람과 비교할 때 나타나는 삶의 결과는 판이하게 다릅니다.

성령의 법과 죄의 법은 각각 새와 돌에 비유할 수 있습니다. 우리가 돌을 아무리 세게 하늘로 던져도, 돌은 금세 떨어지고 맙니다. 돌은 새처럼 생명을 가지고 있지 않기 때문입니다. 지위와 명예가 높은 사람은 겉으로는 멋지게 사는 것처럼 보여도, 그가 죄의 법에 묶여 있는 한 결국 죽음의 나락으로 떨어지게 마련입니다. 죄의 삶은 사망이기 때문입니다. 이와 반대로, 두 손으로 새를 잡아 공중으로 던지면 새가 날개 치며 곧 솟아오릅니다. 이는 새가 살아 있기 때문입니다. 우리가 죄를 지으면 죄의 바닥으로 이내 추락하게 되지만, 예수 그리스도 안에 거하는 순간, 우리가 하나님의 법을 따르기로 하는 순간, 성령의 법이 우리를 끌어올려 생명으로 인도하는 것입니다. 성령의 법의 목적은 생명이기 때문입니다.

예수 그리스도께서 우리의 구원자이심을 믿는다면, 그 믿음 안에 있다면, 성령님께서 우리에게 생명을 부어 주시고 우리로 하여금 바른 길로 나아갈 수 있도록 우리를 바로잡아 주고 계심을 경험하게 됩니다. 아직은 우리의 신앙이 초등학생 수준밖에 되지 않아도 중학생, 고등학생, 대학생 수준으로 발전할 수 있음이 자명합니다. 그런데 지금 이 시간부터는 성령님께서 우리를 바른 길로 인도하신다 할지라도, 하나님께서는 공의의 하나님으로서 모든 죄에 대해 반드시 형벌을 내리시는 분이므로, 우리가 과거에 지은 수많은 죄는 어떻게 해결될 수 있는 것입니까? 이에 대해 3절이 답해 주고 있습니다.

율법이 육신으로 말미암아 연약하여 할 수 없는 그것을 하나님은 하시나니 곧 죄로 말미암아 자기 아들을 죄 있는 육신의 모양으로 보내어 육신에 죄를 정하사

하나님 아버지께서 인간에게 의로운 법을 주셨는데, 타락한 죄인이요 연약한 인간은 스스로 의를 알 수도 없고 지킬 수도 없습니다. 인간은 스스로 율법을 완성할 수 없습니다. 하나님의 의로운 법에서 어긋나는 것이 죄입니다. 따라서 율법을 완성할 수 없다는 것은 우리가 하나님의 의도 모르고 지킬 수도 없는 인간이니, 우리의

결코 정죄함이 없나니

모든 것이 죄이며 그런 우리는 죄인임을 의미합니다. '육신에 죄를 정한다'는 것은 하나님께서 당신의 독생자이신 예수님으로 하여금 우리의 죄를 짊어지게 하셨다는 말입니다. 이렇게 우리의 형벌을 대신 받게 하심으로, 이전에 우리가 지은 모든 죄의 문제를 해결하여 주신 것입니다.

희랍 임금 중에 자리우커스라는 임금이 있었습니다. 그런데 그가 통치하던 시대는 성도덕이 타락할 대로 타락해 간음이 일상적으로 행해졌습니다. 그래서 임금은 남자든 여자든 누구든지 간음을 저지르면 그 사람의 눈을 찔러 장님이 되게 하겠다고 선포하고 법을 만들었습니다. 그런데 어느 날, 임금의 아들이 간음한 사실이 발각되었습니다. 그 아들은 나중에 왕위를 이어받아 나라를 통치할 외아들이었습니다. 그런 그가 장님이 된다면 어떻게 나라를 통치해 나갈 수 있겠습니까? 그렇다고 임금이 특별 사면을 해준다면 이미 법에 의해 장님이 된 사람들이 가만히 있겠습니까?

이에 임금은 고민 끝에 아들의 한쪽 눈을 찌르고, 자신의 한쪽 눈을 찔렀습니다. 그렇게 함으로써 법은 법대로 살게 되었고, 아들 또한 죗값을 치러 권위를 유지할 수 있었습니다. 어느 누구도 그를 고소할 수 없었습니다. 임금이 아들을 대신해 자신의 눈을 버렸기 때문입니다.

만약 예수 그리스도께서 당신의 몸을 찢어 십자가에서 죽으심으로 우리가 치루어야 할 죗값을 대신 치러 주시지 않았다면, 우리는 죄의 법의 고발을 막을 길이 없습니다. '네가 의인이라고? 네가 천국을 간다고?' 사탄은 이렇게 계속해서 물으며 우리를 공격할 것입니다. 그러나 하나님의 아들이신 예수님께서 우리를 대신해 그 벌을 받으셨기에, 죄의 법, 사망의 법이 우리를 고소하고 정죄하고 끝어내리려 할 때마다 우리는 예수님의 십자가를 보여 줄 수 있습니다. 그분이 흘리신 고통의 피는 우리를 죄의 법에서 해방시킨 능력의 보혈이 되셨습니다. 우리로 하여금 다시는 죄의 법, 사망의 법의 고소를 받지 않게 하려고 하나님께서 이 같은 구원의 대역사를 이루신 것입니다. 우리가 그리스도 예수 안에 있지 않으면, 사탄의 공격을 버텨 낼 재간이 없습니다.

육신을 따르지 않고 그 영을 따라 행하는 우리에게 율법의 요구가 이루어지게 하려 하심이니라(4절)

하나님의 법에 묶여 있다는 것은 그리스도 예수 안에 있음을 의미한다고 했습니다. 그리스도 예수 안에 있다는 것은 무엇을 의미합니까? 육신을 따르지 않는 것입니다. '영'과 대칭되는 개념으로 이야기할 때 '육신'은 세 가지 의미를 갖습니다. 첫째, 인간의 몸, 즉 살을 의미합니다. 둘째, 인간의 생각과 가치관을 의미합니다. 셋째, 인간의 타락한 본성을 의미합니다. 따라서 육신을 따르지 않는 삶이란, 자신을 좇지 않는 삶, 자기 자신을 위해 살지 않는 삶입니다.

그러면 우리가 아직 육신을 입고 사는데 어떻게 그리스도 예수 안에서 하나님의 법에 묶여 생명의 법을 따라 살 수 있습니까? 성령님을 따름으로 가능합니다. 우리의 연약함을 아시는 하나님께서는 우리로 하여금 그분의 영을 통해 끊임없이 우리에게 말씀하시고 권면하십니다. 때로는 친구를 통해서, 때로는 자녀를 통해서, 때로는 설교를 통해서, 때로는 신문을 통해서, 심지어는 TV 연속극을 통해서 끊임없이 우리를 인도하시고 지도하십니다.

율법의 요구는 언제나 온전함에 이르는 것입니다. 그러면 율법이 완성되는 것입니다. 예수 그리스도께서 십자가를 지고 죽으심으로, 성령님을 따라 행하는 우리에게 "율법의 요구가 이루어지게" 해주셨습니다. 우리가 일상에서 어떤 문제에 맞닥뜨리게 될 때 가장 먼저 생각해야 할 것은 '하나님께서 기뻐하시는 길이 과연 무엇일까' 하는 것입니다. 수단과 방법을 가리지 않고 문제를 해결하려 하는 것이 아니라, 하나님께서 기뻐하시는 정도正道를 걷고자 힘쓰고 모든 결과를 하나님의 뜻이라 믿는 것이 중요합니다. 성령님께서 어떤 통로를 통해서든 우리에게 주시는 메시지를 거부하고 편법을 쓰면, 정죄함이 있습니다. 우리의 마음이 하나님의 법에 묶여 있지 않기 때문입니다. 우리가 그리스도 예수 안에 있는 것이 아니기 때문입니다. 그러나 성령님의 말씀을 좇으면, 그리스도 예수 안으로 들어가게 되면서 율법의 한 부분이 이루어집니다. 내 수준에서 깨닫지 못한 것은, 내 마음이 하나님의 법에 묶여 있는 한 주님께서 의로 채워 주십니다. 주님께서 십자가에서 보여 주신 은혜와 보혈의 능력으로 인함입니다.

제 아이를 미국에 계신 셋째 누님 댁에 보내려고 비자를 받아야 했습니다. 비자를 받으려면 부모의 예금액 증명과 집 소유 증명서를 제출해야 가능했습니다. 그래서 아내에게 말하기를 누구에게 돈을 빌려 예금 확인서를 하나 받자고 했더니, 아내는 "그게 과연 하나님께서 기뻐하시는 방법일까요?" 하며 반문했습니다. 목사인 제 얼굴이 뜨거웠습니다. 그러면서 한편으로 감사했습니다. 제가 생각하지 못할 때 성령님께서 아내를 통해 저를 깨우쳐 주신다는 생각이 들었기 때문입니다. 이 아이를 수단과 방법을 가리지 않고 미국에 보내 주는 것이 다가 아니고, 정도를 걷다가 만약 비자가 나오지 않는다면 보내지 않을 수도 있는 것이라는 믿음의 본을 보이는 것이 더 중요하다는 것을 깨달았습니다. 그래서 회개한 뒤 있는 그대로 준비할 수 있는 서류만 가지고 인터뷰를 했습니다. 그런데 비자가 나왔습니다. 그런 예는 극히 드물다고 했습니다.

성령님께서 그런 메시지를 주셨을 때 제가 그것을 거부했다고 하십시다. 목사이면서 편법으로 통장을 하나 만들었다고 하십시다. 그러면 정죄함이 있습니다. 내 마음이 하나님의 법에 묶여 있지 않기 때문입니다. 내가 성령님의 말씀을 듣지 않았기 때문입니다. 내가 그리스도 예수 안에 있지 않았기 때문입니다. 그러나 성령님께서 말씀하실 때 그 소리를 들으면, 내 마음이 하나님의 법에 묶입니다. 그 순간 내가 그리스도 안으로 들어갑니다. 그 순간 내가 정직한 길을 걸어감으로써 율법의 한 부분이 이루어집니다. 목사이면서도 내 수준에서 깨닫지 못하는 것은, 내 마음이 주님의 법에 묶여 있는 한 주님께서 의로 채워 주십니다. 내 마음으로 가짜 통장을 만들어 가지고자 했던 죄를 이미 주님께서 해결해 주셨습니다. 이 또한 주님께서 십자가에서 죗값을 치러 주셨기 때문입니다. 내가 잠시 주님을 잊어버렸지만 다시 주님을 찾는 순간, 그리스도 안에서 율법의 요구를 만족시키면서 율법이 완성되는 것입니다.

오래전에 한국을 떠나 외국에서 지내 온 분이 있는데, 본의 아니게 장기간 동안 한국에 있는 가족을 돌보지 못했습니다. 이분이 몇 년 전 한국에 왔다가 복음을 영접하고 그리스도인이 되었습니다. 지난주에 이분을 만났을 때, 이런 이야기를 했습니다. 예수님을 영접하고 보니 가족과 너무 오래 떨어져 있던 것이 죄스러워, 이제는 여생을 가족을 위해 살아야겠다고 마음먹었습니다. 그래서 집을 사려고 여러 군데를 둘러보고 있다고 했습니다. 집을 사려면 외국에서 벌어 놓은 돈을 가지고 와야 하는데, 그 나라 법상 가지고 나갈 수 있는 금액 한도가 3천만 원 정도밖에 되지 않았습니다. 자신의 돈을 모두 가지고 오려면 서른 번을 왔다 갔다 해야 하기에, 이것을 대여섯 번으로 줄이자고 생각했습니다. 그리고 이번에 나올 때 돈을 여러 군데로 분산해 가지고 오면서 그 나라 공항에서 잘 통과하게 해달라고 간절히 기도했는데, 무사히 통과되어 모든 돈을 가지고 올 수 있었다고 했습니다.

저는 그분에게 "그 순간 하나님께서 성도님의 수준에서 그 기도를 들어주셨을 수 있지만, 그런 방법을 통해 집을 사는 것을 하나님께서 기뻐하실지 생각해 보셨으면 합니다"라고 답변드렸습니다. 그분은 그렇지 않아도 양심이 찔렸음을 고백하며 주님의 뜻대로 처신해 나갈 것을 다짐했습니다. 그 순간 그분은 그리스도 예수 안으로 들어간 것입니다.

여호와는 선하시고 정직하시니 그러므로 그의 도로 죄인들을 교훈하시리로다 (시 25:8)

하나님께서는 거짓이 없으시므로 정직한 말씀으로 우리를 가르치십니다. 우리는 정직한 길을 가야 합니다. 우리가 그리스도 안에서 정직한 길을 가기로 결심하는 순간, 정직한 삶에 관한 율법이 완성됩니다. 우리의 마음이 하나님의 율법에 매여 성령님의 인도하심을 따라가는 한, 우리의 수준에서 깨닫지 못하고 해결하지 못하는 것은 주님께서 당신의 의로 채워 주십니다.

성령님께서는 우리가 늘 그리스도 예수 안에 있기를 바라십니다. 우리가 그러한 성령님의 말씀을 따르면, 그리스도의 은혜와 능력으로 말미암아 하나님의 온전하심같이 온전한 그리스도인이 되는 기뻠을 누릴 수 있습니다. 중요한 것은, 이 세상이 결코 침범할 수 없고 무너뜨릴 수도 없는 진정한 행복과 평화가 바로 그 순간부터 열매 맺힌다는 사실입니다.

2
너희 죽을 몸도 살리시리라

로마서 8장 5-11절

육신을 따르는 자는 육신의 일을, 영을 따르는 자는 영의 일을 생각하나니 육신의 생각은 사망이요 영의 생각은 생명과 평안이니라 육신의 생각은 하나님과 원수가 되나니 이는 하나님의 법에 굴복하지 아니할 뿐 아니라 할 수도 없음이라 육신에 있는 자들은 하나님을 기쁘시게 할 수 없느니라 만일 너희 속에 하나님의 영이 거하시면 너희가 육신에 있지 아니하고 영에 있나니 누구든지 그리스도의 영이 없으면 그리스도의 사람이 아니라 또 그리스도께서 너희 안에 계시면 몸은 죄로 말미암아 죽은 것이나 영은 의로 말미암아 살아 있는 것이니라 예수를 죽은 자 가운데서 살리신 이의 영이 너희 안에 거하시면 그리스도 예수를 죽은 자 가운데서 살리신 이가 너희 안에 거하시는 그의 영으로 말미암아 **너희 죽을 몸도 살리시리라**

오늘 본문은 생명의 법과 사망의 법을 좀더 구체적으로 설명해 줍니다. 그러면서 생명의 법을 따르는 삶과 사망의 법을 따르는 삶이 어떤 차이가 있는지 선명하게 보여 줍니다.

육신을 따르는 자는 육신의 일을, 영을 따르는 자는 영의 일을 생각하나니
(5절)

우리가 인생을 살아가는 데 있어 중요한 것이 무엇을 생각하느냐입니다. '생각'이라는 것은 한 사람의 인격과 사고의 총체입니다. 어떤 생각을 하느냐에 따라서 그 사람의 수준이 금세 드러나기 마련입니다. 육신의 쾌락과 본능을 추구하는 사람은 생각하는 것이 육적인 것일 수밖에 없고, 말 속에도 육신의 것이 가득 차 있습니다. 그러나 성령님을 좇는 사람은 신령한 것을 생각합니다.

육신의 생각은 사망이요 영의 생각은 생명과 평안이니라(6절)

육신의 생각이 왜 사망입니까? 육신의 생각을 하는 사람은 어떤 사람입니까? 죄의 법에 매여 있는 사람입니다. 죄의 삯은 사망입니다. 육신의 생각을 하는 사람은 그 삶이 겉으로 아무리 우아하고 화려하게 보여도 결국 사망에 이를 수밖에 없습니다.

육신의 눈으로는 볼 수 없는 영의 생각을 추구하는 사람은 성령의 법에 매여 있는 사람입니다. 이런 사람에게 생명과 평안이 주어지는 것은 너무도 당연한 일입니다. 영원한 생명과 평안은 동의어입니다. 인간이 불안해하는 이유가 무엇입니까? 유한한 존재이기 때문입니다. 유한한 생명 속에는 근심과 불안이 있지만, 영원한 생명 속에는 평안이 있습니다.

그런데 예수님을 믿는 사람이라고 해서 모두가 성령님을 좇는 것은 아닙니다. 누구든지, 언제든지 육신을 좇아 죽음에 다다르게 될 수 있습니다. 우리가 예수님을 믿음에도 불구하고 현재 모든 관

심사가 육신의 것에 매여 있다고 하십시다. 그런 가운데 서로 간에 대화를 나눈다면, 우리의 대화 내용이 예수 믿는 이들에게 걸맞은 대화라고 할 수 있겠습니까? 그럴 수 없습니다. 목사라도 예외가 아닙니다.

우리가 성령님을 바라보면, 그 순간 우리의 모든 생각이 정화됩니다. 그러나 시선이 육신의 것으로 옮겨 가면, 우리의 생각은 암울한 것으로 얼룩지고 맙니다. 그러면서도 스스로 깨끗하고 정상적이라고 착각하게 됩니다.

저희 집 앞쪽으로 양화진 개신교 성지가 있습니다. 그 건너편으로는 절두산 천주교 성지가 있습니다. 그런데 저희 집 뒤쪽으로는 러브호텔과 여관들이 여섯 개나 밀집되어 있습니다. 거룩과 타락의 극명한 대비를 보여 주는 공간이 한 동네에 있습니다. 가끔 산책을 하면 양화진을 거쳐 절두산을 돌아 강변도로로 빠져나온 뒤 그 호텔과 여관을 지나게 됩니다. 이상한 것은, 양화진과 절두산을 걸을 때는 저 스스로 거룩한 인격체가 된 듯하다가 그 호텔과 여관 앞에서는 혹시라도 누군가가 의심하지 않을까 하여 걸음이 빨라진다는 것입니다. 거룩한 장소와 타락한 장소가 주는 영향을 받았기 때문입니다. 실제로 두 장소에서 만나는 사람들의 표정과 인상은 사뭇 다릅니다.

우리가 얼마나 오래 믿었는가가 중요한 것이 아니라, 얼마나 자주 성령님을 좇으며 얼마나 단단히 생명의 법에 매여 있는가가 중요합니다. 한 시간이라도 성령님을 떠나면 우리의 생각은 이내 더러워지기 시작합니다. 심방을 해보면 그 성도가 성령님을 따라 살고 있는지 금방 알 수 있습니다. 공기는 눈에 보이지 않지만, 우리는 맑은 공기를 금방 느낄 수 있습니다. 맑은 공기는 우리를 맑고 밝게 해주기 때문입니다. 성령님 역시 눈에 보이지 않지만, 성령님을 좇아 사는 성도의 집에서 예배를 드리면 영혼이 맑아지고 마음속에 큰 기쁨과 평안이 차오르는 것을 체험함으로 성령님의 임재를 확인할 수 있습니다. 이런 성도는 일상생활 속에서 주위 사람들에게 자연스럽게 선한 영향을 끼칩니다. 그 사람이 나타나면, 가까이하는 것만으로 내 영혼이 맑아지고 마음이 편안해집니다. 그러나 죄의 법에 매여 있는 사람은 대면하는 것만으로 상대를 불안하게 하고, 말을 하면 할수록 상대의 마음을 혼탁하게 합니다.

육신의 생각은 하나님과 원수가 되나니 이는 하나님의 법에 굴복하지 아니할 뿐 아니라 할 수도 없음이라(7절)

원수란 이유 여하를 막론하고 어떻게 해서든지 제거해야 할 대상입니다. 하나님께서는 육신을 좇는 우리의 생각을 원수로 보십니다. 우리가 육신을 좇는 동안 하나님의 법에 굴복하는 것은 불가능합니다. 아무리 하나님의 말씀을 들어도 마음속에 담겨지지 않습니다.

마태복음 16장 이후를 보면, 예수님께서 예루살렘으로 올라가시면서 당신이 십자가에 못박혀 죽으실 것을 세 번 말씀하셨습니다. 제자들은 다른 사람도 아니고 자신들이 목숨을 걸고 따르던 스승이 그 같이 말씀하시면, 믿어야 하는 것이 당연합니다. 그런데 믿지 않았습니다. 그뿐만 아니라 예수님께서 세 번째 말씀하신 직후에 야고보와 요한은 자신들의 어머니를 통해 "주의 나라에서 하나는 주의 우편에, 하나는 주의 좌편에 앉게 명하소서"(마 20:21)라고 청탁했습니다. 다시 말해, 예수님께서 예루살렘에 올라가 한자리 하시면 자신들을 좌우에 앉혀 달라는 것이었습니다. 그들은 예수님께서 죽으시리라는 것은 꿈도 꾸지 않습니다. 예수님의 말씀이 들리지가 않았습니다. 그들의 몸은 예수님을 따라가고 있었지만, 마음은 육을 좇고 있었기 때문입니다.

육신에 있는 자들은 하나님을 기쁘시게 할 수 없느니라(8절)

원수는 절대 원수를 기쁘게 하지 못합니다. 원수 된 상태에서는 무엇을 하든지 오히려 상대를 분노하게 만들 뿐입니다. 그러면 대체 어떻게 해야 하나님을 기쁘시게 할 수 있습니까?

믿음으로 에녹은 죽음을 보지 않고 옮겨졌으니 하나님이 그를 옮기심으로 다시 보이지 아니하였느니라 그는 옮겨지기 전에 하나님을 기쁘시게 하는 자라 하는 증거를 받았느니라 믿음이 없이는 하나님을 기쁘시게 하지 못하나니(히 11:5-6)

하나님을 기쁘시게 하는 것은 오직 믿음입니다. 그러면 믿음이란 무엇입니까? 하나님의 법에 굴복하지 않음은 육신에 있는 것이요 이는 하나님을 기쁘시게 할 수 없으므로, 하나님의 법에 굴복하는 것이 하나님을 기쁘시게 하는 길입니다. 따라서 믿음이란 하나님의 법에 굴복하는 것입니다. 항복한다는 것은 자기 수중에 있는 무기를 다 내려놓는 것입니다. 내가 취하고 있는 수단, 방법, 뜻, 계획 등 나의 모든 것을 내려놓는 것이 항복입니다. 바른 믿음이란 하나님 아버지 앞에서 내가 가지고 있는 모든 것을 철저하게 내려놓는 것입니다. 그리고 하나님의 뜻대로 하나님께 나아가는 것입니다.

만일 너희 속에 하나님의 영이 거하시면 너희가 육신에 있지 아니하고 영에
있나니 누구든지 그리스도의 영이 없으면 그리스도의 사람이 아니라(9절)

마음속에 그리스도의 영이 없으면 절대로 그리스도의 사람이 될
수 없습니다. 마음속에 하나님의 영이 거하시지 않는 사람은 육신
을 좇을 수밖에 없고, 육신을 좇는 사람은 그리스도인이 아니라 하
나님의 원수이기 때문입니다.

그렇다면 마음속에 하나님의 영이 거하신다는 것이 어떤 증거로
드러나게 됩니까? 첫째, 하나님의 법에 굴복함으로 드러납니다. 우
리가 정말 성령님을 좇는다면, 하나님의 법에 굴복해야 합니다. 굴
복을 다른 말로 표현하면, 자기 부인입니다. 마음속에 미술이 가득
차 있는 사람은 미술 앞에서 모든 것을 포기합니다. 마음속에 음악
을 가득 담고 있는 사람도 음악을 위해 다른 모든 욕구를 포기합니
다. 우리의 마음속에 하나님의 영이 거하신다면, 하나님의 법을 위
해서 모든 것을 버리게 됩니다.

둘째, 신령한 생각으로 드러납니다. 하나님의 법에 굴복하면, 가
정에서나 일터에서 내가 가졌던 해묵은 생각들이 바뀝니다. 심리
학자들에 의하면 일반적으로 우리가 하루에 2만 여 가지의 생각을
한다고 합니다. 오늘 우리도 아침에 일어나 예배당에 올 때까지 많
은 것을 생각했습니다. 그 생각들 가운데 주님을 위한 생각이 얼마
나 됩니까? 그리고 그 가운데 주님의 뜻을 물으며 선택하고 결정한
생각은 얼마나 됩니까?

또 그리스도께서 너희 안에 계시면 몸은 죄로 말미암아 죽은 것이나 영은 의
로 말미암아 살아 있는 것이니라 예수를 죽은 자 가운데서 살리신 이의 영

이 너희 안에 거하시면 그리스도 예수를 죽은 자 가운데서 살리신 이가 너희 안에 거하시는 그의 영으로 말미암아 너희 죽을 몸도 살리시리라(10~11절)

"의로 말미암아"라는 구절을 원문의 의미를 살려 번역하면 "하나님께서 주신 의로써"라는 뜻입니다. 우리가 하나님의 영을 좇아 살면, 육신은 죽어서 썩어 없어진다 해도 우리의 영은 하나님께서 주신 의로써 영원히 살게 됩니다. 여기에서 끝나는 것이 아니라, 죽을 육신도 살게 됩니다. 이것은 두 가지 의미로 이해할 수 있습니다. 첫째, 우리 안에 영원한 생명이 거하면 이제까지 몸으로 행하던 죄된 행실이 바뀐다는 것입니다. 지금까지 우리의 육신은 죄의 도구로 쓰였는데, 의와 진리의 병기로 바뀌는 것입니다. 둘째, 우리가 죽은 뒤 우리의 영은 구원받고 육신은 소멸되지만, 은총 속에서 육신도 신령한 몸으로 부활할 것을 하나님께서 약속하시는 것입니다.

죽음은 영원한 생명으로 들어가는 통과의례라고 믿는 사람만이 하나님의 법에 굴복할 수 있습니다. 예수 그리스도를 따른다고 하면서도 천국과 영원한 생명을 믿지 못하면, 하나님의 법에 온전히 굴복할 수 없습니다. 30대의 젊은 선교사가 해외에서 선교하다가 불의의 사고로 죽었다는 소식을 듣고 사람들은 놀라고 애석해합니다. 그 이유는 이 땅에서 사는 것이 천국에서 사는 것보다 더 좋다는 생각이 근저에 깔려 있기 때문입니다. 그들이 정말 천국을 믿는다고 할 수 있습니까? 기차나 비행기 사고로 많은 사람이 죽었을 때 그중에 살아남은 사람의 소식을 듣고 다행스러워하며 감사해하는 것도 마찬가지입니다. 그러나 이 땅에서 사는 것이 정말 천국에서 사는 것보다 좋습니까? 그렇지 않습니다. 성령님을 좇아 살다가 죽은 사람들은 지금 우리보다 훨씬 좋은 곳에 있습니다. 이것을 믿지 못하면 우리는 하나님의 법에 굴복하지 못할 뿐더러 신령한 생각도 불가능해집니다.

리빙스턴 선교사가 아프리카에서 선교할 때의 일입니다. 그가 사자의 공격을 받고 죽을 위험에 처하게 되었습니다. 그때 조수의 도움으로 구사일생 살아날 수 있었습니다. 그런데 리빙스턴은 기뻐하지 않았습니다. 그리고 침통하게 말하기를 "오늘 하나님께서 나를 그 좋은 천국으로 불러 주시지 않은 것은 내가 게을러 이 땅에서 해야 할 일을 마무리하지 못했기 때문이구나!"라고 했습니다. 이런 믿음을 가졌기에 그는 죽을 때까지 하나님의 법에 굴복할 수 있었고, 그의 생각은 뭇사람들에게 본이 되었습니다.

오늘 본문에서 가장 자주 나오는 단어가 '영'으로, 아홉 번 등장합니다. 바울은 이후에도 계속해서 영을 강조합니다. 바울은 어떻게 영에 주목하게 되었습니까? 로마서 7장에서 가장 많이 나오는 단어는 '나'였습니다. 즉, 자기 자신을 바로 인식함으로 바울은 성령님을 바라보는 삶을 살게 되었습니다. 자신을 돌아보니 흉측한 죄인이요, 죽을 수밖에 없는 죄인이었습니다. 자기 속에는 선을 행할 능력이 없고, 생명을 살릴 능력도 없습니다. 자신이 어떤 존재인지 철저하게 깨닫는 순간, 바울이 할 수 있는 유일한 것이 '영'을 좇는 일이었습니다. 우리가 이 시간에 아무리 영을 좇는 삶에 대해 듣고 배워도, 우리 자신에 대한 인식을 바로 하지 않으면 전부 허사이자 시간 낭비입니다. 성경을 믿는 목사로서 분명히 말씀드리는바, 우리는 모두 죽습니다. 예수 그리스도가 아니면 우리에게는 소망이 없습니다. 그리스도 밖에 있으면 우리는 다 심판받습니다.

우리가 어떻게 영을 좇아야 합니까? 헬라어로 '좇다'라는 단어는

'성령님을 따라 걷다'라는 의미입니다. 걷는다는 것은 지속적이고 반복적인 행위를 뜻합니다. 즉, 성령님을 좇는 일은 지속적이고 반복적이어야 합니다. 평소에 성령님을 좇는 이 같은 훈련이 되어 있지 않으면, 우리는 언제든지 육신을 좇는 삶으로 전락할 수 있음을 잊어서는 안 됩니다.

매 순간 성령님을 좇는다는 것은 우리가 가진 한계들로 인해 어려운 일일 수 있습니다. 그렇다고 해서 그 훈련을 원치 않거나 회피해서는 안 됩니다. 훈련을 겪지 않고서는 성령님 안에서 우리의 행동반경이 절대로 넓어지지 못합니다. 훈련에는 반드시 시간을 투자해야 합니다. 훈련을 받는 데 시간을 들이고 싶지 않다는 것은 실은 훈련받을 마음이 없는 것과 같습니다. 이 시간에 우리가 이 자리에 나온 것도 시간을 투자해 훈련받고 있는 것입니다.

아침에 일어나자마자 세상의 온갖 잡다한 부정 부패와 사건 사고에 관한 기사를 정독하고 하루를 시작하는 사람과, 주님 앞에 무릎 꿇고 기도함으로 성령님의 뜻과 인도하심을 구하며 하루를 시작하는 사람은 삶의 결과가 같을 수가 없습니다. 드라마 속의 부질없는 이야기와 영상들을 머릿속에 채우고 잠을 청하는 사람과 주님 앞에 무릎 꿇고 자신을 성찰한 뒤 잠을 청하는 사람도 삶의 결과가 차이 날 수밖에 없습니다. 언제든지 성령님을 향하여 성령님을 바라보고 성령님을 좇는 구별된 삶을 산다면, 이미 우리는 영원한 생명 속에 있는 것입니다. 그 영원한 생명을 확인하고 누릴 때, 우리는 하나님의 법 앞에 굴복하게 됩니다. 그때 비로소 우리의 생각은 신령한 생각으로 바뀝니다. 그때 우리는 더 이상 사람들에게 상처 주지 않고, 아무 말 하지 않을지라도 참된 생명과 평안을 넉넉히 안겨 주는 그리스도인의 삶을 살아가게 될 것입니다.

3
하나님의 자녀

로마서 8장 12-17절

그러므로 형제들아 우리가 빚진 자로되 육신에게 져서 육신대로 살 것이 아니니라 너희가 육신대로 살면 반드시 죽을 것이로되 영으로써 몸의 행실을 죽이면 살리니 무릇 하나님의 영으로 인도함을 받는 사람은 곧 하나님의 아들이라 너희는 다시 무서워하는 종의 영을 받지 아니하고 양자의 영을 받았으므로 우리가 아빠 아버지라고 부르짖느니라 성령이 친히 우리의 영과 더불어 우리가 **하나님의 자녀**인 것을 증언하시나니 자녀이면 또한 상속자 곧 하나님의 상속자요 그리스도와 함께한 상속자니 우리가 그와 함께 영광을 받기 위하여 고난도 함께 받아야 할 것이니라

오늘 본문은 "형제들아"라는 말로 시작하고 있습니다. 로마서 7장 1절도 동일하게 "형제들아" 하고 시작합니다. 바울서신을 보면, 바울이 무언가를 간곡히 당부하려 할 때 이렇게 부르는 모습이 자주 나옵니다. 그 뒤에 나오는 말들에는 애절한 호소가 담겨 있습니다. 오늘 본문에서는 절대로 육신대로 살지 말 것을 전하고 있습니다.

우리가 육신의 소욕을 따라 살지 말아야 할 이유가 무엇입니까?

너희가 육신대로 살면 반드시 죽을 것이로되 영으로써 몸의 행실을 죽이면
살리니(13절)

육신을 따라 살면 왜 반드시 죽습니까? 인간의 육신은 죽을 수밖
에 없는 유한한 것이기 때문입니다. 아무리 잘 살아도 그 육신은 반
드시 소멸하게 됩니다. 12절을 보십시다.

그러므로 형제들아 우리가 빚진 자로되 육신에게 져서 육신대로 살 것이 아니
니라

육신을 따라 살아서는 안 되는 또 다른 이유는, 우리가 빚진 사람
이기 때문입니다. 우리가 누구에게 어떤 빚을 졌습니까? 예수 그리
스도께 생명의 빚을 졌습니다. 예수님께서 자기 생명을 버리심으로
우리의 죄를 대속해 주시고 우리를 살려 주셨습니다. 우리는 예수
그리스도께 생명의 빚을 진 채무자입니다. 그러므로 채권자 되시
는 예수 그리스도께 빚을 갚는 것은 우리에게 당연한 의무입니다.
그것은 육신이 아닌 그리스도의 영, 곧 성령님을 따르는 것입니다.
13절에 나오는 "영으로써"라는 말이 '성령님을 좇아'라는 뜻입니
다. 그러면 성령님을 좇아 산다는 것이 구체적으로 어떤 의미입니
까? 성경은 언제나 모든 문제에 대해서 자세하고도 명쾌한 해답을
줍니다. 그런데 우리는 안다고 생각할 뿐, 구체적으로 어떤 것인지
알려 하지 않습니다. 혹은 해답만 알려 합니다. 이런 까닭에, 아는
것이 많아도 그것을 삶 속에서 실천하지 않습니다.

성령님을 좇아 산다는 것은 육신의 행실을 죽이는 것입니다. 끊임없이 자기를 죽이고, 자기를 부인하고, 육체의 소욕을 끊어 버리는 것입니다. 빛과 어둠은 공존하지 못합니다. 생명과 죽음은 함께 있지 못합니다. 의와 죄도 더불어 있지 못합니다. 마찬가지로, 성령의 삶과 육신의 삶은 절대로 공생하지 못합니다. 한 삶 속에 두 삶이 있을 수 없습니다. 그러므로 육신을 좇는다는 것은 성령의 삶을 버리는 것이요, 성령님을 좇는다는 것은 육신의 행실을 버리는 것입니다.

우리는 여기에서 바울의 신앙관을 엿볼 수 있습니다. "예수를 믿는다"고 입으로 고백하는 것은 물론 귀한 일입니다. 그러나 이것은 신앙의 시작일 뿐입니다. 그 고백으로 신앙이 완성되는 것이 아닙니다. 바울은 예수님을 믿는다는 것을 무엇이라고 정의 내립니까? 그것은 성령님을 좇아 사는 삶이요, 곧 육체의 행실을 죽이는 삶이라고 구체적으로 말합니다. 믿음은 선언이 아니라 삶입니다. 삶으로 나타나야 하는 것입니다. 육체의 행실을 죽이는 삶을 살 때 우리에게 주어지는 것은 무엇입니까? 13절 하반절에서 "영으로써 몸의 행실을 죽이면 살리니"라고 했습니다. 즉, 영원한 생명이 주어집니다.

무릇 하나님의 영으로 인도함을 받는 사람은 곧 하나님의 아들이라(14절)

영원한 생명을 얻게 되는 것은 우리의 신분이 하나님의 아들과 딸로 바뀜으로 인함입니다. 16절에서는 "우리가 하나님의 자녀"라고 표현하고 있습니다. 우리는 바울의 구원관을 확인하게 됩니다. 구원을 얻는다는 것이 무엇입니까? 앞서 우리는 구원이란 '자유'라고 배웠습니다. 모든 죄와 세상의 유혹으로부터의 자유, 죽음의 공포로부터의 자유를 누리는 것입니다. 그렇다면 자유는 무엇입니까? 생명을 의미합니다. 우리가 예수 그리스도를 믿음으로 하나님의 자녀가 되어 영원한 생명을 얻기에, 모든 것으로부터 자유할 수 있습니다. 따라서 구원은 자유이고, 생명이고, 하나님의 자녀 됨입니다. 예수 그리스도를 믿어 구원받은 그리스도인이라면, 이 세 가지 정체성이 확립되어야 합니다.

우리는 자유자입니다. 우리가 그리스도 안에 거함으로 이 세상의 어떤 유혹, 어떤 죄로부터도 자유하다고 확신할 수 있어야 합니다. 우리는 이미 그리스도와 함께 십자가에서 죽고 새롭게 거듭난 사람들이기 때문입니다. 우리는 생명자입니다. 우리는 이미 영원한 생명을 얻었으므로 더 이상 우리에게 죽음이 있을 수 없습니다. 죽는다는 것은 끝이고 없어진다는 것입니다. 그러나 어떤 상황에서도 끝이 아니라는 인식이 우리에게 있어야 합니다. 마지막으로 우리는 어떤 상황에 처할지라도 변함없는 하나님의 자녀입니다. 영원한 생명으로의 진입은 곧 하나님의 자녀로 신분이 바뀜을 의미합니다. 죄인은 하나님과 함께할 수 없습니다. 우리는 당신의 원수였습니다. 그럼에도 우리를 자녀 삼아 주신 것입니다. 이것이 하나님 아버지의 사랑입니다.

본문은 하나님의 자녀 된 사람이 알아야 할 네 가지를 가르쳐 줍니다.

첫째, 하나님의 영이 우리를 인도해 주신다는 것입니다(14절). 우리가 여러 일들을 제쳐 놓고 어떻게 이 자리에 와 있을 수 있습니까? 하나님의 영이 인도해 주셨기 때문입니다. 우리가 어떻게 예수 그리스도를 우리의 구세주로 고백할 수 있습니까? 성령님께서 가르쳐 주셨기 때문입니다. 우리가 잘못을 저질렀을 때는 양심에 가책을 느끼게 하고 찔림을 주셔서 바른 길로 인도해 주십니다. 하나님의 자녀라면 이 같은 성령님의 인도하심을 받으며 살아가야 합니다. 그래서 기도가 중요하고, 말씀이 중요합니다. 우리가 바른 길을 가지 못하는 이유는, 하나님의 인도하심을 받으려 하지 않기 때문입니다. 이미 우리 스스로 결정하고 행동하고, 일이 다 끝난 뒤에는 원망 불평만 늘어놓습니다. 삶의 모든 영역에 걸쳐 우리가 무엇을 하기 전에 주님 앞에 열린 마음으로 무릎을 꿇으면, 성령님께서 반드시 우리를 인도하십니다.

둘째, 하나님께서 우리의 아빠 아버지가 되신다는 것입니다.

너희는 다시 무서워하는 종의 영을 받지 아니하고 양자의 영을 받았으므로 우리가 아빠 아버지라고 부르짖느니라(15절)

마가복음 14장 36절을 보면, 예수님께서도 기도하실 때 하나님을 "아빠 아버지"라고 부르셨습니다. 우리가 기도할 때 하나님 아버지라고 부르는 것과 아빠 아버지라고 부르는 것이 어떤 차이가 있습니까? 아이가 아무리 잘못을 저질렀다 해도 아버지 앞에 나아와 아버지를 아빠라고 부를 때, 그 순간 아이의 허물이 다 덮어집니다. 그때는 아이와 아버지의 사이에 어떤 간격도 없고, 오직 사랑만이 존재합니다. 하나님께서 우리에게 그저 아버지 되시는 것이 아니라, 이처럼 아빠 아버지가 되어 주십니다.

우리가 하나님을 아빠 아버지라 부를 수 있는 이유는, 하나님께서 우리를 또다시 두려움에 빠뜨리는 종의 영이 아니라, 자녀 삼아 주시는 양자의 영을 주셨기 때문입니다. 여기에서 종이란 노예입니다. 노예는 주인이 부리는 사람입니다. 노예제도가 존재하던 당시, 일반적으로 노예는 주인을 무서워하고 두려워하는 것이 당연했습니다. 주인은 노예를 마음대로 다루고 채찍으로 마구 때리기도 했습니다. 그런데 어떤 사람이 누군가의 노예를 자기의 양자로 삼은 것입니다. 그 순간부터 더 이상 주인과 종이 아니라 부자지간의 관계 속에서, 노예의 삶은 이전과는 전혀 달라지게 됩니다. 아버지는 자녀의 모든 것을 책임지고 미래를 보장해 줍니다.

그러면 하나님 아버지께서 우리의 아빠 아버지 되심을 깨닫는다는 것은 무엇을 의미합니까? 삶 속에서 우리의 생각이나 계산과 어긋나는 여러 일들이 발생한다 할지라도, 그 가운데서 하나님 아버지의 심중을 헤아리는 것을 의미합니다. 하나님 아버지께서는 우리의 삶을 더 좋은 것으로 채우고 인도하시는 분이십니다. 그러므로 우리가 이 같은 하나님 아버지를 믿고 그 사랑을 깨달으면, 우리에게 원망 같은 것이 있을 수 없습니다.

자녀를 둔 부모는 더욱 하나님의 사랑을 깨달아, 자녀 앞에 좋은 부모가 되어야 합니다. 부모의 역할이 무엇입니까? 보이지 않는 하나님 아버지의 사랑을 자녀에게 보여 주는 통로가 되는 것입니다. 하나님 아버지께서는 부모를 통해서 자녀에게 당신의 사랑을 보여 주십니다. 그러므로 부모 된 이들은 하나님 아버지의 사랑에 대해 깊이 알아야 합니다. 부모가 자녀에게 형성한 부정적인 관계가 하나님을 오해하게 만드는 경우가 허다합니다. 그래서 자녀들이 하나님과 인격적인 관계가 맺어지지 못합니다.

바울은 하나님에 대한 호칭을 '아빠'로 끝내지 않고 그 뒤에 '아버지'를 덧붙이고 있습니다. 아빠라고 부르던 아이가 아버지라고 바꿔 부르기 시작할 때가 언제입니까? 아이가 철이 들 때입니다. 아버지가 어떤 분인지 깨닫고 아버지에 대해서 감사와 의무를 느끼기 시작할 때입니다. 우리가 하나님 아빠에 대한 사랑을 느끼고 인식하는 것은 대단히 중요합니다. 그러나 그것으로 끝나는 것이 아니라, 그 사랑으로 말미암아 하나님 아버지를 알아가고 닮아가며 그분의 자녀다운 자녀가 되는 것이 더욱 중요합니다.

내달 둘째 주 수요예배 때는 강사로 이인수 교수님이 오십니다. 그분은 이승만 전 대통령의 양자입니다. 그때가 마침 가정주간이라서, 대통령 이승만에 대해서가 아니라 아버지로서의 이승만에 대한 간증을 들려주실 예정입니다. 그런데 그분이 쓴 글을 보면, 문중에서 자신이 양자로 결정되었을 때 한동안 망설였다고 합니다. 그 이유는 '대한민국 초대 대통령을 지내신 분의 양자로서 그분의 명예와 긍지를 지킬 수 있을까? 내가 그분을 욕되게 하지는 않을까?' 하는 고민 때문이었습니다.

하나님의 양자가 결코 될 수 없던 우리가 하나님을 아버지라 부르는 양자의 자리에 섰다는 것을 진실로 깨닫는다면, 우리는 양자가 되기 이전의 삶을 미련 없이 버려야 합니다. 그리고 자녀 된 의무를 두려움이 아닌 사랑에 대한 감격 속에서 다해 나가야 합니다.

셋째, 성령님께서 우리가 하나님의 자녀 되었다는 사실을 날마다 친히 증언해 주신다는 것입니다.

성령이 친히 우리의 영과 더불어 우리가 하나님의 자녀인 것을 증언하시나니 (16절)

얼마 전 이어령 선생님과 식사를 하면서 다음과 같은 대화를 나누었습니다.

"이제 선생님께서도 교회에 나오셔야 하지 않겠습니까?"

"교회를 다니지 않는 여러 이유가 있는데, 실은 결정적인 한 가지 이유가 있습니다. 나는 예수 그리스도가 진리라는 것, 그리고 진리의 삶을 살기 위해서는 예수 그리스도처럼 십자가를 지고 고난받아야 한다는 것은 조금도 의심치 않아요. 그것이 진리를 위해 걸어가야 할 유일한 길이라는 것도 인정합니다. 그런데 딱 하나, 영생이 안 믿어지고 천국이 안 믿어집니다. 믿어지지 않는데 어떻게 교회에 가겠습니까."

"창세기 4장 25-26절을 보면, 사람들이 처음으로 하나님을 부른 장면이 나옵니다. '에노스' 즉, 자기 자신이 '죽을 수밖에 없는 존재'임을 비로소 깨달았기 때문입니다. 우리가 죽음을 인식할 때에만 영원한 생명이신 하나님을 만날 수 있습니다."

"나는 나의 유한함을 익히 알고 있답니다. 30세가 되기 이전에 인생의 유한함과 허망함을 뼈저리게 깨달았지요. 전도서 1장 2절에서 '헛되고 헛되며 헛되고 헛되니 모든 것이 헛되도다'라는 솔로몬의 고백에 전적으로 동감했습니다. 그런데 죽은 사람들이 다시 영생을 얻고 천국을 얻는다는 것이 안 믿어집니다."

"니고데모라는 학자가 예수님께 와서 어떻게 하면 영생을 얻을 수 있느냐고 물었습니다. 바꾸어 말하면, 어떻게 하면 영생을 믿을 수 있느냐는 질문이었습니다. 그때 주님께서 '성령으로 나지 아니하면 하나님의 나라에 들어갈 수 없느니라'(요 3:5)고 말씀하셨습니다. 즉, 모든 것을 인식하고 있음에도 믿어지지 않는다면, 성령님의 은혜를 입어야 합니다. 이를 위해 저도 기도할 터이니 시간이 나실 때마다 은혜를 구하시기 바랍니다."

"가족과 주위에 있는 많은 사람들이 믿고 있습니다. 그런데 성령님께서 나에게는 그것을 믿을 수 있는 은혜를 주시지 않네요."(* 이어령 전 문화부장관은 2007년 세례를 받았는데, 딸의 믿음이 자신을 구원으로 인도했다고 고백한 바 있다.)

우리가 어떻게 부활을 믿고 어떻게 영생을 믿었습니까? 어떻게 천국을 확신하게 되었습니까? 성령님께서 친히 우리에게 하나님의 자녀 됨을 증거해 주셨기 때문입니다. 성령님께서 친히 너는 내 것이라고, 나의 자녀라고 증거해 주심으로, 우리는 날마다 영원한 생명, 부활, 천국을 목표 삼고 그 실체를 구체적으로 붙잡으며 진리의 길을 걸어갈 수 있는 것입니다. 우리를 위해 친히 증거하시는 성령님을 우리가 인격적으로 만나 매 순간 우리를 맡긴다면, 우리의 삶은 변화될 것입니다.

넷째, 고난이 우리에게 유익하다는 것입니다.

자녀이면 또한 상속자 곧 하나님의 상속자요 그리스도와 함께한 상속자니 우리가 그와 함께 영광을 받기 위하여 고난도 함께 받아야 할 것이니라(17절)

하나님의 자녀는 고난의 유익을 깨닫는 것에서 한 걸음 더 나아가, 고난의 필요성을 통감해야 합니다. 하나님께서 사랑하는 당신의 자녀들에게 아픔을 주시는 이유가 무엇입니까? 아픔이 없는 곳에는 죽음만 있습니다. 암이 왜 무서운 병인지 아십니까? 암은 진행되는 동안에는 아픔을 주지 않습니다. 아픔을 느끼기 시작할 때는 이미 손을 쓸 수가 없습니다. 반면에 감기는 고마운 병입니다. 감기가 든 순간부터 코가 막힌다든지, 기침이 난다든지, 목이 아프다든지 하는 반응을 나타내기 때문입니다. 그래서 사람들은 감기를 조심하게 됩니다. 일본에서 발표된 통계에 따르면, 감기에 잘 걸리는 사람은 오래 산다고 합니다. 드러나는 반응에 스스로 적극적으로 자기 생명을 지키고 보호하기 때문입니다. 아픔이 드러나야 생명이 강화됩니다.

아픔이 없다면, 우리는 생명이 있는 동안 내내 이 땅의 것을 좇다가 죽게 될 것입니다.

4
피조물이 고대하는 바

로마서 8장 19-25절

피조물이 고대하는 바는 하나님의 아들들이 나타나는 것이니 피조물이 허무한 데 굴복하는 것은 자기 뜻이 아니요 오직 굴복하게 하시는 이로 말미암음이라 그 바라는 것은 피조물도 썩어짐의 종 노릇 한 데서 해방되어 하나님의 자녀들의 영광의 자유에 이르는 것이니라 피조물이 다 이제까지 함께 탄식하며 함께 고통을 겪고 있는 것을 우리가 아느니라 그뿐 아니라 또한 우리 곧 성령의 처음 익은 열매를 받은 우리까지도 속으로 탄식하여 양자 될 것 곧 우리 몸의 속량을 기다리느니라 우리가 소망으로 구원을 얻었으매 보이는 소망이 소망이 아니니 보는 것을 누가 바라리요 만일 우리가 보지 못하는 것을 바라면 참음으로 기다릴지니라

로마서 8장 18절 말씀을 보시겠습니다.

생각하건대 현재의 고난은 장차 우리에게 나타날 영광과 비교할 수 없도다

현재 고난이 있습니다. 장래에는 영광이 있습니다. 현재 우리가 고난을 당하고 있는데 장래에 어떻게 영광이 있습니까? "생각하건대", 즉 영광이 임하리라고 '생각'하기 때문에 가능합니다. 이때 생각은 피상적으로가 아니라 심사숙고하는 것을 의미합니다. 골똘히 생각할 때, 영광을 볼 수 있게 되는 것입니다. 현재의 고난은 장래의 영광과는 비교가 불가능합니다. 고난이란 아픔이고 괴로움입니다. 괴롭고 아프더라도 우리는 생각하는 그리스도인이 되어야 합니다.

　무엇을 생각해야 합니까? 하나님께서 어떤 분이신가 하는 점입니다. 하나님께서는 우리를 날마다 하나님의 영으로 인도하시는 분입니다. 그리고 우리로 하여금 당신을 아빠라고 부를 수 있게 해주시는 분입니다. 성령님의 인도하심에도 불구하고 우리가 지금 고난 가운데 처해 있다면, 그것은 하나님께서 우리에게 고난 자체를 주고자 하심이 아니라 다른 목적과 계획을 가지고 계시기 때문임을 생각할 수 있어야 합니다. 나 같은 미물을 살리기 위해서 당신의 독생자를 죽이신 하나님이십니다. 하나님께서 그토록 나를 사랑하심에도 내가 지금 괴로움의 현장에 있다면, 그것이야말로 하나님께서 나에게 더 좋은 것을 주시고자 한다는 증거입니다. 갓난아기를 목욕시키면, 처음에는 아기가 십중팔구 자지러지게 웁니다. 엄마가 씻겨 주는 것인데도 자기를 죽이려는 것이 아닌지 착각하기 때문입니다. 그런데 조금 지나면 울음을 멈추고, 오히려 물에 젖는 것을 좋아합니다. 아기의 수준에서도 엄마의 사랑을 느끼기 때문입니다. 생각하지 않는 그리스도인은 어리석은 사람입니다. 생각하는 그리스도인과 생각하지 않는 그리스도인의 차이는 지혜로움과 어리석음으로 끝나는 것이 아니라, 실로 어마어마한 결과로 이어집니다.

라헬이라는 여자가 길을 가다가 길에서 아기를 낳았습니다. 그런데 낳는 동안 그만 죽을 지경이 되었습니다. 라헬은 죽으면서 아기의 이름을 '베노니', 즉 '슬픔의 아들'이라고 지었습니다. 아기가 생모 젖도 못 먹는 신세로 태어났기 때문이었습니다. 그러나 옆에 있던 아기의 아버지인 야곱은 아기를 '베냐민'이라고 불렀습니다. 그 뜻은 '오른손의 아들'로, 하나님께서 오른손으로 그 아들을 잡고 계신다는 것이었습니다(창 35:16-18). 야곱이 이렇게 이름을 지은 까닭은, 비록 라헬이 먼저 세상을 떠났지만 그 현장에 하나님께서 함께하고 계시다고 생각했기 때문입니다. 이후 베냐민은 유다 지파와 더불어 이스라엘 역사의 주체가 되었습니다.

또 다른 경우로 비느하스의 아내가 있습니다. 그녀는 임신 중에 출산이 가까워졌을 무렵, 시아버지와 남편이 죽었다는 소식을 듣고서 아기를 낳았습니다. 그러다가 진통이 심해 거의 죽게 되었습니다. 그녀는 아기의 이름을 '이가봇'이라 지었는데, 천하의 고아로 태어났기에 '하나님의 영광이 떠났다'는 뜻입니다(삼상 4:19-21). 라헬과 비느하스 아내의 차이가 무엇입니까? 비느하스의 아내 옆에는 생각하는 사람이 없었습니다. '이것은 하나님의 영광이 떠난 것이 아니라, 오히려 이것이야말로 영광으로 이끄시는 하나님의 초청이다'라고 생각하는 사람이 없었던 것입니다. 이가봇은 저주의 자식이 되고 말았습니다.

우리에게 어떤 고난이 있든지, 잘 생각해 보면 고난과 비교 자체가 불가능한 영광이 보입니다. 우리의 하나님께서는 사랑의 하나님이시기 때문입니다. 하나님께서 우리에게 주시는 고난이 다 같은 고난이 아닙니다. 첫째, 믿지 않는 이들을 구원시키기 위한 고난이 있습니다. 사도 바울이 배를 타고 가다가 유라굴로 태풍을 만나, 배에 탄 사람들이 전부 죽을 위험에 놓였습니다. 왜 그런 고난이 닥쳤습니까? 배에 탄 사람들로 하여금 하나님을 바라보고 의지하게 하여 그들을 구원하시기 위함이었습니다. 둘째, 구원받은 이들이 잘못된 길을 갈 때 그들을 돌이키게 하기 위한 고난이 있습니다. 요나는 하나님의 구원받은 백성이었습니다. 그런데 하나님께 불순종하고 가야 할 길을 가지 않았습니다. 그때 하나님께서 그에게 큰 물고기에게 삼킴 당하는 고난을 주어 그를 순종의 자리로 부르셨습니다. 셋째, 하나님의 영광을 드러내는 사람으로 세우고자 훈련시키기 위한 고난이 있습니다. 요셉의 경우, 형들에게 미움과 시기를 받아 애굽에 노예로 팔리고 거짓 모함으로 감옥에 갇히는 고난을 거쳐, 결국 애굽의 지혜로운 국무총리가 되었습니다.

이러한 고난들은 모두 타율적인 고난입니다. 내가 원해서 받은 것이 아니라, 전혀 원하지도 않고 무방비인 상태에서 받은 것입니다. 그런데 타율적인 고난보다 귀한 것이 바로 자율적인 고난입니다. 하나님을 믿으므로, 스스로 고난의 길로 들어서는 것입니다. 불이익을 감수하고 손해를 보면서도 고난의 길을 걷는 것입니다. 이것이 더 아름답고 하나님께서 기뻐하시는 고난입니다. 예수 그리스도께서 십자가에서 돌아가시는 엄청난 불이익을 스스로 택하심으로 이 고난의 본을 보여 주셨습니다.

믿음의 주요 또 온전하게 하시는 이인 예수를 바라보자 그는 그 앞에 있는 기쁨을 위하여 십자가를 참으사 부끄러움을 개의치 아니하시더니 하나님 보좌 우편에 앉으셨느니라(히 12:2)

예수님께서는 고난 뒤에 찾아올 영광과 기쁨을 생각하셨기에 십자가 고난을 자처하시고 또 감당하실 수 있었습니다. 예수님께서 아침 9시경 못박혀 오후 3시경에 돌아가셨습니다. 당일 새벽 4시경에 겟세마네 동산에서 체포되어 빌라도 법정에서 매 맞고 모욕당하신 것을 합하면 고난의 시간은 11시간가량 됩니다. 운명하신 요일이 금요일이었는데 그주 주일 새벽에 여자들이 가보니 부활하신 상태였습니다. 새벽 4시경 부활하셨다고 가정하면, 돌아가신 금요일 오후 3시부터 주일 새벽 4시까지는 37시간입니다. 주님께서 체포되시던 금요일 새벽부터 따지면, 고난당하신 시간은 총 48시간 가량으로, 만 이틀이 됩니다.

우리가 고난을 겪을 때면, 너무나 고통스러운 나머지 이 세상에서 나만큼 불쌍한 사람이 없는 것처럼 여겨질 때가 많습니다. 그러나 생각하는 그리스도인에게는, 그 고난의 시간은 잠시일 뿐입니다. 영원한 삶, 영원한 생명에 비추어 보면, 예수 그리스도께서 겪으신 48시간 역시 하나의 점에 불과합니다. 그 위대한 칼뱅이 하나님의 뜻대로 살다가 생을 마감할 때 마지막으로 한 말이 로마서 8장 18절 말씀입니다. 이 세상을 떠날 때 육신의 아픔, 죽음의 절망이 없을 수는 없습니다. 그러나 그것은 잠깐입니다. 죽음이라는 터널을 통과해서 그리스도의 품에 안겼을 때, 그 품속에서 영원히 누릴 영광에 비하면 아무것도 아닙니다. 생각하는 그리스도인은 생의 마지막을 멋진 승리로 장식할 수 있습니다.

고난이 끝난 뒤 하나님께서 우리를 영광스러운 존재로 승화시켜 주시는데, 그처럼 영광스러운 존재가 된다는 것은 이 세상에서 우리의 삶이 어떻게 변화되는 것을 의미합니까? 이 질문에 대한 해답이 오늘 본문입니다.

피조물이 고대하는 바는 하나님의 아들들이 나타나는 것이니(19절)

여기에서 "피조물"이란 하늘의 별, 구름, 땅, 벌레 등 하나님께서 지으신 모든 것을 통틀어 일컫는 말입니다. 이 피조 세계가 고대하고 있는 것이 있습니다. 바로 하나님의 아들들, 다시 말해 하나님의 자녀들이 나타나는 것입니다. 이름 없는 풀포기, 꽃, 나무, 새들이 왜 하나님의 자녀들이 나타나기를 그토록 고대합니까?

피조물이 허무한 데 굴복하는 것은 자기 뜻이 아니요 오직 굴복하게 하시는 이로 말미암음이라(20절)

피조 세계가 허무한 데 굴복하고 있다는 것이 무슨 뜻입니까? 인간이 벌이는 허망한 짓들에 피조 세계가 굴복당하고 있다는 의미입니다. 자연이 인간의 허망한 욕망 때문에 속수무책으로 훼손되고 오염되고 파괴되고 있는 것입니다. 모든 인간은 죄인입니다. 죄의 삯은 사망입니다. 모든 인간이 이 죽음 가운데 있기 때문에 생각하는 것, 행동하는 것, 열매 맺는 것이 전부 죽음의 열매입니다. 인간은 더불어 살아야 할 피조 세계를 죽음으로 몰아넣었습니다. 하나님께서 피조 세계에 살고 있는 인간에게 죄의 삯에 대한 법칙을 그렇게 주셨습니다. 이 같은 이유로 피조 세계는 참생명을 지닌 사람들, 풀 한 포기에도 경외심을 갖는 사람들, 피조 세계와 더불어 화평을 누릴 수 있는 하나님의 자녀들이 나타나기를 고대하는 것입니다.

그 바라는 것은 피조물도 썩어짐의 종노릇한 데서 해방되어 하나님의 자녀

들의 영광의 자유에 이르는 것이니라(21절)

썩어질 인간들에 의해 썩어 가는 세계에서 해방되어 참생명, 참 평안, 참사랑으로 더불어 사는, 하나님의 자녀가 누릴 영광된 자유에 이르기를 피조 세계가 원하고 있는 것입니다. 피조물 스스로는 그 썩어질 것들의 종노릇에서 해방될 수 없습니다. 자연 스스로 자신의 생명과 평화를 보장받을 수 없습니다. 가능한 길은 딱 하나, 하나님의 자녀들이 나타남을 통해서입니다.

피조물이 다 이제까지 함께 탄식하며 함께 고통을 겪고 있는 것을 우리가 아느니라(22절)

여기에서 말하는 "우리"는 하나님을 믿는 사람들입니다. 하나님을 믿는 우리는 온 피조 세계가 우리로 인해 탄식하고 고통을 겪고 있는 소리를 더 세심하게 들을 수 있어야 합니다.

일본의 어떤 수도원에 나무 열두 그루가 심겨 있는데, 나무마다 베드로, 요한, 야고보 등 예수님의 열두 제자의 이름을 팻말로 써서 붙여 놓았습니다. 그런데 시간이 흐르면서 보니, 가룟 유다의 이름이 붙은 나무가 죽어 갔습니다. 수도원에서 그 원인을 찾고 있을 때, 누군가가 이름 팻말을 바꿔 보자고 제안했습니다. 그래서 베드로 팻말과 가룟 유다 팻말을 바꾸어 붙였습니다. 그런데 며칠 뒤, 죽어 가던 나무가 다시 살아났습니다. 그리고 멀쩡하던 나무는 시들해져 버렸습니다. 이상하게 여긴 수도사들은 팻말을 여러 번 바꾸어 보았는데, 가룟 유다 팻말을 붙이는 나무마다 죽어 가는 것이었습니다.

가만히 살펴보니, 수도원에 오는 수많은 참배객들이 가룟 유다의 이름이 붙은 나무에만 한마디씩 저주를 했습니다. 이것은 인간이 자연에게 가하는 말과 행동에 자연이 그대로 반응한다는 증거입니다. 지금도 세계에는 전쟁을 치르는 곳이 많습니다. 2년 전 있었던 걸프전을 생각해 보면, 미 공군이 이라크 땅에 다량의 포탄을 퍼부을 때 이라크 땅이 얼마나 비명을 질렀겠습니까? 인간의 욕심으로 땅이 훼손당하고 죽어 갈 때, 우리 가운데 그 땅이 지른 비명을 들은 사람이 있습니까?

우리는 코로 맡아지는 악취 때문에 그저 괴로워할 뿐, 오염 당한 공기가 지르는 비명을 듣고 있습니까? 공장 폐수로 썩어 가는 강의 신음 소리나, 오존층에 구멍이 뚫린 하늘의 울음 소리는 또 어떻습니까?

어제 큰아이가 배가 아파 학교에서 조퇴했습니다. 웬만한 음식을 먹어도 탈이 나지 않는 아이인데, 배가 아파서 조퇴하기는 처음이었습니다. 병원에 갔더니 의사가 딸기를 먹었느냐고 물었습니다. 그렇다고 했더니, 대부분 껍질을 까서 먹는 다른 과일들과 달리 딸기는 그냥 씻어 먹는데, 요즘 과일에 얼마나 농약을 많이 치는지 초등학교 아이들이 딸기를 먹고 배탈 난 경우가 크게 늘었다고 했습니다. 이 말을 듣고 생각나는 것이 있었습니다. 한 달 전쯤, 저녁에 심방을 하고 집에 왔더니 어머니께서 늦은 시간인데도 안 주무시고 계시다가 딸기를 씻어 주셨습니다. 어머니께서는 왼팔을 못 쓰시는 탓에, 설거지를 하셔도 깨끗하게 하시지 못했습니다. 저는 속으로 꺼림칙하긴 했지만 효도하는 마음으로 딸기를 먹었습니다. 그런데 아침이 되자 입천장의 피부가 다 벗겨져 있었습니다. 처음에는 너무 피곤해서 그런가 보다 생각했는데, 실은 농약 때문이었던 것입니다. 농약의 피해에 대해서는 모르는 사람이 없습니다. 그러므로 농약을 뿌릴 때 딸기가 지르는 비명과 땅이 괴로워하는 소리를 들을 수 있어야 합니다.

피조 세계는 하나님의 세계입니다. 만약 내 아버지가 빌딩을 지었는데 누군가 아무런 이유 없이 빌딩 유리에 흠집을 내고 건물 벽을 깨뜨린다면, 내 마음이 어떻겠습니까? 내 어머니가 정원을 가꾸었는데 동네 아이들이 들어와 싹들을 마구 자르고 짓밟고 쓰레기를 버린다면, 내 심정이 어떻겠습니까? 우리가 하나님의 자녀라면, 하나님께서 지으신 이 피조 세계가 인간에 의해 허물어지고 파괴됨으로 신음하는 소리를 들을 수 있어야 합니다.

그뿐 아니라 또한 우리 곧 성령의 처음 익은 열매를 받은 우리까지도 속으로 탄식하여 양자 될 것 곧 우리 몸의 속량을 기다리느니라(23절)

여기에서 말하는 "우리"란 성령님의 은총으로 구원받은 사람들입니다. 우리는 예수 그리스도를 믿음으로 의롭다 함을, 주님의 자녀가 되었다는 인침을 받았습니다. 그럼에도 하나님의 자녀가 될 것, 곧 우리 몸이 해방될 것을 고대하며 기다리고 있습니다. 이것이 의미하는 바가 무엇입니까? 우리의 몸이 허망한 욕심으로 하나님의 피조 세계를 파괴하고 있는데, 우리가 단지 믿음으로 구원받았다는 데에 만족할 것이 아니라, 피조 세계의 탄식과 비명을 듣고 피조 세계를 살리는 하나님의 자녀가 되어야 한다는 것입니다.

그의 십자가의 피로 화평을 이루사 만물 곧 땅에 있는 것들이나 하늘에 있는 것들이 그로 말미암아 자기와 화목하게 되기를 기뻐하심이라(골 1:20)

하나님 아버지께서 예수 그리스도를 통해 대속의 피를 뿌리신 까닭은 사람만을 하나님과 화목시키시기 위함이 아니라, 땅에 있는 풀, 벌레, 짐승이나 하늘에 있는 새, 구름, 별과 달 등 모든 피조 세계와도 화목시키시기 위함입니다. 하나님과 피조 세계가 화목을 이루는 방법은 한 가지뿐입니다. 예수 그리스도의 보혈로 하나님의 자녀 된 우리가 피조 세계를 살리는 구원의 도구가 되는 것입니다. 이 의무가 우리에게 주어졌습니다.

우리가 소망으로 구원을 얻었으매 보이는 소망이 소망이 아니니 보는 것을 누가 바라리요 만일 우리가 보지 못하는 것을 바라면 참음으로 기다릴지니라 (24-25절)

어떤 고난을 당한다 할지라도 우리는 소망을 품고서 참으며 기다려야 합니다. 여기에서 기다린다는 것은 소극적으로 가만히 앉아서 기다리는 것이 아니라, 주님의 말씀에 순종하며 경우에 따라서는 적극적으로 대처하는 것을 의미합니다. 주님께서 우리에게 고난을 주신 이유가 이제 분명해졌습니다. 참생명을 지닌 하나님의 자녀로서 온 피조 세계를 구원하는 구원의 도구로 삼으시기 위해서입니다. 고난이 없으면, 우리는 늘 자신만을 위한 이기적인 삶에서 탈피하지 못하게 됩니다. 그러나 고난을 겪으면, 하나님 아버지께서 지으신 풀 한 포기, 꽃 한 송이에도 생명에 대한 외경심을 느끼며 비로소 생명과 더불어 평화를 누리게 됩니다.

피조 세계를 사랑하지 못하는 사람은 피조 세계에 있는 다른 사람도 사랑하지 못합니다. 피조 세계에 있는 다른 사람을 사랑하는 사람은 피조 세계도 사랑합니다. 하나님께서는 우리를 완전히 이타적인 그리스도인이 되는 영광스러운 단계로 올려 주시기 위해 때로 우리를 치고 아프게 하고 충격을 주시는 것입니다.

다윗은 많은 고난을 당했습니다. 까닭 없이 사울에게 쫓겨 다녔습니다. 그 고난을 통해 다윗은 비로소 자기라는 껍질로부터 자유를 얻었습니다. 그래서 자기를 죽이려 하는 사울을 용서하고, 쿠데타를 일으킨 압살롬도 용서할 수 있었습니다. 또 이스라엘 백성을 위해 헌신하면서 이타적인 삶을 살 수 있었습니다.

여호와 우리 주여 주의 이름이 온 땅에 어찌 그리 아름다운지요 주의 영광이 하늘을 덮었나이다(시 8:1)

다윗의 눈에 풀 한 포기가 그냥 풀 한 포기가 아니고 벌레 또한 그냥 벌레가 아니었습니다. 온 피조 세계가 하나님의 이름과 하나님의 영광으로 뒤덮여 있었습니다. 그런 다윗이 피조 세계를 까닭 없이 훼손하고 파괴했겠습니까? 피조 세계가 그토록 아름다울진대, 피조 세계에 있는 사람은 그의 눈에 얼마나 더 아름답게 보였겠습니까?

모세는 미디안 광야에서 40년간 고난의 길을 걸었습니다. 모세역시 그 고난 덕분에 자기를 위한 이기적인 삶을 탈피하고, 이스라엘 백성을 위한 이타적인 삶을 살 수 있었습니다. 그것으로 끝이 아니었습니다. 대개 역사가는 역사를 기록할 때 무엇을 쓸 것인지 생각하지 않습니다. 무엇을 지울 것인지를 생각합니다. 만약 역사가가 올해의 역사를 쓴다고 하면, 먼저 지울 것을 지우고 버릴 것을 버립니다. 그렇게 하며 중요한 것을 남겨 나갑니다. 하나님께서 모세와 여러 사람들로 하여금 성경을 쓰게 하실 때, 불필요한 것은 다

지우고 꼭 남겨야 할 것만 성경에 남기셨습니다. 모세가 이 거룩한 성경을 통해 이스라엘 백성에게 이런 이야기를 전했습니다.

네 진영 밖에 변소를 마련하고 그리로 나가되 네 기구에 작은 삽을 더하여 밖에 나가서 대변을 볼 때에 그것으로 땅을 팔 것이요 몸을 돌려 그 배설물을 덮을지니(신 23:12-13)

이 말을 들은 백성은 광야에서 지내고 있었습니다. 그들이 생각하기를 '이곳은 우리가 살 곳이 아니니, 아무렇게 하면 어때? 우리가 살 곳은 가나안인데' 하며 아무데서나 대소변을 볼 수 있었습니다. 그런데 모세가 왜 이런 말을 한 것입니까? 모든 땅이 하나님께서 거하시는 곳이기 때문입니다. 모세는 피조 세계에 대해 외경심을 가져야 하며 피조 세계와 더불어 화평을 누려야 함을 잘 알았습니다. 그래서 피조 세계를 훼손하지 않도록 법을 만들어 백성에게 전한 것입니다.

유명한 소설가 한 분이 있는데, 예수님을 믿지 않았습니다. 제가 그 이유를 물었더니, 자기에게 예수를 믿으라고 열심히 전도하는 동서 때문이라고 했습니다. 동서가 가톨릭 신자가 된 뒤 그 집 마당의 화초가 다 말라죽었습니다. 이를 보건대, 신은 없다는 것이었습니다. 정말 예수 믿는 것이 생명을 얻는 것이라면, 그 집 안의 화초가 죽을 수 없으며 오히려 더 잘 자라야 한다고 했습니다. 저는 이 말을 듣고 크게 감명을 받았습니다. 여러분의 집은 어떠합니까? 내가 교회에 열심히 다니고 열심히 봉사하는 것 때문에 내 집의 화초가 시들고 말라 죽어 간다면, 그것은 분명 잘못된 것입니다. 내 집의 화초도 사랑하지 못하면서 피조 세계에 있는 다른 사람을 사랑할 수는 없습니다. 그런 사람이 행하는 봉사는 사실 자기 만족을 위한 봉사이기 쉽습니다. 내가 정말 하나님의 생명을 지녔다면, 어디를 가든지 생명이 새롭게 샘솟아야 합니다.

저희 집에는 조그마한 마당이 있는데, 어머니께서 가꾸시어 별별 꽃들이 많이 있습니다. 그런 어머니께서 가끔 말씀하시기를 "내가 죽으면 저 꽃들은 어떻게 하느냐"며 불쌍해하십니다. 그 말씀을 들을 때마다 저는 속으로 '어머니께서 안 계시면 제가 하겠습니다'라고 대답합니다. 우리가 보기에 하찮고 조그마한 생명에까지 눈이 가지 않으면, 우리가 정말 거듭난 사람일 수 없다는 것이 오늘 바울이 전하는 바입니다.

하나님께서는 우리를 변화시키기 위해 잠시의 어려움과 고난을 주십니다. 우리가 하나님을 믿음에도 왜 육신에 병이 듭니까? 이유는 간단합니다. 하나님께서 우리를 병든 사람을 이해하는 사람으로 바꾸시기 위함입니다. 병들지 않고는 병든 사람의 심정을 모릅니다. 강남성모병원(*현재 서울성모병원)에는 신부전증에 걸렸는데 돈이 없어서 신장이식수술을 받지 못하고 투석치료만을 받는 사람들끼리 모이는 모임이 있습니다. 그들은 피 한 방울 섞이지 않았지만 서로를 뜨겁게 아끼고 사랑합니다. 한밤중에도 서로 전화해서 지금 이런 일이 생겼는데 어떻게 하면 좋으냐고 묻고, 관련 정보를 주며 이렇게 해라 저렇게 해라 자세히 가르쳐 줍니다.

우리가 하나님을 믿음에도 왜 자녀에게 문제가 생깁니까? 내 자녀의 문제를 경험함으로써, 문제를 가진 다른 아이들도 내 가슴으로 포용하고 저들을 살려야 한다는 것을 비로소 인식하게 되기 때문입니다. 우리가 하나님을 믿음에도 왜 실패하고 가난하게 됩니까? 주위에 있는 실패하고 가난한 사람들을 돌아보고 그들을 위한 삶의 자리로 한 걸음 나아가게 되기 때문입니다. 하나님께서 아픔과 괴로움으로 우리를 찔러 주시지 않으면, 우리는 하나님을 믿는다고 하면서도 나 자신만을 위해 살다가 허망하게 생을 끝내게 됩니다.

가만히 생각해 보십시다. '내가 가는 곳마다 사람들이 새 생명을 얻고 있는가?' 내가 거하는 땅이 과거에는 황폐했는데 비옥하게 변한다면, 물이 변한다면, 화초가 변한다면, 나비와 새들이 이전보다 더 힘차게 날갯짓한다면, 그래서 하나님께서 지으신 피조 세계의 아름다움과 평화를 내가 온 몸과 영혼으로 누리게 된다면, 얼마나 멋지겠습니까? 혹시 지금 고난을 당하고 계십니까? 그 고난은 잠깐일 뿐더러, 우리를 이 세상 사람들과 피조 세계를 살리는 생명의 자녀, 구원의 도구로 삼으시려는 하나님의 은총입니다. 우리가 이것을 믿고 그 길을 걸어간다면, 결코 비교할 수 없는 영광이 우리의 삶에 충만할 것입니다.

5
영화롭게 하셨느니라

로마서 8장 29-30절

하나님이 미리 아신 자들을 또한 그 아들의 형상을 본받게 하기 위하여 미리 정하셨으니 이는 그로 많은 형제 중에서 맏아들이 되게 하려 하심이니라 또 미리 정하신 그들을 또한 부르시고 부르신 그들을 또한 의롭다 하시고 의롭다 하신 그들을 또한 **영화롭게 하셨느니라**

로마서 8장 19-28절은 그리스도인으로서 생각한다는 것이 무엇을 의미하는지 가르쳐 줍니다. 생각한다는 것은 다시 말해서, 기도하는 것입니다. 우리가 고난당할 때 왜 기도해야 합니까? 이유는 하나입니다. 하나님께서 우리를 사랑하고 계심을 우리가 알기 때문입니다. 우리가 기도하면 성령님께서 도우십니다. 나 혼자 기도하는 것이 아니라, 성령님께서 말할 수 없는 탄식으로 나를 위해 친히 기도해 주십니다. 이렇게 성령님께서 기도를 도와주시니 우리가 확실히 알게 됩니다. 여기에서 '안다'라는 동사는 '본다'는 뜻입니다. 즉, 확실히 보게 된다는 말입니다. 무엇을 보게 됩니까? 하나님께서 우리를 불러 주셨을 뿐만 아니라, 우리를 살리기 위해서 당신의 독생자를 죽이시기까지 우리를 사랑하신 것을 보게 됩니다. 또한 지금 우리에게 고통과 아픔과 눈물이 있는데, 그것들이 예수 그리스도 안에서 어떤 목적을 위해 함께 역사하는 것을 보게 됩니다. 그 목적이란 바로 존재의 변화입니다. 이기적으로 살던 우리가 이타적인 존재로 변화되는 것, 다른 사람을 살리는 생명의 통로가 되는 것, 우주 만물을 살리는 구원의 도구가 되는 것입니다. 따라서 우리에게 어떤 고난이 있을지라도 범사에 감사하고 기뻐할 수 있습니다. 우리에게 독생자를 주신 하나님께서 우리를 위해 늘 더 좋은 것을 예비하시고 더 좋은 길로 인도하신다는 것을 믿을 수 있기 때문입니다.

자신이 죽을 수밖에 없는 존재라는 실상을 바로 깨닫는 사람만이 성령님의 사람이 될 수 있습니다. 영적인 사람이란 자신을 위해서가 아니라 남을 위해 살아가는 사람입니다. 예수님께서 부활 승천하신 뒤 제자들은 오순절에 성령을 받고 이후 각기 흩어져 남을 위한 삶을 살았습니다. 믿음과 성령이 충만한 사람이었던 스데반은 돌에 맞아 죽으면서까지 생명을 증거했습니다. 사도 바울 역시 숱한 돌팔매질을 당하면서도 남을 구원하는 일에 삶을 바쳤습니다. 이처럼 이타적인 삶을 살 수 있는 방법은 훈련으로만 가능합니다. 존재의 성숙과 변화는 훈련 없이는 불가능합니다.

성령님께서는 우리를 고난으로 훈련시키십니다. 끊임없이 우리에게 아픔을 주시고 고통을 주심으로, 이기적인 자기 존재 안에 폐쇄되어 있는 우리를 이타적인 존재로 계속 거룩하게 만들어 나가십니다. 훈련이라는 것 자체가 아픔이고 고통입니다. 아픔과 고통이 없는 훈련은 훈련이 아닙니다. 아픔과 고통을 감수하려 하지 않는 사람은 절대 훈련된 사람이 될 수 없습니다. 그러므로 경제적으로든 육체적으로든 혹은 다른 어떤 의미로든 아픔과 고통이 다가올 때, 그것을 두려워해서는 안 됩니다. 아프면 아플수록 그 사람은 더 큰 생명의 사람이 됩니다.

예수님께서 이 땅에 오셔서 30년 동안 갈릴리에서 사셨는데, 그 삶은 한마디로 아픔의 세월이었습니다. 태어날 때부터 외양간의 구유에서 나시고 갈릴리의 가난한 빈민들 속에서 자라셨습니다. 아파하는 빈민들과 삶을 공유하면서 온갖 아픔을 경험하신 것입니다. 그렇기 때문에 예수님 안에서는 늘 생명이 끓어올랐습니다. 그분은 공생애 3년 동안 생명으로 충일해 계셨습니다. 수없이 많은 사람을 살리셨고, 그분의 입으로부터 나오는 한마디 한마디는 생명의 언어 그 자체였습니다.

심령이 가난한 자는 복이 있나니 천국이 그들의 것임이요 애통하는 자는 복이 있나니 그들이 위로를 받을 것임이요(마 5:3-4)

주님께서 친히 아픔과 고통을 겪으셨기에 이 생명의 말씀이 나올 수 있었습니다. 이사야 53장 3절은 "그는 멸시를 받아 사람들에게 버림받았으며 간고를 많이 겪었으며 질고를 아는 자"고 증언하고 있습니다. 이어령 선생님이 이런 말씀을 하셨는데, 예수 그리스도를 전혀 인정하지 않는 문학가들도 산상수훈 앞에서는 다들 꼼짝 못한다고 하셨습니다. 말로 무어라고 설명할 수는 없지만, 그 말씀 속에 있는 생명력을 느끼기 때문입니다. 자신들이 흉내 낼 수 없는 생명이 말씀 속에 흐르고 있음을 알기 때문입니다. 인류 역사상 이름난 문호들이 얼마나 많았습니까? 그런데 그들이 예수님의 산상

수훈보다 더 위대한 시를 쓰지 못한 이유가 무엇입니까? 이유는 간단합니다. 예수님만큼 아파 본 적이 없기 때문입니다. 어떤 문필가든 예수님의 삶과 같은 상황에 놓이게 된다면, 그는 하루라도 빨리 탈출하기 위해 애쓸 것입니다. 그러나 예수님께서는 고난으로부터 탈출하려 하시지 않았습니다. 한 발자국도 회피하려 하시지 않았습니다. 그 아픔과 고통을 그대로 감수하셨습니다.

우리가 생각하는 그리스도인, 기도하는 그리스도인, 하나님의 부르심을 받고 하나님을 사랑하는 그리스도인이라면, 어떤 고통과 아픔이 있다 할지라도 그것을 회피해서는 안 됩니다. 하나님께서 짓궂은 분이라서 우리를 골탕 먹이려고 아픔을 주시는 것이 아닙니다. 당신의 독생자를 죽이기까지 우리를 사랑하시는 하나님께서 우리의 성숙을 위해 필요한 아픔을 주시는 것이기에, 그 아픔을 감수하는 사람만이 존재의 변화를 체험할 수 있습니다. 개인적으로 생각해 보면, 과거에 제가 회사가 부도나는 실패의 아픔을 겪을 때는 순간마다 절망이었습니다. 그러나 그 아픔의 순간이 있었기 때문에 제 심령 속에 하나님의 생명이 자리할 수 있었습니다. 만약 그 아픔의 과정을 겪지 않았다면 이 자리에서 생명의 말씀을 전할 수도 없을 것입니다. 시간이 지난 지금은 그때의 부도와 실패에 대해 얼마나 감사한지 모릅니다. 믿는 이들에게는 결코 고난이나 환난이 있을 수 없습니다. 고난이나 환난처럼 보이는 하나님의 은혜와 복이 있을 뿐입니다. 지금은 고난처럼 보이지만 장차 맞이할 영광과 족히 비교할 수 없기 때문입니다.

오늘 본문에는 우리가 로마서 1장부터 배운 내용이 압축되어 있습니다. 학자들은 로마서를 구조적으로 두 부분으로 나눕니다. 첫 번째 부분은 1장에서 11장까지로, '무엇을 믿을 것인가' 하는 교리적인 내용을 다룹니다. 두 번째 부분은 12장부터 16장까지로, '어떻게 살 것인가' 하는 윤리적인 내용을 다룹니다. 그런데 로마서 9-11장은 이스라엘에 대해 설명하는 내용으로, 엄밀하게 보면 교리 부분에서 제외되어야 합니다. 그러므로 교리적인 내용은 로마서 8장에서 끝난다고 보아야 합니다. 오늘 본문은 이제까지 배워 온 모든 교리의 결론이자 핵심이며, 로마서의 진수에 해당합니다.

본문은 예수 그리스도의 복음을 네 가지 개념으로 압축해서 설명하고 있습니다.

첫째, 선행적 은혜입니다.

하나님이 미리 아신 자들을 또한 그 아들의 형상을 본받게 하기 위하여 미리 정하셨으니 이는 그로 많은 형제 중에서 맏아들이 되게 하려 하심이니라 (29절)

"하나님이 미리 아신 자들"이란 예수 그리스도를 믿게 된 우리들을 말합니다. 우리가 하나님을 먼저 안 것이 아니라, 하나님께서 우리를 먼저 알고 계셨습니다. 그리고 "그 아들"은 예수님을 말합니다. 우리가 예수 그리스도의 형상을 닮기 위해 어떤 노력을 하지 않았음에도 그 일을 위해 하나님께서 우리를 미리 예정해 두셨습니다. 하반절에 나오는 "그" 역시 하나님의 아들 예수 그리스도를 가리킵니다. 하나님께서는 예수 그리스도를 믿는 모든 자녀들 가운데 예수님을 맏아들로 삼으셨습니다. 예수님을 우리의 맏형으로 세우셨습니다. 이는 우리가 예수님의 형제로서, 예수님과 같은 반열에 서게 되었음을 의미합니다.

중요한 것은 우리가 예수님과 같은 반열에 서게 된 것이 우리의 노력이나 의지로 된 것이 아니라, 하나님께서 정해 주신 은혜로 인함이라는 것입니다. 이것이 하나님께서 모든 것을 정해 주셨다는 예정론입니다. 칼뱅은 이러한 하나님의 은혜를 '선행적 은혜'라고 불렀습니다. 과거에 우리가 이루 말할 수 없는 온갖 죄를 지었음에도 하나님께서 우리를 당신의 자녀로 예정해 주셨습니다. 은혜 중의 은혜입니다.

여기에서 우리가 잊지 말아야 할 점이 있습니다. 하나님의 선행적 은혜라는 것은 구원받은 성도가 오늘 이 시점에서 자신의 과거를 돌아보며 "이제 보니 주님께서 저를 만세 전부터 예정해 주셨습니다"라고 고백하게 되는 은혜라는 점입니다. 다시 말해, 예정론은 미래를 향한 예언이 아닙니다. 가령 누군가를 향해서 "당신이 하는 행동을 보니 지옥 갈 것이 분명하겠네요. 그러니 당신은 교회에 나오지 마세요"라고 하는 것은 있을 수 없는 일입니다. 칼뱅은 이렇게 선행적 은혜를 말했는데, 칼뱅이 죽고 난 뒤 그 제자들이 예정론을 예언으로까지 확대 해석했습니다. 교회는 딜레마에 빠지게 되었습니다. 태어나기도 전에 구원받을 사람과 심판받을 사람으로 미래가 결정되어 있으니 사람들은 교회에 갈 필요가 없다고 생각했습니다. 자신이 구원받기로 예정된 사람이라면, 교회에 가지 않아도 죽은 뒤 구원받아 천국에 갈 터라는 것이었습니다. 또 자신이 심판받기로 예정된 사람이라면, 평생을 교회에 다녀도 구원받지 못하고 지옥에 가지 않겠느냐는 것이었습니다. 이렇게 되면 전도할 필요도 없어집니다. 이런 어처구니없는 생각으로 교회가 무기력한 때가 있었고, 이것이 감리교가 태동하는 원인이 되었습니다.

예정론이란 나 같은 죄인이 예수를 믿고 구원을 얻고 보니, 구원이 내 노력으로 된 것이 아니라 하나님의 은혜로 된 것이며, 이 은혜가 만세 전부터 예정되어 있었다는 것입니다. 생각해 보십시다. 나의 아버지와 어머니가 만나지 않으셨다면, 나는 이 세상에 태어나지 않았을 것입니다. 만약 나의 할아버지, 할머니가 만나지 않으셨다면, 나의 아버지, 어머니 또한 계시지 않았을 것입니다. 이렇게 자꾸 거슬러 올라가다 보면, 족보에서 한 치의 만남만 어그러졌어도 나라는 존재 자체가 불가능함을 쉽게 이해할 수 있습니다. 이뿐 아니라 우리가 세상에 태어나 예수 그리스도를 알게 된 동기를 곰곰이 생각해 보면, 우리의 노력으로 된 것이 아님을 깨닫게 됩니다. 구원받은 입장에서 돌아보니 모든 것이 하나님께서 예정하신 것임을 보게 되는 것입니다. 사도 바울은 에베소서 1장 4절에서 하나님께서 "창세전에 그리스도 안에서 우리를 택하사"라고 고백했습니다. 구원받은 사람은 창세전부터 우리를 예정하셨던 하나님의 손길이 보입니다. 만약 하나님의 선행적 은혜가 아니었다면, 지금 이 자리에 있을 사람이 누가 있겠습니까? 아무도 없습니다. 하나님께서 우리를 구원하기로 예정하셨다는 것은 참으로 놀라운 은혜입니다.

둘째, 불가항력적 은혜입니다.

또 미리 정하신 그들을 또한 부르시고 부르신 그들을 또한 의롭다 하시고 의롭다 하신 그들을 또한 영화롭게 하셨느니라(30절)

하나님께서 우리를 미리 정하셨다 해도, 불러 주시지 않으면 우리에게 아무 일도 일어나지 않습니다. 이와 비슷한 일이 일상에서 비일비재합니다. 가령, 어떤 사람이 자신에게 큰 은혜를 베풀어 준분을 모셔서 식사를 대접해야겠다고 마음먹었습니다. 그런데 여러 일들로 너무 바빠서 차일피일 미루다가 잊어버리게 되었습니다. 그러던 어느 날, 그분이 돌아가셨다는 부고를 전해 듣습니다. '이렇게 돌아가실 줄 알았으면 미리 챙길 걸……' 하고 그제야 후회합니다. 아무리 마음으로 정했다 하더라도 부르지 않으면 소용이 없는 것입니다. 그런데 하나님께서 우리를 예정하셨을 뿐 아니라 불러 주셨습니다.

하나님께서 우리를 어떻게 불러 주셨습니까? 하나님께서 부르시는 방법은 각 사람마다 다른데, 크게 두 가지 특징을 보입니다. 첫 번째 특징은, 각 사람의 체질에 맞게 부르신다는 것입니다. 사실 우리는 자신의 영적 체질을 잘 모릅니다. 그러나 하나님께서는 정확하게 알고 계십니다. 그래서 우리 각자의 영적 체질에 맞게 우리를 부르십니다. 권력을 좋아해 권력을 마치 하나님 섬기듯 섬기는 사람의 경우에는, 권력을 빼앗음으로 그를 부르십니다. 또 돈을 섬기는 사람에게서는 돈을 빼앗음으로 부르십니다. 명예를 섬기는 사람의 경우에는, 세상으로부터 모욕과 망신을 당하게 함으로 부르십니다.

요즘 신문을 보면, 구속되는 사람들의 모습이 가끔 대문짝만하게 나옵니다. 한평생 쌓았던 부와 명예가 하루아침에 무너진 것입니다. 보는 이들은 그저 '이 사람도 이렇게 망신살을 겪는구나' 하고 생각합니다. 그런데 그다음 단계를 생각하면 더 보이는 것이 있습니다. 지금은 이토록 망신을 당하고 수치스러우나, 그들 가운데 하나님께서 부르신 사람이 있다는 사실입니다. 그 사람은 몸은 구치소에 있을지언정, 하나님께서 자신의 모든 것을 앗음으로 자신을 불러 주신 데 감사드릴 것입니다. 지금 신문에 나오는 사람들만 잘

못한 사람들입니까? 아닙니다. 그들은 빙산의 일각일 뿐입니다. 아직까지 발각되지 않았거나 요행히 칼날을 피한 사람들이 훨씬 많습니다. 그 사람들은 무척이나 다행스럽게 생각할 것입니다. 그러나 어떤 의미에서 보면, 그들이 더 불행한 사람들입니다. 칼날이 자기를 피해 감으로 인해 계속해서 돈과 권력과 명예를 섬기느라 하나님을 만나지 못할 것이기 때문입니다.

두 번째 특징은, 하나님께서 부르시면 아무도 그 부르심을 피할 수 없다는 것입니다. 칼뱅은 이것을 '불가항력적 은혜'라고 했습니다. 때가 되어 하나님께서 부르시면 우리가 투덜거리며 그 부르심을 원망할 수는 있지만, 더디 갈 수는 있지만, 원천적으로 거부할 수는 없습니다.

우리나라에서 단군을 하나님으로 섬기는 종교가 세 가지 있습니다. 단군교, 대종교, 한얼교입니다. 한얼교 교주는 과거에 대통령 선거에도 출마한 바 있습니다. 그는 자신을 하나님이라고 선포했다가 단군을 신으로 모시는 그룹에서 이단으로 제명되었습니다. 결국 두 개의 종교가 단군을 신으로 섬기는데, 대종교는 규모가 그리 크지 않고 단군교는 신도수가 만 명가량 됩니다. 이 단군교를 이끄는 교주가 하나님의 부르심을 받고 지난 부활절부터 우리 교회에 출석하고 있습니다. 그리고 자신이 만든 단군교를 해체하고 있는데, 7월 말이면 해체가 완료된다고 합니다. 17년 동안 자신이 진리라고 가르친 것이 거짓이었다고 밝히는 것은, 그 자체로 어려운 일이자 자칫 자신의 생명이 위험하게 될 수도 있는 일입니다.

단군교에 속해 무당이 된 사람들이 있는데, 두 종류로 나뉩니다. 하나는 조상에게 무당의 신분을 이어받아 된 세습무이고, 다른 하나는 귀신이 내려서 된 강신무입니다. 이 강신무 가운데 세 사람이 교주의 전도를 받아 우리 교회에 등록하고 현재 출석하고 있습니다. 그 교주와 이들 모두 자신들이 단군교 교주이자 무당이었음을 교인들에게 밝혀 달라는 뜻을 주었습니다. 우리 교회는 교인들에게 새신자를 소개할 때 그가 어떤 사람인지 밝히지 않습니다. 그들이 자신들을 숨김없이 소개하고자 하는 이유는 두 가지입니다. 첫째, 그리스도인이 되겠다는 자신들의 결단을 더욱 공고히 하기 위해서입니다. 둘째, 여러분의 기도가 필요하기 때문입니다. 그들이 계속 바른 그리스도인의 길을 걷고, 더 나아가 잘못된 길로 빠진 사람들을 인도할 수 있기 위해서는 기도가 절대적으로 필요하기 때문입니다. 하나님의 부르심을 피할 수 있다면, 교주와 무당 되었던 이에게 이 같은 일들이 어떻게 일어날 수 있겠습니까? 하나님의 부르심은 누구도 피하지 못합니다.

셋째, 필승불패의 은혜입니다. 30절 중반절에서 "부르신 그들을 또한 의롭다 하시고"라고 하였습니다. 다윗의 아들 압살롬이 자기 형 암논을 죽이기 위해 날짜를 정하고, 그날이 되자 멋진 잔칫상을 차리고 형을 불렀습니다. 부름에 응한 암논은 그날 잔치 석상에서 목이 날아갔습니다. 하나님께서 미리 우리를 정해 놓고 불러 주기까지 하셨는데, 그러고 나서 "불러 놓고 보니 네가 별것 아니구나" 하시며 심판을 내리신다면, 우리 입장에서 그 부르심은 안 받는 것이 더 낫지 않겠습니까? 그런데 하나님 아버지께서는 그런 분이 아니라, 우리를 예정하고 부르셨을 뿐 아니라, 부르심 받은 이들에게 의롭다고 여겨 주시는 것입니다. 우리가 예수 그리스도를 믿는다고 해서 우리의 과거가 사라지는 것은 아닙니다. 그럼에도 하나님께서 우리를 의로운 사람으로 여겨 주시는 것입니다. 예수 그리스도께서 십자가에서 피 흘리시어 우리가 받아야 할 죗값을 대신 치러 주심으로, 우리가 그 모든 죄를 면하게 되었습니다.

예를 들어, 잘못을 저지른 사람이 감옥에 들어가 예수 그리스도의 예정된 은총, 불가항력적 은총을 받고 그리스도인이 되었다고 하십시다. 세월이 흘러 그가 출감하면, 세상 사람들은 여전히 그의 과거를 기억하며 그에 대해 손가락질할 것입니다. 그러나 하나님께서는 그를 의롭다 하십니다. 세상 사람들이 뭐라고 하든 상관없이 하나님께서는 의롭다고 하십니다. 로마서 8장 33절은 "누가 능히 하나님께서 택하신 자들을 고발하리요. 의롭다 하신 이는 하나님이시니"라고 전하고 있습니다. 이 은혜를 가리켜 칼뱅은 '필승불패의 은혜'라고 했습니다. 내가 예수 그리스도를 진실로 의지하고 나의 구세주로 믿을 때, 세상 사람들 모두가 나를 정죄하고 세상의 온갖 법이 나를 죄인이라 비판한다 할지라도 나의 의로움은 불변이라는 것입니다. 바로 이 필승불패의 은혜로 말미암아 우리가 서로를 성도라고 부를 수 있는 것입니다. 그리고 상대가 나를 성도라고 불러도 당연하게 받아들이는 것입니다.

넷째, 성화의 의무입니다. 30절 하반절에서 "의롭다 하신 그들을 또한 영화롭게 하셨느니라"고 하였습니다. 영화롭게 하셨다는 것은 '존재의 변화'를 의미합니다. 주님께서 우리를 예정하시고 부르시고 의롭다 하심으로, 우리가 영화로운 존재로 변화되었다는 것입니다. 여기에서 "영화"에 해당하는 헬라어 '독사조δοξάζω'는 '영광을 받다', '칭송을 받다'라는 뜻입니다. 예정과 부르심과 이신칭의 단계까지를 '하나님과 나'의 관계라고 한다면, 영화롭게 하는 단계는 '세상과 나'의 관계입니다. 이제는 과거의 내가 새로운 존재로 변화되었기 때문에, 새로워진 나는 세상으로부터 칭송받는 삶을 살아야 할 의무가 주어진 것입니다. 그래서 칼뱅은 이 부분에서 '성화의 의무'를 강조했습니다. 성화, 곧 거룩하게 산다는 것은 남을 살리는 이타적인 삶을 말합니다. 다른 사람을 구원하는 생명의 통로가 되어야 할 의무가 우리에게 주어졌습니다.

이상 29-30절을 통해 살펴본 네 가지를 신학자들은 '복음의 황금 사슬'이라고 합니다. 그런데 대부분의 그리스도인들은 세 번째 단계에 머물러 있습니다. 정하시고 부르시고 의롭다 하신 하나님의 은혜를 통해서만 비로소 영화로운 삶이 우리의 삶 속에서 완성됩니다. 세 번째 단계에서 성화의 단계로 넘어가지 못하고 멈추어 있다면, 그것은 잘못된 신앙입니다. 우리가 예수 그리스도를 믿고 우리의 구세주로 영접하면, 세 번째 단계까지는 이루어지는 것입니다. 남은 것은 성화의 단계입니다.

이제 교리의 결론을 놓고서 로마서 8장 18-28절 말씀을 적용하면 해답이 나옵니다. 하나님을 믿는데 왜 우리에게 아픔이 있고 고통이 있습니까? 선행적 은혜를 주시고 불가항력적 은혜를 주시고 필승불패의 은혜를 주신 하나님께서 우리를 영화로운 존재로 만드시기 위함입니다. 아픔은 하나의 과정이고 도구일 뿐, 하나님께서 원하시는 것은 우리가 영화로운 존재로 성숙되는 것입니다.

우리의 삶 가운데 어떤 고난과 아픔이 있다 할지라도 그것을 아픔으로 생각할 것이 아니라, 주님께서 우리를 영화로운 존재로 훈련시키기 위한 것임을 안다면, 은혜를 베풀어 주신 주님의 손길에 우리의 전부를 맡기십시다. 성령님의 이끄심에 우리의 삶을 송두리째 의탁하고 매일의 삶 가운데서 뜯어내야 할 것이 무엇인지, 제해야

할 것이 무엇인지, 포기해야 할 것과 정리해야 것이 무엇인지 살펴
보시기 바랍니다. 우리가 먼저 거룩한 그리스도인으로 변화되어야
사람을 살리고 만물을 구원하는 하나님의 도구로 쓰임 받습니다.

6
누가 끊으리요

로마서 8장 31 - 39절

그런즉 이 일에 대하여 우리가 무슨 말 하리요 만일 하나님이 우리를 위하시면 누가 우리를 대적하리요 자기 아들을 아끼지 아니하시고 우리 모든 사람을 위하여 내주신 이가 어찌 그 아들과 함께 모든 것을 우리에게 주시지 아니하겠느냐 누가 능히 하나님께서 택하신 자들을 고발하리요 의롭다 하신 이는 하나님이시니 누가 정죄하리요 죽으실 뿐 아니라 다시 살아나신 이는 그리스도 예수시니 그는 하나님 우편에 계신 자요 우리를 위하여 간구하시는 자시니라 **누가** 우리를 그리스도의 사랑에서 **끊으리요** 환난이나 곤고나 박해나 기근이나 적신이나 위험이나 칼이랴 기록된 바 우리가 종일 주를 위하여 죽임을 당하게 되며 도살당할 양 같이 여김을 받았나이다 함과 같으니라 그러나 이 모든 일에 우리를 사랑하시는 이로 말미암아 우리가 넉넉히 이기느니라 내가 확신하노니 사망이나 생명이나 천사들이나 권세자들이나 현재 일이나 장래 일이나 능력이나 높음이나 깊음이나 다른 어떤 피조물이라도 우리를 우리 주 그리스도 예수 안에 있는 하나님의 사랑에서 끊을 수 없으리라 지난 시간에 공부한 로마서 8장 29-30절은 로마서의 핵심이자 기독교 교리의 요체라고 했습니다. 우리가 예수님을 믿는다고 할 때, 우리가 스스로 기독교인이라고 할 때, 그 믿음의 내용이 무엇인지 규정해 주기 때문입니다. 오늘 본문은 이렇게 시작하고 있습니다.

그런즉 이 일에 대하여 우리가 무슨 말 하리요 만일 하나님이 우리를 위하시면 누가 우리를 대적하리요(31절)

"그런즉"은 '주님께서 이 같은 은혜를 베풀어 주셨은즉'이라는 의미입니다. 우리가 주님의 은혜 앞에서 무슨 할 말이 있겠습니까? 이 물음에는 두 가지 뜻이 내포되어 있는데 첫째, 어떤 상황에 처하든지 원망할 말이 없다는 것입니다. 둘째, 걱정할 말이 없다는 것입니다. 하나님께서 우리에게 크나큰 은혜를 부어 주셨기에, 그런 하나님께서 우리에게 어떤 상황을 주시든 장차 우리에게 나타날 영광과 족히 비교할 수 없기 때문입니다.

저희 어머님께서 올해 83세 되십니다. 아버님 묘가 모란공원에 있는데, 아버님의 장례를 치르면서 어머님의 묘도 미리 써두었습니다. 그 가묘 위에 돌을 얹어 놓았는데, 가끔 묘지에 가면 어머님이 "내가 죽고 나면 저 돌을 어떻게 들지……" 하며 걱정하십니다. 사람의 걱정이라는 것이 다 이런 것입니다. 안 해도 될 걱정, 지금이 아닌 먼 훗날의 걱정, 내 걱정이 아닌 남 걱정까지 하고 있습니다. 그러나 '복음의 황금 사슬'로 우리를 얽어매고 있는 하나님의 사랑을 깨닫는다면, 걱정할 것이 없습니다. 내게 무슨 일이 일어나든지, 선을 이루시는 하나님의 은총이 그 속에 함께하기 때문입니다.

그래서 바울은 이렇게 신앙고백하고 있습니다. 첫째, "만일 하

나님이 우리를 위하시면 누가 우리를 대적하리요"(31절 하반절)라
고 했습니다. 누가 우리와 맞설 수 있고 우리를 이길 수 있습니까?
여기에서 "누가"는 세상을 가리킵니다. 우리가 하나님과 함께 있다
면, 하나님을 대적하는 어떤 것이라도 우리와 맞설 수 없고 우리를
이길 수 없다는 것입니다.

자기 아들을 아끼지 아니하시고 우리 모든 사람을 위하여 내어주신 이가 어
찌 그 아들과 함께 모든 것을 우리에게 은사로 주지 아니하시겠느뇨(32절.
개역한글)

이 말씀에서 "은사"란 '값없이'라는 의미입니다. 곧 하나님께서
모든 것을 우리에게 값없이 주지 아니하시겠느냐는 것입니다. 아무
리 성인군자라 할지라도 남을 살리기 위해 자기 자식을 죽이는 사
람은 없습니다. 하물며 살인강도를 위해 사랑하는 자식을 죽인다는
것은 상상할 수도 없는 일입니다. 왜냐하면 자식 사랑은 이기적인
사랑의 표본이기 때문입니다. 그런데 하나님께서는 어떻게 하셨습
니까? 죽을 수밖에 없는 죄인들을 살리기 위해서 당신의 사랑하는
독생자를 죽이셨습니다. 바로 여기에 하나님의 하나님 되심이 있
고, 인간과 구별되심이 있는 것입니다.

사랑하는 아들을 죽이면서까지 우리를 살리신 하나님께서, 우리
가 진리의 길을 걸어간다고 할 때 필요한 모든 것을 당연히 거저 주
시지 않겠습니까? 믿는 사람의 삶의 목표는 소유에 있는 것이 아
니라, 지위에 있는 것이 아니라, 진리의 말씀에 있고, 거룩에 있습
니다. 우리가 정말 거룩한 삶을 완성하기 위해 삶의 축을 진리의
길 가운데로 옮기면, 천지를 창조하시고 우리와 함께하시는 하나님

께서 세상이 우리의 삶을 방해하도록 절대로 허용치 않으십니다.

둘째, 바울은 "누가 능히 하나님께서 택하신 자들을 고발하리요"라고 고백했습니다.

누가 능히 하나님께서 택하신 자들을 고발하리요 의롭다 하신 이는 하나님이시니(33절)

심판 주 하나님께서 의롭다 하신 이를 누가 감히 고발하겠느냐는 것입니다. 간음하던 여자가 현장에서 붙잡혀 예수님 앞으로 끌려왔습니다. 그 여자에게는 이제 돌에 맞아 죽을 일만 남았습니다. 그런데 예수님께서 "나도 너를 정죄하지 아니하노니"(요 8:11)라고 말씀하셨습니다.

누가 정죄하리요 죽으실 뿐 아니라 다시 살아나신 이는 그리스도 예수시니 그는 하나님 우편에 계신 자요 우리를 위하여 간구하시는 자시니라(34절)

예수님께서는 우리를 위해 간구하고 계십니다. 제가 몸이 아프거나 피곤할 때, 저를 위해 기도해 주시는 수많은 교우님들을 생각하면 얼마나 힘이 나는지 모릅니다. 많은 교우들이 한 사람을 위해 금식하며 기도할 때가 있습니다. 기도를 받는 사람은 '나 한 사람 때문에 그분들에게 피해를 주는 것이 아닌가' 싶기도 하고, 행동에 제약을 받는 것 같기도 해서 부담스러울 수도 있습니다. 하지만 다른 한편으로 생각해 보면, 그 기도만큼 든든하게 여겨지는 것이 세상에 또 없습니다. 자기 머리에 돋는 흰 머리카락 하나도 마음대로 할 수 없는 유한한 존재임에도, 함께 모여 기도하면 그 같은 힘을 발하

는 것입니다. 우리가 어떤 존재입니까? 진리요 생명이요 그리스도
이신 예수님께서 간구해 주시는 존재입니다. 이것은 사람이 기도해
주는 것과는 전혀 차원이 다릅니다.

셋째, 바울은 "누가 우리를 그리스도의 사랑에서 끊으리요"라고
고백했습니다.

누가 우리를 그리스도의 사랑에서 끊으리요 환난이나 곤고나 박해나 기근이
나 적신이나 위험이나 칼이랴(35절)

여기에서 "누가"는 문맥상으로 '무엇'을 뜻합니다. 그 무엇이란
첫 번째로는 "환난", 두 번째로는 "곤고"입니다. 환난과 곤고의 차
이는 무엇입니까? 환난은 잔잔한 바다를 항해하는 배에 갑자기 몰
아닥치는 태풍처럼 순식간에 몰아닥치는 시련입니다. 그러니 무엇
을 생각할 겨를이 없습니다. 막아 볼 엄두도 못 냅니다. 그냥 순식
간에 당하게 되는 시련입니다. 예를 들면, 욥이 당한 것이 바로 환
난입니다. 갑자가 하늘에서 불이 떨어져 양떼들이 죽고, 강풍이 불
어와 집이 무너져 자식들이 죽고, 건강하던 몸에 악성 종기가 생겨
기왓장으로 긁어야 할 정도의 형편없는 육체로 전락합니다. 반면,
곤고는 서서히 조여 오는 시련입니다. 문자적으로 해석하면, 아주
넓은 공간이 서서히 좁아지면서 협착하게 되는 것입니다. 가령, 경
제적으로 윤택해서 크고 넓은 집에서 살았는데 서서히 가세가 기울
어 단칸방에서 살게 되었다든가, 건강이 조금씩 쇠락해 일어설 수
없게 되는 경우입니다. 시련이 서서히 다가오는 만큼 대비할 수 있
고, 극복할 수 있다는 생각이 듭니다. 이성적으로 판단할 수 있습니
다. 천천히 오는 만큼 눈에 보이기도 합니다. 그런데 무슨 수를 써

도 해결되지 않는 것이 곤고입니다. 이 같은 환난과 곤고도 우리를 그리스도의 사랑에서 끊지 못합니다.

세 번째인 "박해"는 사람으로부터 오는 것입니다. 모함이라든지 험담이라든지 조롱 같은 것입니다. 이것은 때로 경제적인 어려움이나 신체적인 어려움보다 더 우리를 괴롭힙니다. 인간이란 인격적인 존재인데 이 인격을 건드리기 때문입니다. 인격이 살아 있는 사람은 인격이 손상당하는 것을 견디지 못합니다. 이런 박해도 우리를 그리스도의 사랑에서 끊지 못합니다.

네 번째인 "기근"은 재해나 재난, 흉년을 말하는 것이 아닙니다. 흉년이 들어 먹을 것이 없게 되는 것을 말하는 것이 아니라, 잘 먹던 사람이 바른 삶을 위해 못 먹는 삶을 스스로 선택하는 것을 말합니다. 여리고의 세리장인 삭개오는 부자였기에 산해진미를 먹었습니다. 그런데 예수 그리스도를 만나고 보니 자신의 삶이 틀렸음을 깨닫게 되었습니다. 그래서 세리장을 그만두고 자기 재산을 팔아 가난한 사람들에게 재산의 절반을 주겠으며, 남의 것을 부당한 방법으로 빼앗은 것이 있으면 네 배로 갚겠다고 선언했습니다(눅 19:8). 하루 세끼 밥은 먹겠지만 예전에 비하면 식사의 수준이 형편없게 될 것이었습니다. 그럼에도 그러한 배고픔도 우리를 그리스도의 사랑에서 끊지 못합니다.

다섯 번째인 "적신赤身"은 빨간 몸뚱이, 즉 헐벗음을 말합니다. 디모데후서 4장 13절을 보면, 바울이 디모데에게 드로아에 있는 가보의 집에서 자신의 겉옷을 가지고 오라고 했습니다. 그 편지를 쓰고 있는 바울은 로마의 감옥에 갇혀 있었습니다. 그리고 편지를 받을 디모데는 에베소에 있었습니다. 에베소에서 드로아까지는 부산에서 평양만큼 떨어진 거리였습니다. 바울의 편지를 받고 터키에서 드로아로 가서, 드로아에서 로마까지 가는 데는, 한 달이 걸릴지 두 달이 걸릴지 모르는 거리였습니다. 그때까지 바울은 겉옷이 없어서 로마 감옥에서 속수무책으로 덜덜 떨고 있어야 했습니다. 그런데 그 상황은 바울이 자초한 것이었습니다. 예전의 유대인 집단에 그대로 남아 예수 믿는 사람들에게 돌을 던지며 그들을 계속 핍박하는 삶을 살았다면, 비단옷을 입고 다닐 수 있었습니다. 그러나 바울은 주님을 위해 헐벗는 상황을 택했습니다. 그보다 더한 헐벗음이라도 우리를 그리스도의 사랑에서 끊지 못합니다.

여섯 번째인 "위험" 역시 자기 스스로 자초한 위험입니다. 바울은 얼마든지 당하지 않을 수 있었음에도, 당할 수 있는 위험이란 다 당했습니다. 고린도후서 11장 26-27절에서 바울은 "여러 번 여행하면서 강의 위험과 강도의 위험과 동족의 위험과 이방인의 위험과 시내의 위험과 광야의 위험과 바다의 위험과 거짓 형제 중의 위험을 당하고, 또 수고하며 애쓰고 여러 번 자지 못하고 주리며 목마르고 여러 번 굶고 춥고 헐벗었노라"고 말한 바 있습니다. 바울은 가는 곳에서마다 오직 주님을 위해 위험들을 당했습니다. 이런 위험도 우리를 그리스도의 사랑에서 끊지 못합니다.

마지막 일곱 번째인 "칼"은 권력을 말합니다. 초대교회의 많은 그리스도인들이 지배 세력의 권력에 의해 사자 밥이 되었습니다. 바울이 매를 맞고 투옥되는 어려움을 겪은 것도 그 때문이었습니다. 그러나 그러한 권력도 우리를 그리스도의 사랑에서 끊지 못한다는 것입니다.

기록된 바 우리가 종일 주를 위하여 죽임을 당하게 되며 도살당할 양같이 여김을 받았나이다 함과 같으니라(36절)

바울은 시편 44편 22절을 인용해 이렇게 말하고 있습니다. 환난과 곤고와 박해와 기근과 적신과 위험과 칼이 바울에게 엄습했는데, 그 지경이 우리가 종일 주를 위해 죽임 당하게 되는 지경과 같다는 것입니다. 여기에서 "종일"은 시간을 나타내는 단어가 아니라 정도를 나타내는 말입니다. 즉, 완전히 죽게 될 정도까지 시련과 어려움이 닥쳐왔다는 의미입니다. 이는 마치 도살장에 끌려가는 양같이 여김 받았다는 것입니다. 도살장에 끌려가는 양이 무슨 짓을 하겠습니까? 아무것도 못합니다. 죽는 수밖에 없습니다.

그러나 이 모든 일에 우리를 사랑하시는 이로 말미암아 우리가 넉넉히 이기느니라(37절)

우리를 사랑하시는 하나님으로 말미암아 그 모든 시련과 고통이 전혀 문제되지 않는다는 것입니다. 그 사랑을 믿음으로 완전무결하게 극복하고 이길 수 있다는 것입니다. 바울의 말은 이것으로 그치지 않습니다.

내가 확신하노니 사망이나 생명이나 천사들이나 권세자들이나 현재 일이나 장래 일이나 능력이나 높음이나 깊음이나 다른 어떤 피조물이라도 우리를 우리 주 그리스도 예수 안에 있는 하나님의 사랑에서 끊을 수 없으리라(38-39절)

"확신하노니"라는 말은 추호도 의심하지 않는다는 것입니다. 그 무엇도 우리를 하나님의 사랑에서 끊을 수 없음을 확신하는데, 그것이 무엇인지 설명을 이어갑니다. 첫 번째인 "사망"은 영원한 생명으로 들어가는 출입구이므로, 사망이 우리를 하나님의 사랑에서 끊을 수 없습니다. 끊는다는 것은 달리 표현하면, 사이에 공간을 만든다는 것입니다. 따라서 사망이 하나님과 우리의 밀접한 사이에 조그마한 공간도 만들 수 없다는 것입니다. 두 번째인 "생명"은 삶에 대한 애착을 의미합니다. 가령, 하나님께서 나를 당신의 나라로 부르신다고 하십시다. 그런데 사랑하는 자녀 얼굴을 보면 자녀를 품에 안고 좀더 살고 싶은 애착이 생깁니다. 그러한 애착도 우리를 하나님의 사랑에서 끊을 수 없습니다. 세 번째인 "천사"는 능력을 지닌 존재입니다. 그러나 아무리 뛰어난 능력을 지닌 천사라 할지라도 우리를 하나님의 사랑에서 끊어 놓지 못합니다. 네 번째인 "권세자"는 악령, 사탄을 말합니다. 천사도 우리를 하나님의 사랑에서 끊을 수 없을 뿐 아니라, 악령이나 사탄도 우리를 하나님의 사랑에서 격리시키지 못합니다. 다섯 번째인 "현재 일이나 장래 일"은 지금 우리 눈에 보이든 보이지 않든 일어나고 있는 일, 또 앞으로 일어날 모든 일을 말합니다. 이러한 일들도 우리를 하나님의 사랑에서 끊지 못합니다. 여섯 번째인 "능력이나 높음이나 깊음"은 세상에서 가장 힘 있다고 사람들이 인정하는 그 무엇, 세상에서 가장 높은 자리에 있다고 사람들이 생각하는 그 누구, 세상에서 가장 심오한 진리라고 사람들이 여기는 이데올로기 등이며, 마지막 일곱 번째인 "피조물"은 하나님께서 지으신 모든 만물을 의미합니다. 이 모든 것조차 우리를 하나님의 사랑에서 끊을 수 없습니다.

그리스도인의 성숙이 어디에서 판가름 납니까? 하나님의 사랑을 인식하고 깨닫는 것도 물론 중요하지만, 그 사랑을 인식하고 깨달은 다음에 어떻게 살아가느냐가 더욱 중요하며 이것이 성숙함의 척도가 됩니다. 대부분의 그리스도인들이 '주님께서 나를 구원하셨구

나. 내게 새 생명을 주셨구나!'라고 생각하며 감격합니다. 그래서 감동이 오면 더 많은 감사헌금을 하기도 합니다. 헌금을 하면서는 하나님의 사랑을 믿는다고 고백하면서 내 건강, 자녀 앞길 등을 위한 이기심을 토합니다.

그런데 바울은 8장에서 그 무엇도 끊을 수 없는 하나님의 사랑을 강조한 뒤, 9장 3절에서 "나의 형제 곧 골육의 친척을 위하여 내 자신이 저주를 받아 그리스도에게서 끊어질지라도 원하는 바로라"고 말하고 있습니다. 즉, 자신이 저주를 받아 죽는 한이 있다 할지라도 사람들을 구원하는 일을 감당하겠다는 것입니다. 하나님의 사랑을 자기 이기심의 울타리 안에 가두는 것이 아니라, 자기 안에서 끓어올라 넘치게 하니 도저히 다른 사람을 구원하지 않고는 못 배기겠다는 고백이 나오는 것입니다. 유대교인들은 바울을 민족의 배신자로 여겼습니다. 그래서 바울은 가는 곳마다 박해를 받았습니다. 이런 상황에서 그는 하나님의 사랑이 자신과 함께함을 믿으며 이타적인 삶에 자신을 던진 것입니다. 예배당에서 밤새워 기도하고 찬양하는 것은 아름다운 일입니다. 그러나 이것으로 끝나서는 안 됩니다. 미워할 수밖에 없는 사람에게 다가가 생명의 통로가 되어 주어야 합니다. 그래야 진정으로 영적인 사람입니다.

초등학교 3학년생인 승훈이의 담임선생님은 무척 의욕적인 분 같았습니다. 3학년 전 과정을 학습지로 만들어 아이들에게 그것을 공부하게 하고 그 학습지를 공책에 붙여 따로 보관하게 했습니다. 3월 첫째 주에 선생님이 이 말씀을 하실 때 선생님이 표현을 잘못하셨는지, 아니면 아이들이 장난을 치느라 그 말씀을 못 들었든지, 많은 아이들이 학습지를 공책에 붙이지 않았습니다. 수업시간에 하고서는 다 버린 것입니다. 이것을 5월 20일이 되어서야 선생님이 아이들의 공책을 확인하고서 알게 되셨습니다. 선생님이 의욕적으로 만든 학습지인데 그것을 아이들이 다 버렸으니 얼마나 화가 나셨겠습니까? 그래서 다음 주 월요일까지 무슨 수를 써서라도 학습지를 구하고 답을 달아서 공책에 붙여 오라는 엄명이 떨어졌습니다. 승훈이도 주일에 교회에 갔다 와서 엄마가 컴퓨터로 뽑아 주면 교과서를 보고 답을 달았습니다. 금방 할 줄 알았는데 밤 11시, 12시가 되어도 끝날 기미가 보이지 않았습니다. 석 달을 밀렸으니 그 양이 얼마나 많았겠습니까? 아이가 12시까지 아둥바둥하고 있는데 아버지가 편하게 잠이 올 리 있겠습니까? 밤새 잠을 뒤척이다가 아침이 되어 일어나 보니 그때까지 엄마와 함께 숙제를 하고 있었습니다. 밤을 꼬박 새우고 등교 시간에 맞춰 겨우 학교에 갔습니다.

학교 갔다 와서 그날도 숙제가 많았습니다. 동생 승국이는 공작 숙제가 있었습니다. 그런데 뜻대로 잘 만들어지지 않았습니다. 마침 곁에 있던 승훈이가 도와주겠다고 했습니다. 집에 재료가 없어 문방구에 가서 재료를 사 와야 하는데, 집 근처 문방구에는 찾는 재료가 없어 승훈이는 멀리까지 갔다 왔습니다. 그런데 집에 와서 보니 한 가지 재료가 빠져 있었습니다. 그러자 승국이가 형에게 한 번만 더 가서 사오라 했고, 승훈이는 화가 난 채 "네 숙제를 네가 해야지 왜 나한테 다 하라고 해!"라며 답했습니다. 그래서 제가 승훈이를 불러 "어제 네가 숙제할 때 엄마는 어떻게 하셨니? 네 숙제인데도 엄마는 밤을 새워 도와주시지 않았니?" 하고 타일렀습니다. 승훈이는 한참 생각하더니 문방구를 다녀왔습니다.

이제 초등학교 3학년밖에 안 된 아이도 엄마가 자기를 위해 힘써 도와주시는 사랑을 깨달으면 자신도 동생을 위해 이렇듯 희생합니다. 그런데 하나님께서 독생자를 죽이고 우리를 살리신 그 사랑이 엄마가 하룻밤 밤샘하는 사랑과 비교가 되겠습니까? 이 세상 어떤 사랑과도 비교가 되지 않습니다. 그런데 우리는 하나님의 사랑을 늘 입에 달고 다니면서 그 사랑에 대한 반응은 초등학교 3학년생 수준보다 못합니다.

하나님께서는 우리를 사랑하십니다. 하나님께서는 우리를 살리기 위해 당신의 독생자를 죽이시고, 지금도 모든 것을 합력하여 선을 이루시는 은혜를 베풀어 주시며 족히 비교할 수 없는 영광을 준비하고 계십니다. 이 사랑을 우리가 알고 깨닫는다면, 지금 이 순간부터 하나님의 일에 동참하는 하나님의 일꾼이 되십시다. 하나님께서 사도 바울을 우뚝 세우셨듯이 우리의 삶을 우뚝 세워 주시고, 그 모든 과정에서 우리가 이제까지 경험하지 못한 평강으로 우리의 삶을 충만케 해주실 것입니다.

로마서 9장

7
그러나 하나님의 말씀이

로마서 9장 6-13절

그러나 하나님의 말씀이 폐하여진 것 같지 않도다 이스라엘에게서 난 그들이 다 이스라엘이 아니요 또한 아브라함의 씨가 다 그의 자녀가 아니라 오직 이삭으로부터 난 자라야 네 씨라 불리리라 하셨으니 곧 육신의 자녀가 하나님의 자녀가 아니요 오직 약속의 자녀가 씨로 여기심을 받느니라 약속의 말씀은 이것이니 명년 이때에 내가 이르리니 사라에게 아들이 있으리라 하심이라 그뿐 아니라 또한 리브가가 우리 조상 이삭 한 사람으로 말미암아 임신하였는데 그 자식들이 아직 나지도 아니하고 무슨 선이나 악을 행하지 아니한 때에 택하심을 따라 되는 하나님의 뜻이 행위로 말미암지 않고 오직 부르시는 이로 말미암아 서게 하려 하사 리브가에게 이르시되 큰 자가 어린 자를 섬기리라 하셨나니 기록된 바 내가 야곱은 사랑하고 에서는 미워하였다 하심과 같으니라

로마서 9장 4-5절에서 바울은 자신을 핍박하는 유대인들을 사랑해야 할 이유를 다음과 같이 이야기합니다.

그들은 이스라엘 사람이라 그들에게는 양자 됨과 영광과 언약들과 율법을 세우신 것과 예배와 약속들이 있고 조상들도 그들의 것이요 육신으로 하면 그리스도가 그들에게서 나셨으니 그는 만물 위에 계셔서 세세에 찬양을 받으실 하나님이시니라 아멘

특기할 만한 점은, 바울이 말하는 그 이유가 실은 하나님께서 자신에게 주신 은혜와 동일하다는 것입니다. 이런 바울에게서 우리가 배워야 할 바가 세 가지 있습니다. 첫째, 하나님께서 우리에게 주신 은혜가 무엇인지 정확하게 알아야 한다는 것입니다. 둘째, 은혜 받은 눈으로 다른 사람을 바라보아야 한다는 것입니다. 셋째, 하나님께서 우리에게 주신 은혜를 다른 사람도 받을 수 있음을 확신해야 한다는 것입니다. 우리는 흔히 자기만이 특별한 은혜의 자리에 있다고 생각하기 쉽습니다. 그 자리에는 분명 하나님과 자신만이 존재합니다. 그러다 보니 그 은혜의 자리를 다른 사람들도 경험한다는 사실을 놓치기 쉽습니다. 바울은 자기를 배척하는 이들이라 할지라도 자기가 받은 것과 동일한 은혜를 받을 수 있기를 간절히 원했습니다. 이것이 바울이 다른 사람을 사랑한 내용이었습니다.

확실히 사도 바울은 위대한 그리스도인이자 참그리스도인의 표상입니다. 바울은 자기를 핍박하는 이스라엘 백성들이 무엇을 원하는지 알았습니다. 만약 바울이 그것에 무조건 부응하면서 그들에 대한 사랑을 실천했다면, 그는 우리가 보아 온 휴머니스트와 크게 다를 바 없을 것입니다. 바울의 진정한 위대함은, 저들을 사랑할 수밖에 없는 이유를 생각한 다음에, 행동으로 옮기기 전에 그 생각이 정말 타당한지 말씀 위에 서서 말씀으로 점검했다는 데 있습니다.

외국에 나가 사는 사람에게 우리가 "그 나라 사람 다 됐네" 하고

말할 수 있는 실질적 기준이 무엇입니까? 언어학자들의 견해에 따르면, 사람이 혼자서 무언가를 생각할 때 그 나라의 언어로 생각하기 시작하면 그 나라 사람으로 체질화된 것이라고 합니다. 일제 강점기에 일본이 우리나라에서 한글 사용을 통제한 것도 한국인의 체질 자체를 바꾸기 위함이었습니다. 언어란 사상과 문화의 집약체입니다. 그러므로 어떤 언어로 생각하느냐에 따라서 사람의 의식 구조가 달라집니다.

한국어는 과거, 현재, 미래형밖에 없습니다. 그런데 영어는 과거, 현재, 미래뿐 아니라 과거완료, 현재완료, 미래완료로 구분됩니다. 이렇게 논리적으로 여섯 가지 시제로 구분된 언어를 사용하는 미국인의 의식구조와 과거, 현재, 미래를 하나로 감싸 안는 감성적인 언어를 사용하는 한국인의 의식구조가 결코 같을 수 없습니다. 미국에서 사는 한국인이 무언가를 생각할 때 영어로 생각한다면, 그는 미국인의 의식구조에 체질화된 것입니다. 이때는 얼굴색이 하얀지, 머리색이 노란지가 문제되지 않습니다. 의식구조 자체가 미국인이기 때문입니다. 미국에서 태어난 한인 2세들과 그 부모 사이에 의식구조상 넘을 수 없는 벽이 생기는 것은 당연합니다.

그리스도인이 언제 참다운 그리스도인이 될 수 있습니까? 무엇을 생각하든, 무엇을 계획하든, 어떤 상황에서든 하나님의 말씀 위에 서서 하나님의 말씀으로 생각하고, 그 생각을 하나님의 말씀으로 점검할 때입니다. 이와 같은 그리스도인은 성경에 체질화된 사람이라 할 수 있습니다. 바울이 위대한 그리스도인으로 자리매김한 이유는 무엇을 생각하고 무엇을 의도하든지 말씀 위에 서서 말씀으로 확인하고 점검했기 때문입니다. 바울은 의식 자체가 성경에 체질화된 사람이었습니다.

물고기가 물을 떠나면 죽듯이, 그리스도인이 말씀을 떠나면, 예배당에서만 말씀이 생각나고 예배당 밖에서는 말씀이 생각나지 않는다면, 우리는 여전히 세속적 의식의 지배를 받을 수밖에 없습니다. 그리스도인이 날마다 말씀 안에 거하는 것은 참으로 중요합니다. 한 가지 유의해야 할 점은, 이때의 말씀이라는 것은 한 부분으로서의 말씀이 아니라 전체로서의 말씀이라는 것입니다. 말씀을 사모하고 말씀으로 점검하면서도 때로 한 부분으로서의 말씀을 붙잡기 때문에, 말씀 안에 있는 것 같으면서도 사실은 말씀 밖에 있는 경우가 허다합니다.

예를 들면 이렇습니다. 아무것도 가진 것 없는 가난한 사람이 일을 시작했습니다. 그리고 하나님께서 함께하시면 그 일이 비록 작고 볼품없지만 나중에는 커다란 열매를 맺으리라 믿었습니다. 그리고 하나님의 말씀으로 점검했습니다. 말씀을 읽다가 "네 시작은 미약하였으나 네 나중은 심히 창대하리라"는 욥기 8장 7절을 발견했습니다. 성도들이 무척 좋아해 액자에 넣어 자신이 운영하는 상점 벽에 붙여 놓는 말씀입니다. 말씀으로 확인하고 점검하고 확신하는 것까지는 좋습니다. 그런데 하나님께서 욥에게 하신 것처럼 나를 훈련시키실 수 있다는 사실도 믿어야 합니다. 욥이 창대해지기까지는 자식도 죽고, 그의 기업도 도산하고, 심지어 아내마저도 그를 저주했습니다. 이것이 전체의 말씀입니다. 그런데 전체는 놓치고 창대하게 되는 것 하나만 붙잡는 것입니다. 그리고 일이 잘 풀리지 않거나 시련이 닥치면, 열심히 기도하고 교회를 다녔는데 오히려 더 잘 안 되더라 하면서 하나님을 원망합니다. 이것은 말씀을 붙잡는 것 같지만 실상은 말씀 밖에 있는 것입니다.

어떤 정치적 연줄도 없는 한 젊은이가 민족을 위한 지도자가 되고픈 마음을 품고 기도했다고 하십시다. 그리고 말씀을 보는 가운데 "이제 내가 너를 바로에게 보내어 너에게 내 백성 이스라엘 자손을 애굽에서 인도하여 내게 하리라"는 출애굽기 3장 10절 위에서 자기의 생각을 다시 점검하고 확신했습니다. 그렇다면 여기에서 그치는 것이 아니라, 하나님께서 모세를 미디안 광야에서 40년 동안 훈련시키셨듯이 나를 훈련시키실 수 있음도 믿어야 합니다. 그런데 사람들은 전체로서의 말씀이 아닌 부분만을 믿습니다. 그렇기에 하나님께서 작정하신 과정과 기간을 견디지 못하고 자기 방법과 술수로 목적을 이루려 합니다. 결국 믿지 않는 사람과 아무런 차이가 없어져 버립니다.

1970년대 우리나라는 인권의 사각지대였습니다. 공단의 여공들, 교도소의 수감자들이 제대로 사람대접을 못 받았습니다. 마치 기계나 짐승처럼 취급받았습니다. 진보적인 교회, 진보적인 그리스도인, 진보적인 신학자들은 마땅히 저들을 돕고 사랑해야 한다고 생각했습니다. 그리고 말씀 속에서 자신들의 생각을 점검하고 확인했습니다. 그러다가 중요한 단어를 발견했습니다. '오클로스ὄχλος'라는 단어입니다. 이 단어는 사복음서에서 '무리' 혹은 '군중'이라고 번역되어 있습니다. 예수님께서 어디를 가시든지 무리와 군중이 예수님을 뒤따랐습니다. 진보적인 신학자들은 '오클로스'라는 단어가 '민중'이란 뜻이 있음을 발견했습니다. 그리고 예수님께서 민중과 함께 살면서 민중과 함께 먹고 마셨다는 점에 주목했습니다. 베들레헴에서 태어나 나사렛에서 평생을 가난하게 사셨던 예수님께서도 곧 민중이었다는 점입니다. 그러므로 교회는 저 민중과 함께 삶을 나누고 함께 호흡해야 한다고 주장했습니다.

'민중신학자'라고 불리는 그들이 아니었다면, 성도들로부터 헌금을 받아 하늘을 찌를 듯한 높은 예배당을 짓고 아름답게 장식하는 것만으로 하나님을 기쁘게 해드린다고 생각하던 많은 교회들이, 교회 바깥의 소외된 사람들과 함께 울고 웃는 것이 교회의 목적임을 아직까지도 깨닫지 못했을 것입니다. 그런데 민중신학자들이 큰 잘못을 범한 것이 있습니다. 예수님께서는 민중입니다. 이것은 어디까지나 성경적으로 점검된 사실입니다. 예수님께서는 분명 가난하고 권력도 없으셨습니다. 그런데 여기에서 한 걸음 나아가 민중이 곧 예수님이 되어 버렸습니다. 바꾸어 말하면, 민중의 뜻을 존중해 그들이 무엇을 요구하든 그것을 채우는 것이 곧 하나님의 뜻을 이루는 것이라 생각한 것입니다.

예수님께서는 민중이 원하는 바를 충족시키기 위해 이 땅에 오신 것이 아니라, 그들을 회개시켜 구원을 얻고 영적 자유인이 되게 하시기 위해 오셨습니다. 그리고 민중을 살리기 위해 다른 사람을 죽이는 것이 아니라, 당신이 죽는 방법을 택하셨습니다. 당시 진보적 그리스도인들은 혁혁한 공을 세움과 동시에, 교회가 택해서는 안 되는 방법들을 취해 오류를 범하고 덕을 세우지 못했습니다. 금년(*1993년) 들어서 진보적인 민중신학교에서 '예수님께서 민중이라는 말은 맞지만 민중이 예수님이라는 말은 틀렸음'을 밝히는, 스스로를 성찰하는 논문들이 나오고 있습니다. 다시 말씀으로 이론과 이데올로기를 점검하기 시작한 것입니다. 이러한 자기 성찰을 통해 앞으로 더 성숙한 모습으로 한국 교회를 위한 헌신이 있으리라 기대합니다.

바울이 자기 생각을 어떻게 점검했는지 살펴보겠습니다. 아브라함에게 두 명의 아들이 있었습니다. 이스마엘과 이삭입니다. 그런데 하나님께서 이스마엘은 제쳐놓고 이삭을 택하셨습니다. 그리고 아브라함에게 이삭이 너의 씨라고 말씀하셨습니다. 지금 바울을 핍박하고 있는 이스라엘 백성이 누구입니까? 하나님께서 택하신 이삭의 후손입니다. 하나님께서 이삭을 사랑하셔서 그를 특별히 택하셨는데 그로부터 태어난 이스라엘을 하나님께서 사랑하시지 않겠습니까? 그러므로 바울은 자신이 저들을 사랑할 수밖에 없다는 생각은 말씀에 비추어 타당하다고 확신했습니다.

그러나 하나님의 말씀이 폐하여진 것 같지 않도다 이스라엘에게서 난 그들이 다 이스라엘이 아니요 또한 아브라함의 씨가 다 그의 자녀가 아니라 오직 이삭으로부터 난 자라야 네 씨라 불리리라 하셨으니(6-7절)

이스마엘은 아브라함의 장남입니다. 하나님께서 아브라함에게 자식을 주겠다고 약속하셨는데 세월이 흘러도 자식이 생기지 않자 아브라함이 사라의 몸종인 하갈을 통해 본 아들이 이스마엘이었습니다. 아브라함은 이 이스마엘을 상속자로 삼으려 했습니다. 만약 하나님께서 아브라함의 생각대로 이스마엘을 상속자로 삼으셨다면, 지금 바울의 눈앞에 있는 이스라엘은 존재하지 않았을 것입니다. 그런데 하나님께서 이스마엘이 아닌 이삭을 택하셨습니다. 여기에는 분명히 하나님의 섭리와 경륜이 있기에, 바울은 이삭의 후손인 이스라엘을 사랑하는 것이 당연하다고 믿었습니다.

곧 육신의 자녀가 하나님의 자녀가 아니요 오직 약속의 자녀가 씨로 여기심을 받느니라(8절)

이삭이 아브라함의 상속자가 된 것은 그가 이스마엘보다 잘나서가 아니라, 하나님께서 그를 하나님의 자녀로 여겨 주셨기 때문입니다. 이처럼 하나님의 일방적인 사랑을 받아 아브라함의 씨로 여김 받은 이삭의 후손이 바울 앞에 있는 이스라엘이었습니다.

약속의 말씀은 이것이니 명년 이때에 내가 이르리니 사라에게 아들이 있으리라 하심이라(9절)

창세기 18장에 나오는 내용은 하나님께서 아브라함에게 자식을 주겠다고 하신 지 24년이 지난 때의 이야기입니다. 그때 사라는 이미 경수가 끊어져 육체적으로 자식을 가질 수 없는 상태였습니다. 그런데도 하나님께서 내년에는 아이가 태어날 것이라고 말씀하셨습니다. 이는 전적으로 하나님의 능력으로 이루시는 역사입니다. 흔히들 결혼하면 아기가 당연히 생기는 것으로 생각하지만 그렇지 않습니다. 하나님께서는 인간의 능력과 의술로는 임신이 전혀 불가능한 상태에서 이삭을 주셨습니다. 하나님께서 사라에게 능력을 베풀어 주시지 않았다면, 이삭은 태어나지 못했습니다. 그러면 이스라엘도 존재하지 않았을 것입니다.

그뿐 아니라 또한 리브가가 우리 조상 이삭 한 사람으로 말미암아 임신하였는데(10절)

아브라함의 입장에서 보면 이스마엘도 아들이고 이삭도 아들입니다. 그러나 그들은 어머니가 다르므로 차이가 있다고 볼 수 있습니다. 그런데 이삭이 리브가와 결혼해 가진 아이는 같은 날, 같은 곳에서 태어난 쌍둥이였습니다. 그 쌍둥이인 에서와 야곱 사이에는 차이가 있을 수 없었습니다. 그런데 하나님께서는 그들의 행위와 상관없이 야곱을 택해 하나님의 씨로 삼으셨습니다. 만약 그때 하나님께서 에서를 택하셨다면, 이스라엘은 존재하지 않았을 것입니다. 바울은 이 같은 이스라엘을 사랑하고 그들을 살리기 위해 자신이 저주를 받아도 좋다는 결단을 선포하기에 이르게 됩니다.

바울은 다른 할 수 있는 일과 해야 할 일이 많았음에도 왜 하필이면 자신을 욕하고 핍박하는 이스라엘을 위해 자신의 생각을 말씀 위에 놓고 점검했습니까? 하나님의 일방적인 선택과 사랑으로 자기 자신이 구원받았음을 알고 있었기 때문입니다. 바울은 그리스도인들을 색출하기 위해 여러 사람들과 함께 다메섹으로 향하는 길에서, 다른 사람들은 제외되고 자신만 구원받았습니다. 바울은 그렇게 하나님께 진 사랑의 빚을 갚는 길은 다른 사람을 사랑하는 것임을 알고 있었습니다. 자신을 핍박하고 괴롭히는 사람이라 할지라도 그를 포용하고 주님께로 돌아오게 하는 것을 하나님께서 기뻐하신다는 사실을 알고 있었습니다.

바울은 자신의 생각이 말씀으로 확인되면 그 말씀을 붙잡고 나아갔습니다. 이보다 우리가 더 주목해야 할 것은, 바울이 자신을 위해서가 아니라 다른 사람을 위해서 말씀을 붙잡았다는 것입니다. 우리는 모두 하나님을 사랑합니다. 말씀을 사랑합니다. 그리고 말씀을 붙잡습니다. 그럼에도 수많은 사람들에게 고통을 주고 상처를 줍니다. 내가 하고 있는 일이 다른 사람을 위하는 일이 되지 않으면, 그 일은 비인격적인 것이 되어 버립니다. 비인격적인 것이 어찌 사람을 해치지 않을 수 있겠습니까? 그러나 내가 삶의 현장에서 다른 사람을 이롭게 하는 삶을 살아 누군가를 은혜의 자리에 서게 한다면, 학문을 하든 콩나물을 팔든 그것이 곧 성직입니다. 사람을 살리는 일이 곧 하나님을 위한 일이기 때문입니다. 하나님께서 그 속에서 함께하시므로, 그 일은 거룩한 일이 되고 그 일을 통해 사람이 살아나는 역사가 일어납니다.

그러면 본문 말씀을 우리의 삶에 어떻게 적용시켜야 합니까? 우리는 본래 아브라함의 자녀가 아니었습니다. 우리는 사실 육신의 자녀로, 구원에서 제외되었어야 할 사람들입니다. 그럼에도 우리는 믿음의 자녀인 아브라함의 자녀가 되었습니다. 우리의 능력으로가 아니라, 하나님께서 일방적으로 우리를 선택해 주시고 불러 주시고 예수 그리스도 안에서 의롭다 하시고 영화롭게 해주심으로 당신의 자녀 삼아 주셨기 때문입니다. 나 같은 죄인도 하나님께서 구원해 주셨다면, 저 사람도 하나님께서 왜 구원해 주시지 않겠습니까? 내가 하나님의 사랑에 빚진 사람이 되었다면, 그 사랑의 빚은 다른 사람을 사랑하는 것으로 갚아야 한다는 것이 본문이 주는 교훈입니다.

우리의 삶에 적용해야 할 이 교훈을 성경으로 점검해 보십시다.

나는 악인이 죽는 것을 기뻐하지 아니하고 악인이 그의 길에서 돌이켜 떠나 사는 것을 기뻐하노라(겔 33:11중)

너희는 가서 내가 긍휼을 원하고 제사를 원하지 아니하노라 하신 뜻이 무엇인지 배우라 나는 의인을 부르러 온 것이 아니요 죄인을 부르러 왔노라 하시니라(마 9:13)

내가 너희에게 이르노니 이와 같이 죄인 한 사람이 회개하면 하늘에서는 회개할 것 없는 의인 아흔아홉으로 말미암아 기뻐하는 것보다 더하리라

(눅 15:7)

악인이면 악인일수록, 죄인이면 더 큰 죄인일수록 그를 하나님께 인도하는 것이 바로 하나님을 사랑하는 것이요 하나님께서 기뻐하시는 바임이라고 말씀하고 있습니다. 우리도 사도 바울처럼 사람을 사랑하기 위해 말씀을 붙잡고, 그 말씀의 권능을 받아서, 우리에게 고통을 안겨 주는 이들이라 할지라도 그들을 포용하고 바른 길로 인도하는 삶을 살아가십시다.

2년 전 여의도광장(*1999년 1월 '여의도공원'으로 변경)에서 당시 20세 청년이 시민들을 향해 자동차를 고속으로 몰아 많은 사상자를 냈습니다. 그때 다섯 살밖에 안 된 윤신재라는 아이가 목숨을 잃었습니다. 아이의 할머니는 독실한 가톨릭 신자였고 아버지도 가톨릭 신자였습니다. 그래서 '믿을 신', '있을 재' 자를 써서 아이의 이름을 지었습니다. '믿음 안에 있어라', '믿음 안에 거하라'는 의미입니다. 그리스도인 부모가 자녀에게 지어 주는 이름은 대부분 부모의 신앙고백입니다. '신재'라고 이름에는 '하나님, 제가 이 아이와 더불어 믿음 안에 거하겠습니다'라는 고백이 담겨 있는 것입니다.

범인은 중형을 받아 마땅했습니다. 그런데 아이의 할머니와 아버지가 범인에게 솜옷을 만들어 가져가 면회했습니다. 그리고 그 옷을 입혀 주었습니다. 그리고 담당 검사에게 탄원서를 썼습니다. 사형을 내리지 말고 살려 줄 것을 요청했습니다. 직접 검사를 만나 사정도 했습니다. 검사가 물었습니다. "아니, 어떻게 이런 사람을 살려 주려고 이렇게 찾아오십니까?" "내 아이는 이미 죽었는데, 또 한 명의 청년을 죽이는 것은 하나님 앞에서 죄를 짓는 것이라 생각합니다"라고 할머니가 대답하셨습니다. 다시 말해, 할머니는 하나님께서 이 청년을 살리기를 기뻐하신다는 것을 알고 계셨습니다. 할머니는 말씀 속에 계신 분이고, 말씀을 붙잡되 사람을 사랑하기 위해서 말씀을 붙잡으시는 분이었습니다. 저는 그 이야기를 듣고 그 할머니가 비록 이 땅에서 연약한 노인이요 이름 없는 평범한 삶을 사신다 할지라도, 천국에 가면 바울과 똑같은 대우를 받을 만하신 분이라는 생각이 들었습니다.

　우리는 그리스도인으로서 말씀 위에 서 있어야 합니다. 무엇을 생각하든 성경적으로 생각하고 그 생각을 말씀으로 점검해야 합니다. 나 자신을 위해서 말씀을 붙잡는 사람이 되어서는 안 됩니다. 우리가 하나님의 능력을 받아 하나님께서 기뻐하시는 일을 행하고 우리 삶의 터전이 변화되는 역사를 바란다면, 하나님께 진 사랑의 빚을 다른 사람에게 갚기 위해 말씀을 붙잡아야 합니다. 그러면 우리가 어떤 모습으로 어느 곳에 있어도, 반드시 그곳에는 변화와 역사가 일어납니다. 하나님께서 함께하시기 때문입니다. 그 할머니가 자신을 구원해 주신 하나님에 대한 빚을 갚는 것이라 믿으면서 범인에게 솜옷을 지어 주고 탄원하는데, 그 범인이 어찌 변화되지 않을 수 있겠습니까? 주님께서 이루시는 생명의 역사가 어떤 모양으로 언제 나타날지는 알 수 없지만, 반드시 나타날 것입니다. 여러분 모두가 날마다 주님과 동행함으로 그 생명의 역사에 동참하시기를 주님의 이름으로 축원합니다.

8
긍휼히 여기시는 하나님

로마서 9장 14-18절

그런즉 우리가 무슨 말을 하리요 하나님께 불의가 있느냐 그럴 수 없느니라 모세에게 이르시되 내가 긍휼히 여길 자를 긍휼히 여기고 불쌍히 여길 자를 불쌍히 여기리라 하셨으니 그런즉 원하는 자로 말미암음도 아니요 달음박질하는 자로 말미암음도 아니요 오직 **긍휼히 여기시는 하나님**으로 말미암음이니라 성경이 바로에게 이르시되 내가 이 일을 위하여 너를 세웠으니 곧 너로 말미암아 내 능력을 보이고 내 이름이 온 땅에 전파되게 하려 함이라 하셨으니 그런즉 하나님께서 하고자 하시는 자를 긍휼히 여기시고 하고자 하시는 자를 완악하게 하시느니라

바울은 자신의 욕망이나 욕심을 위해 말씀을 붙잡은 것이 아니라, 미워할 수밖에 없는 사람을 사랑하기 위해 말씀을 붙잡았습니다. 그렇게 말씀을 추구했습니다. 하나님께서 이런 바울을 사랑하지 않을 까닭이 없습니다.

내 아버지의 뜻은 아들을 보고 믿는 자마다 영생을 얻는 이것이니 마지막 날에 내가 이를 다시 살리리라 하시니라(요 6:40)

하나님의 뜻 자체가 사람을 다시 살리는 것입니다. 바울은 이 목적을 위해 말씀을 따르고 좇고 추구하고 붙잡았습니다. 하나님께서 그를 높이 들어 쓰신 것은 당연한 일입니다.

그런즉 우리가 무슨 말을 하리요 하나님께 불의가 있느냐 그럴 수 없느니라 (14절)

바울은 다시 한 번 스스로 반문하고 있습니다. 자신이 미워할 수밖에 없는 이스라엘이지만, 그럼에도 이스라엘을 사랑하는 것이 하나님의 뜻임을 알지만, 하나님의 말씀으로 그것을 검증하였고 또다시 반문을 제기하고 있는 것입니다. 하나님의 말씀은 창세기부터 요한계시록까지 방대합니다. 우리가 생각이나 사건을 검증하고자 할 때 어떤 말씀을 선택하느냐에 따라 그 결과가 달라집니다. 어떤 사람이 사업을 하다가 부도가 났습니다. 누구는 빌립보서 4장 13절 말씀을 언급하며, 능력 주시는 자 안에서 모든 것을 할 수 있으니 두려워하지 말고 포기하지 말 것을 권합니다. 또 누구는 요나서 1장을 펴놓고는, 당신이 지금 다시스로 가려 했기 때문에 하나님께서 폭풍을 주신 것이니 니느웨로 가라면서 사업을 조속히 정리하라고 권합니다. 둘 다 하나님의 말씀입니다. 이때 어떤 말씀이 옳으냐는 것입니다. 자신이 처한 상황 속에서 어떤 말씀이 옳으냐를 위해 다시 한 번 바울은 자신이 선택한 하나님의 말씀을 되짚어 보고 있습니다.

바울이 본문에서와 같이 질문하는 이유는 자신이 선택한 말씀 중에 "오직 약속의 자녀가 씨로 여기심을 받느니라"(8절 하반절)는 말씀이 있기 때문입니다. 이것은 씨로 여기심을 받지 못하는 사람이 있다는 의미입니다. "택하심을 따라 되는 하나님의 뜻이 행위로 말미암지 않고 오직 부르시는 이로 말미암아 서게 하려 하사"라는 11절 하반절 말씀도 있습니다. '택하심'이라는 말은 하나님께서 누구는 택하셨지만 누구는 버리셨다는 의미이기도 합니다. '부르시는'이라는 말도 누구는 부르심에서 제외되었음을 의미합니다.

실제로 그랬습니다. 하나님께서 이삭을 택하고 야곱을 부르신 결과, 이스마엘이 제외되고 에서가 부르심에서 빠졌습니다. 인간적인 면모로 보자면, 이스마엘이 더 통이 크고 에서가 훨씬 사나이다웠습니다. 어찌되었든 하나님께서 누구는 버리고 누구는 선택한다면 과연 그러한 하나님이 공평하고 의로운 하나님인지 바울이 의문을 제기하고, 결코 그럴 수 없다고 단정적으로 자답했습니다. 그런데 그 자답 내림이 자기의 상식이나 지식으로가 아니라 다시 하나님의 말씀으로 재검증을 거친 것이었습니다. 그것이 바로 15절 말씀입니다.

모세에게 이르시되 내가 긍휼히 여길 자를 긍휼히 여기고 불쌍히 여길 자를 불쌍히 여기리라 하셨으니

이는 출애굽기 33장 19절에 토대를 둔 말씀이며, 여기에서 우리는 두 가지 사실을 생각하게 됩니다. 첫째, 그리스도인으로서 바울의 진지한 태도입니다. 바울은 어떤 명제에 대해 생각하고 나서 하나님의 말씀으로 그것을 검증했습니다. 그다음에 자신이 선택한 하

나님의 말씀이 올바른지 다시 한 번 반론을 제기했습니다. 그러고 난 뒤 하나님의 말씀으로 재검증했습니다. 이것을 도식화해 보면, 생각 내지 묵상, 말씀으로 검증, 반론 제기, 말씀으로 재검증, 이렇게 네 단계를 거친 것입니다. 바울은 이 단계들을 거친 뒤 확답을 얻었고, 그 확답을 가지고서 물불을 가리지 않고 자신의 목숨을 걸었습니다. 날아오는 돌도 두려워하지 않았습니다. 어떤 역경이 있다 할지라도 흔들리지 않았습니다.

우리도 무엇을 할 때 하나님의 말씀으로 옳고 그름을 검증해야 합니다. 신앙생활을 어지간히 해온 사람이라면 이 과정이 어느 정도 습관적으로 몸에 배어 있습니다. 그러나 다음 단계인 스스로 반문하고 다시 성경으로 재검증하는 과정까지는 잘 이어지지 못합니다. 영적인 그리스도인이 되어 우리 삶의 열매가 하나님께 영광 돌리는 것이 되도록 하려면, 주님을 올곧이 따라가야 합니다. 건강하고 건전한 그리스도인이 되기 위해서는 우리의 지성과 이성을 활용해야 합니다. 내가 선택한 말씀에 대해 다시 반문하고 말씀으로 재검증하는 것은 지성과 이성의 몫입니다. 그저 맹목적으로 믿는다고 건강하고 건전한 그리스도인이 되는 것이 아닙니다. 하나님께서 베드로가 아니라 냉철한 이성과 지성을 사용한 바울을 들어 신약성경의 상당 부분을 쓰게 하고 신약의 정신이 계승되도록 하셨다는 사실은 시사하는 바가 큽니다.

둘째, 하나님의 절대 주권입니다. 누구를 택하고 택하지 않고는 하나님의 절대적인 뜻에 의한 결정입니다. 그러므로 여기에 인간은 이의를 제기할 수 없습니다. 우리도 예배당에 와서 앉아 있기까지 많은 절대 주권을 행사했습니다. 옷장에 있는 넥타이들 중에서 한 넥타이를 선택했습니다. 그런데 선택받지 못한 넥타이가 자기가 무늬도 훨씬 세련되고 멋진데 왜 바보처럼 다른 넥타이를 매고 가느냐고 불평할 수 있습니까? 또 우리가 편해서든 모양 때문이든 적절한 옷이라고 생각하여 선택하여 입고 왔는데, 선택받지 못한 옷이 자기가 천의 재질이 훨씬 좋은데 왜 다른 옷을 선택했느냐면서 우리에게 의롭지 못하다고 주장할 수 있습니까? 그럴 수 없습니다. 나에게 주어진 합당한 주권을 내가 행사하는 것이 지극히 당연한 일이기 때문입니다.

요즘 대통령이 사회 각 분야에 걸쳐 개혁을 단행하고 있습니다. 그 개혁이 성공하기를 바라는 사람이 많습니다. 저도 같은 마음입니다만, 과거에는 그에게 투표하지 않았습니다. 저와 고향이 같은 분이고 학교 선배도 되시고 개인적인 인연이 있음에도 불구하고 저 나름대로 생각하는 바가 있어서였습니다. 그가 그 사실을 알고 저에게 와서 왜 자신을 찍지 않았느냐면서 불의하다고 할 수 있습니까? 그럴 수 없습니다. 주권은 그만큼 신성한 것이며, 전적으로 행사하는 사람의 것이기 때문입니다.

그런즉 원하는 자로 말미암음도 아니요 달음박질하는 자로 말미암음도 아니요 오직 긍휼히 여기시는 하나님으로 말미암음이니라(16절)

이런 까닭에 사람이 자신의 의지나 노력으로 하나님께 선택받는 것이 아니라, 오직 하나님께서 베푸시는 자비와 하나님의 일방적인 주권으로 선택받는 것입니다. 바울은 두 사람을 예로 들어 이야기하고 있습니다. 첫째로, 모세는 선택받은 사람의 대표적인 예입니다. 우리나라는 36년간 일제의 통치를 받았습니다. 그때 독립운동을 했던 많은 독립 유공자들이 있습니다. 1945년 해방된 이후 지난 세월 동안 많은 사람들이 국가로부터 훈장을 받기도 했습니다. 그런데 그 사람들 중 친일을 한 사람들이 있으며 그들에게 수여된 훈장을 회수해야 한다는 여론이 근래에 있습니다. 친일 화가였다고 하여 곤욕을 치르고 있는 유명한 김기창 화백이 그 가운데 한 명입니다. 왜 이런 일이 있습니까? 민족적 자존심 때문입니다. 이런 면에서 본다면 모세는 절대 민족 지도자가 될 수 없는 사람이었습니다. 자신의 동족이 애굽에서 노예로 신음하고 있을 때 모세는 인생의 전반 40년을 어떻게 살았습니까? 이스라엘 백성을 학대하는 애굽의 왕자 신분으로 살았습니다. 호의호식하며 동족의 고통에 동참하지 않고 지냈습니다. 그러니 어떻게 민족의 독립을 이끄는 민족 지도자가 될 수 있겠습니까? 당시 애굽에서 노예생활하던 사람은 장정만 60만 명이었습니다. 그 장정들 중에서 민족의 자존심을 투철하게 지키는 젊은이들이 없었겠습니까? 그러나 하나님께서는 그런 사람을 선택하시지 않았습니다. 매국노같이 왕궁에서 왕자의 신분으로 호의호식하던 모세를 택하셨습니다. 하나님께서 그가 지도자로 적합하다고 보신 것입니다. 그에게 긍휼을 베풀어 지도자로 삼으시겠다는 것입니다.

성경이 바로에게 이르시되 내가 이 일을 위하여 너를 세웠으니 곧 너로 말미암아 내 능력을 보이고 내 이름이 온 땅에 전파되게 하려 함이라 하셨으니 그런즉 하나님께서 하고자 하시는 자를 긍휼히 여기시고 하고자 하시는 자를 완악하게 하시느니라(17-18절)

둘째로, 애굽의 바로 왕은 하나님께로부터 버림받은 예입니다. 모세는 민족 지도자가 되어 이스라엘 백성을 출애굽시키고자 바로를 찾아갔습니다. 그런데 바로는 모세가 전하는 말을 전혀 듣지 않았습니다. 모세는 하나님의 능력을 보여 주기 위해 재앙을 하나씩 하나씩 나타냈습니다. 그 모든 것을 보고서도 바로는 하나님을 인정하지 않았습니다. 결국은 이집트에 있는 장자가 다 죽는 비극을 겪으면서 이스라엘 백성을 내보냈습니다. 바로가 이렇게 된 이유가 무엇입니까? 하나님께서 바로의 마음을 강퍅하게 하셨기 때문입니다. 그를 강퍅하게 함으로 당신의 큰 능력을 이스라엘 백성에게 보여 주시기 위함이었습니다.

가만히 생각해 보십시다. 이스라엘 백성을 해방시키는 큰 일을 이루는 데, 매국노처럼 지내다가 미디안 광야에서 힘없는 노인으로 살아가던 모세가 적합해 보입니까, 아니면 천만대군을 거느린 이집트의 바로가 적합해 보입니까? 우리의 눈에는 바로가 훨씬 낫습니다. 그러나 하나님께서는 바로를 버리고 모세를 선택하셨습니다. 민족으로 따져 보십시다. 애굽에서의 노예생활로 노예근성이 붙어 있는 백성이 나아 보입니까, 아니면 당대 세계 최고의 선진국인 애굽 민족이 나아 보입니까? 하나님께서는 애굽 민족을 택하지 않고 이스라엘 백성을 택하셨습니다.

신명기 7장 7절에서 "너희가 다른 민족보다 수효가 많기 때문이 아니라. 너희는 오히려 모든 민족 중에 가장 적으니라"고 하셨습니다. 하나님께서 이스라엘 백성을 사랑하시고 선택하신 것은 그분의 절대 주권으로 인함이었습니다. 그런데 이 같은 절대 주권에 담긴 하나님의 뜻이 천박하고 이기적인 선민사상에 의해 왜곡될 때가 있습니다. 자신은 하나님의 절대 주권으로 선택받은 선민인 만큼, 선택받지 않은 사람들보다 이 세상에서 잘살 권리가 있고 실제로도 성공해야 한다는 생각입니다. 바울이 이런 선민사상을 강조하기 위해 본문 말씀을 전하고 있는 것입니까? 아닙니다. 바울이 강조하려는 바는, 자신은 하나님을 대적하고 예수 믿는 사람을 죽이던 추악한 죄인이었는데 하나님의 절대 주권으로 구원받았다는 것입니다. 자신과 같은 사람도 절대 주권으로 구원받았으므로, 자신이 미워할 수밖에 없는 다른 사람 역시 하나님의 절대 주권으로 구원받을 수 있음을 전하고 싶은 것입니다.

누구든지 주의 이름을 부르는 자는 구원을 받으리라 그런즉 그들이 믿지 아니하는 이를 어찌 부르리요 듣지도 못한 이를 어찌 믿으리요 전파하는 자가 없이 어찌 들으리요 보내심을 받지 아니하였으면 어찌 전파하리요 기록된 바 아름답도다 좋은 소식을 전하는 자들의 발이여 함과 같으니라

(롬 10:13-15)

로마서 10장 13-15절을 염두에 두고서 로마서 9-11장을 읽지 않으면, 바울이 말하고자 하는 주제를 놓치기 쉽습니다. 9-11장을 읽을 때는 늘 이 구절을 안경 삼아 보아야 합니다. "누구든지 주의 이름을 부르는 자는 구원을 받으리라"는 로마서 10장 13절 말씀은, 나를 선택하신 하나님께서 내가 미워하는 사람도 하나님의 절대적인 주권으로 결정하시면 반드시 구원해 주시고 변화시켜 주신다는 뜻입니다.

그렇지 않습니까? 우리가 먼저 하나님을 알아서 이 자리에 있는 것이 아니지 않습니까? 그런데도 우리는 마치 하나님의 절대 주권을 우리만을 위한 것으로 자꾸 왜곡시키고 전락시키고 있습니다. 오늘 서재에서 말씀을 준비하다가 아래층으로 내려갔더니 막내가 형의 방에 못 들어가고 밖에서 어정어정 거닐며 울고 있습니다. 이

유를 알아보려고 아이들 방에 들어갔더니 세 아이들이 함께 무엇을 만드는데 셋째가 넷째를 밖으로 내보낸 것이었습니다. 셋째는 얼마전까지만 해도 두 형들에 의해 열외되던 신세였는데 오늘은 함께 놀게 되어, 선택받았다는 기쁨에 우쭐해 특권의식이 생겼던 것입니다. 아마도 같이 하고 싶은 막내의 심정을 셋째가 가장 잘 알고 있었을 것입니다. 이것이 바로 우리의 모습입니다. 하나님 아버지께서 나를 선택해 주신 것만 감사하며 누리고 있는 것은 아닌지, 아직 하나님의 부르심을 받지 못한 이들을 향해 '어떻게 저런 인간이 있을 수 있나. 저런 인간은 없어지거나 벌을 받아야 해'라고 생각하고 있는 것은 아닌지 살펴봐야 합니다.

얼마 전에 법기 스님이 쓰신 칼럼을 보니, 불교의 교리는 누구든지 진리를 얻으면 자신이 곧 부처가 되는 것이라고 하였습니다. 그래서 내 앞에 누가 있든지, 아무리 흉악한 짓을 한 사람일지라도 그가 깨닫게 되면 부처가 될 것이기에, 그를 사랑해야 한다고 했습니다. 가정에서 남편을 볼 때도 남편부처로 보고, 아내를 대할 때도 아내부처로 대하고, 개구쟁이 자식을 봐도 자식부처로 보라는 것입니다. 그러면 사랑할 수 있다는 것입니다. 하물며 천지를 지으신 전지전능하신 하나님 아버지를 믿는 우리가, 피조물인 인간이 자신의 능력으로 진리를 체득하고 부처가 된다는 불교도들보다 사랑을 실천하지 못한다면 말이 되겠습니까? 하나님께서 하나님의 절대 주권으로 나를 구원해 주신 것을 정말로 믿는다면, 내가 증오할 수밖에 없는 사람에 대한 말할 수 없는 근심과 고통이 있어야 할 것입니다. 하나님께서 절대 주권으로 그를 구원해 주시기를 간구하는 마음이 내 안에 있어야 합니다.

지난 수련회가 있기 전 40일 새벽기도회를 하면서 여러 가지를 공부했습니다. 그 가운데 하나님의 부르심에 대해 함께 생각해 보았습니다. 하나님의 부르심, 하나님의 선택은 이중적인 부르심이요 이중적인 선택이라고 했습니다. 하나님께서 당신의 선행적 은총과 불가항력적 은총으로 우리를 불러 주셨습니다. 이는 첫 번째 부르심이요 첫 번째 선택으로, 우리가 다 받았습니다. 우리는 그다음 두 번째 선택을 반드시 받아야 합니다. 하나님께서는 첫 번째 부르신 사람들 중에서 당신의 도구를 다시 부르십니다. 우리가 받은 첫 번째 부르심은 이미 되어진 것입니다. 이미 이루어진 구원입니다. 그렇다면 이제는 구원받은 사람으로서 하나님께 쓰임 받는, 하나님께 신뢰받는 도구로 두 번째 부르심을 받아야 합니다.

"보내심을 받지 아니하였으면 어찌 전파하리요? 기록된 바 아름답도다 좋은 소식을 전하는 자들의 발이여 함과 같으니라"는 로마서 10장 15절 말씀은, 하나님께서 저 사람에게도 절대 주권을 행사해 주실 것을 믿고 그에게 하나님의 말씀을 전하는 사람을 하나님께서 기뻐 보신다는 말씀입니다. 바울이 로마서 9-10장을 통해 말하고 싶은 것은, 하나님께서 절대 주권으로 자신을 선택해 주셨고 구원해 주셨으므로 지금 자신을 핍박하고 죽이려 하는 이스라엘 백성에게 하나님의 절대 주권이 임하도록 말씀을 전하는 도구가 되는 삶을 살겠다는 것입니다. 이런 바울을 하나님께서 어찌 기뻐하지 않으시겠습니까? 어찌 도구로 쓰지 않으시겠습니까? 어찌 그를 통하여 하나님의 대역사를 이루지 않으시겠습니까? 우리가 하나님의 절대 주권으로 첫 번째 부르심을 받은 사람임을 확신한다면, 그리고 하나님께서 기뻐하시는 도구로 두 번째 부르심 받기를 원한다면, 우리의 이스라엘을 찾아야 합니다. 바울이 이스라엘을 위해 삶을 헌신한 것처럼, 우리도 우리의 이스라엘을 찾아 헌신해야 합니다.

우리를 괴롭히는 사람이 누구입니까? 우리를 증오하는 사람이 누구입니까? 우리가 증오할 수밖에 없는 사람이 누구입니까? 바로 그러한 사람들에게 하나님의 말씀과 하나님의 사랑과 하나님의 진리를 전하는 삶을 살아야 합니다. 그때 우리도 바울처럼 하나님 나라의 대역사 속에서 아름다운 도구로 쓰임 받게 될 것입니다.

9
어찌 부르리요 어찌 믿으리요 어찌 들으리요

로마서 9장 30절-10장 15절

그런즉 우리가 무슨 말을 하리요 의를 따르지 아니한 이방인들이 의를 얻었으니 곧 믿음에서 난 의요 의의 법을 따라간 이스라엘은 율법에 이르지 못하였으니 어찌 그러하냐 이는 그들이 믿음을 의지하지 않고 행위를 의지함이라 부딪칠 돌에 부딪쳤느니라 기록된 바 보라 내가 걸림돌과 거치는 바위를 시온에 두노니 그를 믿는 자는 부끄러움을 당하지 아니하리라 함과 같으니라 형제들아 내 마음에 원하는 바와 하나님께 구하는 바는 이스라엘을 위함이니 곧 그들로 구원을 받게 함이라 내가 증언하노니 그들이 하나님께 열심이 있으나 올바른 지식을 따른 것이 아니니라 하나님의 의를 모르고 자기 의를 세우려고 힘써 하나님의 의에 복종하지 아니하였느니라 그리스도는 모든 믿는 자에게 의를 이루기 위하여 율법의 마침이 되시니라 모세가 기록하되 율법으로 말미암는 의를 행하는 사람은 그 의로 살리라 하였거니와 믿음으로 말미암는 의는 이같이 말하되 네 마음에 누가 하늘에 올라가겠느냐 하지 말라 하니 올라가겠느냐 함은 그리스도를 모셔 내리려는 것이요 혹은 누가 무저갱에 내려가겠느냐 하지 말라 하니 내려가겠느냐 함은 그리스도를 죽은 자 가운데서 모셔 올리려는 것이라 그러면 무엇을 말하느냐 말씀이 네게 가까워 네 입에 있으며 네 마음에 있다 하였으니 곧 우리가 전파하는 믿음의 말씀이라 네가 만일 네 입으로 예수를 주로 시인하며 또 하나님께서 그를 죽은 자 가운데서 살리신 것을 네 마음에 믿으면 구원을 받으리라 사람이 마음으로 믿어 의에 이르고 입으로 시인하여 구원에 이르느니라 성경에 이르되 누구든지 그를 믿는 자는 부끄러움을 당하지 아니하리라 하니 유대인이나 헬라인이나 차별이 없음이라 한 분이신 주께서 모든 사람의 주가 되사 그를 부르는 모든 사람에게 부요하시도다 누구든지 주의 이름을 부르는 자는 구원을 받으리라 그런즉 그들이 믿지 아니하는 이를 **어찌 부르리요** 듣지도 못한 이를 **어찌 믿으리요** 전파하는 자가 없이 **어찌 들으리요** 보내심을 받지 아니하였으면 어찌 전파하리요 기록된 바 아름답도다 좋은 소식을 전하는 자들의 발이여 함과 같으니라

의사가 되려는 사람은 잘 알려진 대로 '히포크라테스 선서'를 가슴에 새깁니다. 그 선서문은 다음과 같습니다.

이제 의료업에 종사할 허락을 받으매 나의 생애를 인류 봉사에 바칠 것을 엄숙히 서약하노라.
나의 은사에게 존경과 감사를 드리겠노라.
나의 양심과 품위를 가지고 의술을 베풀겠노라.
나는 환자의 건강과 생명을 첫째로 생각하겠노라.
나는 환자가 알려준 모든 것에 대하여 비밀을 지키겠노라.
나의 의료업에 대한 고귀한 전통과 명예를 유지하겠노라.
나는 동업자를 형제처럼 여기겠노라.
나는 인종, 종교, 국적, 정당 관계 또는 사회적 지위 여하를 초월하여 오직

환자에 대한 나의 의무를 지키겠노라.

나는 인간의 생명을 수태된 때로부터 더없이 존중하겠노라.

나는 비록 위협을 당할지라도 나의 지식을 인도人道에 어긋나게 쓰지 않겠
노라.

나는 자유의사自由意思로 나의 명예를 걸고 위의 서약을 하노라.

이 서약은 사람의 생명을 다루는 의사가 지켜야 할 정신에 대한 자기 확인입니다. 한 구절 한 구절이 모두 중요합니다. 그런데 그 가운데서도 특별히 중요한 것 세 가지를 추려 본다면, 첫째로 '의사인 나는 어떤 경우에도 생명을 가장 먼저 생각하겠다', 둘째로 '생명에 관한 한 빈부귀천을 따지지 않겠다', 셋째로 '인간의 생명을 수태된 순간부터로 규정하고 존중하겠다'일 것입니다. 이처럼 고귀한 정신을 지키는 의사는 존경받지 않을 수 없습니다.

오래전에 텔레비전에서 방영된 〈도망자〉라는 드라마가 있었습니다. 그 드라마의 주인공은 직업이 의사였습니다. 그런데 억울한 누명을 쓰고 경찰에게 쫓기는 신세가 되어 미국 전역을 도망 다니게 되었습니다. 그러면서도 위급한 순간에 환자를 치료해 주었습니다. 그냥 도망갈 수도 있었는데, 당연히 도망가야 하는데, 도망가지 않고 환자를 치료해 주다가 오히려 더 위급한 처지에 빠졌습니다. 비록 드라마지만 사람들은 이런 주인공 의사에게 깊은 신뢰와 존경을 품고 그를 바라보았습니다.

오늘날 의사들이 존경받지 못한다면 그들이 이 같은 정신을 상실했기 때문일 것입니다. 자본주의 사회에서는 병원에서 치료받을 때 의료비를 내는 것이 당연한 일입니다. 돈이 없으면 치료를 받지 못합니다. 그러나 아무리 그렇다 할지라도 의사가 생명을 제일로 생

각하고 생명에 관한 한 빈부귀천을 따지지 않는다면, 적어도 생명이 위급해서 응급실을 찾은 환자를 보증금이나 입원비가 없다고 해서 돌려보내는 일은 없을 것입니다. 그런데 우리는 종종 여러 응급실을 전전하다 때를 놓쳐서 환자가 결국 사망했다는 기사를 접하곤 합니다. 입원한 환자가 입원비를 내지 못하자 병원에서 환자를 억류했다는 소식을 듣기도 합니다. 의사들이 인간의 생명을 여인의 배 속에서 수태되는 순간부터로 규정하는 정신을 잃지 않는다면, 한 해에 태어나는 아이보다 두 배 많은 태아가 낙태되는 비극은 연출되지 않을 것입니다. 의사들이 히포크라테스의 정신을 간직하고 있다면, 엄청난 촌지를 받는 일은 없을 것입니다.

의사나 병원이 잃어버린 신뢰를 회복하기 위해서는 제도나 법령을 바꾸려고 애쓰기 이전에, 히포크라테스 정신을 회복해야 합니다. 이 정신을 먼저 온전히 갖춰야 합니다. 만사는 정신에 따라 좌우됩니다. 무슨 일을 하든지 무슨 일에 임하든지, 정신이 다른 결과를 낳습니다.

앞서 우리가 살펴본 로마서 9장 1-29절 내용에 한마디로 제목을 붙인다면, '그리스도인이 지녀야 할 성경적인 히포크라테스 선서'입니다. 그리스도인이 지녀야 할 정신적 선언문입니다. 이 선언문에서 바울은 세 가지를 강조했습니다. 첫째, 그리스도인은 사람을 사랑하고 살리는 사람이어야 한다는 것입니다. 둘째, 그리스도인은 증오할 수밖에 없는 사람이라 할지라도 그 사람마저 사랑하고 살리는 사람이어야 한다는 것입니다. 셋째, 그리스도인은 사람을 사랑하고 살리는 일에 자신의 목숨을 걸어야 한다는 것입니다. "나의 형제 곧 골육의 친척을 위하여 내 자신이 저주를 받아 그리스도에게서 끊어질지라도 원하는 바로라"는 로마서 9장 3절의 내용은 참으로 고귀한 정신을 담고 있습니다. 바울은 이 정신을 간직하는 것으로 그친 것이 아니라, 이 정신을 실천하기 위해 자신을 핍박하는 동족, 그래서 미워할 수밖에 없는 동족 이스라엘에게서 사랑해야 할 조건들을 찾았습니다.

이 땅에는 하나님 아버지를 알지 못해서, 진리를 알지 못해서, 구원의 도를 알지 못해서 죽어 가는 영혼이 수없이 많습니다. 바로 그 영적인 사망자, 그 영적인 중환자를 살려 내기 위해 지녀야 할 정신이 있다면, 그들의 신분과 계급과 지위에 상관없이 그들을 사랑하는 것, 그 일에 나의 목숨을 내놓는 것입니다. 참다운 그리스도인의 삶은 이 정신으로부터 비로소 시작되기 때문입니다.

의사들이 히포크라테스 정신으로 우선해야 할 일은 자기 앞에 있는 환자를 정확하게 진단하는 일일 것입니다. 아무리 히포크라테스 정신을 투철하게 갖추고 있다 해도 환자를 바르게 진단하지 못하면 좋은 의사가 될 수 없습니다. 진단을 제대로 하지 못하면 환자를 살릴 수 없기 때문입니다.

사람을 사랑하고 살려야 한다는 정신을 갖는 것은 참으로 중요합니다. 그러나 이 같은 정신을 갖는 데서 멈추는 것이 아니라, 지금 내 앞에 있는 사람을 진단할 수 있어야 합니다. 세상을 살다 보면 내 마음에 들지 않는 말이나 행동을 하는 사람이 있기 마련입니다. 그럴 때, 왜 그가 그런 삶을 살게 되었는지, 왜 하나님을 외면하고 살고 있는지, 그가 영적으로 어떤 상황인지, 그의 문제가 정확히 무엇인지 진단할 수 있어야 합니다. 마치 체질이 다르고 나이가 다르고 병세가 다른 환자를 앞에 두고 의사가 병의 원인을 정확하게 진단해야 하는 것과 같습니다.

그리스도인으로서 가져야 할 정신을 강조한 바울은 로마서 9장 30-33절에서 지금 자기 앞에 있는 이스라엘의 문제점이 뭔지, 그들이 왜 지금 하나님을 거부하고 있는지, 왜 그토록 강퍅한 삶을 살고 있는지 정확하게 진단 내리고 있습니다.

그런즉 우리가 무슨 말을 하리요 의를 따르지 아니한 이방인들이 의를 얻었으니 곧 믿음에서 난 의요 의의 법을 따라간 이스라엘은 율법에 이르지 못하였으니(9:30-31)

본래 의를 좇지 않던 이방인들이 하나님의 의를 얻었습니다. 어떻게 하나님의 의를 얻어 의에 이르게 되었습니까? 믿음으로 인함이었습니다. 본래 이스라엘 백성은 스스로 의를 좇던 사람들이었습니다. 그럼에도 하나님의 의, 하나님의 법에 이르지 못했습니다. 이것이 이스라엘 백성에게 나타난 증세였습니다. 그러면 왜 이런 증세가 나타났습니까? 그 원인을 찾지 않으면 해결할 수 없습니다. 32절이 그 원인을 밝혀 주고 있습니다.

어찌 그러하냐 이는 그들이 믿음을 의지하지 않고 행위를 의지함이라 부딪칠 돌에 부딪쳤느니라

그리스도를 믿는다는 것이 구체적으로 어떤 의미입니까? 우리 모두는 죄인입니다. 죄인은 선하고 의로우신 하나님을 뵐 수 없습니다. 그런데 예수 그리스도께서 우리의 죄를 대속해 주셨고, 그래서 우리는 예수 그리스도의 의를 힘입어 하나님 앞에 나아갈 수 있게 되었습니다. 그리스도인은 바로 이것을 믿는 사람입니다. 이방

인들은 이 사실을 믿고 그리스도의 의를 힘입어 구원받았습니다. 그런데 이스라엘 백성은 왜 하나님의 의에 이르지 못했습니까? 그 처럼 열심히 의를 좇아 살았음에도, 그리스도 없이 자신의 능력으로 의를 이룰 수 있다고 착각했기 때문입니다. 하나님께서 요구하시는 의는 완전무결한 의입니다. 그들은 그리스도의 도움 없이 성경에서 요구하는 모든 법을 완전히 지킬 수 있다고 착각했습니다. 그들은 인간이 근본적으로 완전할 수 없는 죄인이라는 사실에 무지했습니다.

33절은 복음이신 예수 그리스도를 "바위"로 표현했습니다.

기록된 바 보라 내가 걸림돌과 거치는 바위를 시온에 두노니 그를 믿는 자는 부끄러움을 당하지 아니하리라 함과 같으니라

구원의 집은 예수 그리스도라는 바위를 기반으로 세워집니다. 그 위에 하나님의 의와 생명의 집이 세워집니다. 그런데 예수 그리스도와 상관없이 나 혼자 의를 이루겠다고 하는 것은 기초 없이 집을 짓겠다는 것과 다를 바 없습니다. 내 능력으로 살려 하면 할수록 열매 없는 삶을 살게 됩니다. 우리가 기쁨으로 날마다 승리의 삶을 살기 위해서는 예수 그리스도를 삶의 기초로 두어야 합니다. 삶의 방향을 예수 그리스도께로 틀어야 합니다. 예수 그리스도를 따름으로써 하나님께서 당신의 의로 우리의 부족함을 채워 주시기 때문입니다. 이렇게 될 때 우리의 삶이 하나님께 인정받는 의의 삶이 되는 것입니다.

이스라엘 백성은 그리스도 없이 자기 행위로 의를 이루려 했기 때문에, 누구보다 열심히 말씀을 좇아 살았지만 그 마음은 자꾸 강

팍해졌습니다. 마음에 평화가 없었습니다. 마음이 자꾸 거칠어졌고, 이기적·독선적·독단적으로 굳어졌습니다. 이것이 이스라엘 백성에 대한 바울의 진단입니다. 의사가 환자를 진단한 뒤에는 처방을 내립니다. 진단도 중요하지만 처방도 동일하게 중요합니다. 아무리 진단을 잘해도 처방을 잘못하면, 환자는 낫지 않습니다. 오늘 본문을 통해 바울은 자신이 진단한 이스라엘 백성에 대해 처방을 내리고 있습니다.

네가 만일 네 입으로 예수를 주로 시인하며 또 하나님께서 그를 죽은 자 가운데서 살리신 것을 네 마음에 믿으면 구원을 받으리라 사람이 마음으로 믿어 의에 이르고 입으로 시인하여 구원에 이르느니라(10:9–10)

예수 그리스도께서 부활하신 것을 믿으라는 말씀입니다. 예수 그리스도께서 나의 죄를 대속하기 위해 돌아가셨고 그분이 죽은 자 가운데서 부활하셨음을 믿으면, 내가 하나님의 의에 이르고 영원한 생명을 얻게 된다는 것입니다. 10절에 "마음으로 믿어"와 "입으로 시인하여"는 동격입니다. 마음으로 믿는 것은 보이지 않습니다. 그런데 입으로 시인하는 것은 보이고 들립니다. 그리스도가 나를 살려 주시고 그리스도 안에서 내가 의를 힘입었음을 마음으로 믿으면, 반드시 그 믿음은 밖으로 표출되게 되어 있습니다. 그래서 다른 사람의 눈에 보이게 됩니다. 이런 믿음을 지닌 사람이 의에 이르고 구원에 이른 사람입니다.

성경에 이르되 누구든지 그를 믿는 자는 부끄러움을 당하지 아니하리라 하니(10:11)

"누구든지"라는 말은 복음 앞에서 남녀노소, 빈부귀천의 구별이 없음을 강조하고 있습니다. 누구든지 믿기만 하면, 그리스도가 그를 구원해 주십니다. 이것이 어떻게 가능합니까?

유대인이나 헬라인이나 차별이 없음이라 한 분이신 주께서 모든 사람의 주가 되사 그를 부르는 모든 사람에게 부요하시도다(10:12)

예수 그리스도 한 분의 죽음은 만민을 구원하시기 위한 죽음이므로, 예수 그리스도를 믿는 사람은 누구든지 구원을 얻을 수 있습니다. 바울은 이어지는 13절에서도 재차 "누구든지"를 강조합니다.

누구든지 주의 이름을 부르는 자는 구원을 받으리라

그런데 몇 가지 문제가 있습니다.

그런즉 그들이 믿지 아니하는 이를 어찌 부르리요 듣지도 못한 이를 어찌 믿으리요 전파하는 자가 없이 어찌 들으리요(10:14)

우선, 예수 그리스도를 나의 중심으로 믿고 입으로 시인하면 구원을 얻는데, 예수 그리스도께서 구원자 되심을 믿지 않는 사람이 어떻게 그를 부를 수 있겠습니까? 둘째로, 예수의 '예' 자도 들어 본 적 없는 사람이 어떻게 예수님을 믿겠습니까? 셋째로, 복음을 전하는 사람이 없는데 어떻게 듣는 사람이 있을 수 있겠습니까? 이에 대해 바울은 다음과 같이 처방을 내렸습니다.

보내심을 받지 아니하였으면 어찌 전파하리요 기록된 바 아름답도다 좋은 소식을 전하는 자들의 발이여 함과 같으니라(10:15)

복음은 좋은 소식입니다. 그러므로 우리가 이 복음을 전하는 사람이 되어야 한다는 것입니다. 우리가 가서 그들로 하여금 복음을 알게 하고, 우리가 가서 그들로 하여금 복음을 듣게 하고, 우리가 갈 수 없는 곳에는 복음을 전할 수 있는 사람을 보내야 한다는 것입니다.

바울은 처방을 내리는 것으로 그치지 않았습니다. 처방을 내린 다음, 자신이 내린 처방에 대해 스스로 실천했습니다. 발이 닳고 닳을 정도로 다니며 복음을 전했습니다. 1차 전도 여행 때 12개 도시를 거쳐 2,300여 킬로미터를 다녔고, 2차 전도 여행 때는 21개 도시를 거쳐 5,000여 킬로미터를, 3차 전도 여행 때는 24개 도시를 거쳐 6,000여 킬로미터를 다녔습니다. 이후 가이샤라 감옥에 2년간 투옥되어 있다가 로마에 도착할 때까지 13개 도시를 거쳐 4,000여 킬로미터를 다녔습니다. 총 70개 도시를 거쳐 17,300여 킬로미터를 다녔습니다. 요즘은 비행기가 있어 편하게 여행하지만 그 옛날 배를 타고 혹은 걸어서 10년도 안 되는 세월에 70개 도시를 거쳐 17,300여 킬로미터를 다녔다는 것은 참으로 놀라운 일입니다. 바울은 가는 데마다 그곳 사람들의 문제와 영적 상태에 따라 필요한 말씀을 전했습니다.

의학용어 중에 '플라시보 효과placebo effect'라는 것이 있습니다. 가령 유명한 의사가 배가 아파서 온 환자에게 배 아픈 것과는 전혀 상관없는 약을 주면서 이 약을 먹으면 배가 낫는다고 할 때, 환자가 의사의 말을 믿고 그 약을 먹은 뒤 낫게 되는 현상을 일컫습니다.

이것은 어느 정도 효력을 발휘할 수는 있지만 근본적인 치료는 아닙니다. 우리가 전도를 하면서 아무에게나 '예수 천당, 불신 지옥'을 말한다면, 혹여 플라시보 효과를 낼 수는 있습니다. 그러나 그 사람의 근본적인 문제가 해결되도록 하지는 못합니다. 그가 가지고 있는 문제점을 바로 알고서 그에게 필요한 말씀을 전해 주어야 근본적인 문제 해결이 가능합니다. 바울은 로마에 있는 사람들과 고린도에 있는 사람들과 갈라디아에 있는 사람들에게, 그들에게 필요한 각기 다른 말씀을 전해 주었습니다. 그 처방전이 결국 로마서가 되고, 고린도전후서가 되고, 갈라디아서가 되어 시공을 초월해 오늘날까지 영향을 주고 있습니다.

본문은 우리에게 네 가지 교훈을 가르쳐 줍니다. 첫째, 우리는 언제나 그리스도인의 정신을 지켜 나가야 합니다. 환자의 생명을 다루는 의사가 히포크라테스 정신을 잃어버리면, 그 순간부터 의사는 의사로서 윤리와 도덕을 상실합니다. 그 순간부터 그 의사에게 환자는 치부致富를 위한 수단밖에 되지 않습니다. 결국 그 의사는 세상으로부터 신뢰와 존경을 잃어버립니다. 그리스도인으로서 지녀야 할 정신, 곧 사람을 구별 없이 사랑하고 살리는 일에 생명을 걸어야 한다는 정신을 잃어버리면, 그 순간부터 그 사람에게는 생명의 말씀이 자기 욕망을 충족시키기 위한 도구밖에 되지 않습니다. 결국 그는 다른 사람을 세우기는커녕, 걸려 넘어지게 만듭니다.

우리는 매일매일 그리스도인으로서 마땅히 지녀야 할 정신이 우리 안에 있는지 살펴야 합니다. 주님께서 우리를 왜 구원하셨습니까? 주님께서 이 세상을 떠나시면서 우리에게 뭐라고 말씀하셨습니까? 사람을 살리라고 하셨습니다. 사람들에게 말씀을 전하고 말씀을 가르쳐 그들로 하여금 지키게 하라고 하셨습니다. 즉, 말씀대로 살게 하라는 것입니다. 이 목적을 위해 우리를 구원해 주셨습니다. 그러므로 우리는 이 정신을 잊지 말고 실천하는 그리스도인이 되어야 합니다.

로마서 9장 1-29절에서 바울이 이 정신을 강조한 것입니다. 그리고 30-33절에서는 이스라엘의 증세를 진단했습니다. 그리고 10장 1절에서 다음과 같이 자신의 생명을 내놓을 정도로 원하는 바가 바로 이스라엘이 구원받는 것임을 언급하며 다시금 정신을 가다듬었습니다.

형제들아 내 마음에 원하는 바와 하나님께 구하는 바는 이스라엘을 위함이니 곧 그들로 구원을 받게 함이라

둘째, 우리는 다른 사람의 영적인 상황을 진단할 수 있어야 합니다. 이 세상에는 우리의 마음에 들지 않는 사람들이 참 많습니다. 그런 사람들을 사랑하기란 결코 쉬운 일이 아닙니다. 그때 우리는 왜 저 사람이 저런 삶을 사는지, 왜 저 사람이 저런 모습을 갖게 되었는지, 왜 저런 상태에 이르게 되었는지 원인을 진단할 수 있어야 합니다. 그 원인을 정확히 진단하면, 문제가 해결됩니다. 로마서 10장 2-3절에서 바울은 이스라엘 백성을 다음과 같이 진단했습니다.

내가 증언하노니 그들이 하나님께 열심이 있으나 올바른 지식을 따른 것이 아니니라 하나님의 의를 모르고 자기 의를 세우려고 힘써 하나님의 의에 복종하지 아니하였느니라

이스라엘 백성은 믿음에 의지하지 않고 자신의 행위에 의지하다가 걸림돌에 걸려 넘어졌습니다. 그런데 그처럼 자신의 행위에 의지한 것은 그들이 잘 알지 못한 까닭이라고 바울은 전하고 있습니다. 바울은 이렇게 문제를 이해하고 그들을 포용했습니다. 바울은 진단하기를, 이스라엘 백성이 올바른 지식을 따르지 않았기 때문에 자신을 죽이려 했고 하나님을 대적한 것이라고 했습니다. 원인이 발견되면 방법이 나오게 됩니다. 바울은 이스라엘 백성에게 올바른 지식, 생명의 말씀을 전하고 알게 하는 데 자신의 모든 것을 바쳤습니다.

셋째, 우리는 말씀의 전문가가 되어야 합니다. 의사가 되려면 오랜 기간 공부해야 합니다. 예과 2년, 본과 4년 그리고 인턴, 레지던트를 거쳐 의사가 됩니다. 이런 과정을 거치는 이유는 의사는 생명을 다루는 사람이기 때문입니다. 자칫 실수나 잘못을 하면 사람이 죽을 수 있기 때문입니다. 우리도 말씀의 전문가가 되지 않으면 사람을 죽음으로 몰아넣을 수 있습니다. 2천 년 기독교 역사를 살펴보면 얼마나 많은 이들이 말씀으로 사람을 죽였습니까? 칼뱅도 성경 말씀을 근거로 한 사람을 화형당하도록 했습니다. 이것은 지금까지도 칼뱅에 대해 거론되는 오점입니다. 어떤 말씀을 선택하고 적용하느냐에 따라 사람을 살릴 수도 있고 죽일 수도 있습니다.

요한복음 8장을 보면 간음한 여인이 사람들에게 잡혀 예수님 앞으로 나왔습니다. 그때 예수님께서 십계명에 간음하지 말라 한 것도 모르냐고 하시며 그 말씀을 인용했더라면, 그 여자는 즉결 처분되었을 것입니다. 그런데 예수님께서는 "너희 중에 죄 없는 자가 먼저 돌로 치라"(요 8:7)고 하셨습니다. 이 한마디가 숱한 군중으로 하여금 살인자가 되지 않도록 했습니다. 죽음의 위험에 빠져 있던 여

인도 살려 냈습니다. 말씀의 중요성이 이렇게 큽니다. 우리 모두는 영적인 의사로 선택받았습니다. 우리는 말씀의 전문가가 되어 한 사람이라도 더 살리는 이들이 되어야 합니다.

넷째, 우리는 한 사람 한 사람이 선교의 주체가 되어야 합니다. 삶의 현장에서 내가 만나는 모든 사람에게 선교사가 되어야 합니다. 내 발길이 닿지 않는 곳에는, 그곳에 갈 수 있는 사람을 보내야 합니다. 우리 교회는 헌금의 50퍼센트를 구제하는 데 사용합니다. 우리가 어느 교회를 다니든지 감사헌금, 주일헌금, 십일조는 다 할 것입니다. 이처럼 헌금을 하는 것은 귀하고 중요한 일이지만, 선교사의 역할을 삶 속에서 실천해 나가는 것은 더 귀하고 중요한 일입니다. 우리는 우리가 돕고 있는 선교사들을 위해 얼마나 기도하고 있습니까? 내가 내는 헌금 가운데 선교사 한 사람에게라도 도움이 되도록 헌금하는 분량이 있습니까? 일상에서 누구를 만나든지 그에게 말씀을 전하고 있습니까? 깊이 생각해 보아야 합니다.

저는 한 가지 회의懷疑가 있습니다. 여러분에게 마땅히 행해야 할 바를 이야기하지 않고, 가르치지 않고, 교회가 그 할 바를 대신하는 것으로 여러분이 계속 만족하도록 내버려 두는 것이 과연 하나님께서 기뻐하시는 바인지 깊이 생각합니다. 전주에 있는 안디옥교회는 헌금의 60퍼센트를 구제하는 교회입니다. 그래서 잡지에도 자주 소개되는데, 얼마 전 그 교회의 담임목사님이 쓴 글을 읽었습니다. 그 교회는 교회에 바쳐지는 헌금의 60퍼센트를 구제에 사용하는 대신, 교육부서에든 성가대에든 단돈 1원도 예산을 주지 않는다고 했습니다. 필요한 돈은 그들이 스스로 헌금해서 꾸려나가는 것입니다. 소년부에서 1년 동안 필요한 돈을 교사들이 헌금으로 마련합니다. 선교사를 한 사람이라도 더 보내고, 한 사람이라도 더 살리는 일을 감당하기 위해 교인들이 불편하게 살자는 것이 삶의 목표가 되어 있습니다. 우리는 이 같은 모습에서 깊이 배우고 우리의 삶을 되돌아보아야 합니다. 주님께서는 여러분 한 사람 한 사람이 영적인 의사가 되기를 바라십니다. 여러분의 가정과 일터가 영적인 병원이 되기를 바라십니다.

바울이 내린 이 처방전이 2천 년의 시간과 공간을 초월해 얼마나 많은 영혼을 지금까지 살리고 있습니까? 여러분이 오늘 얻은 네 가지 교훈을 마음에 간직하고서, 만나는 모든 사람을 바르게 진단하고 그리스도의 복음을 제대로 처방하는 영적인 의사가 된다면, 우리가 천국을 간 이후에도 우리가 내린 처방을 통해 이 땅에서 수많은 생명이 구원받는 역사가 일어날 것입니다.

로
마
서
10
장

10
원하는 바와 구하는 바

로마서 10장 1-3절

형제들아 내 마음에 **원하는 바와** 하나님께 **구하는 바는** 이스라엘을 위함이니 곧 그들로 구원을 받게 함이라 내가 증언하노니 그들이 하나님께 열심이 있으나 올바른 지식을 따른 것이 아니니라 하나님의 의를 모르고 자기 의를 세우려고 힘써 하나님의 의에 복종하지 아니하였느니라

지난 시간에 바울의 세 가지 모습을 생각해 보았습니다. 첫 번째는 그리스도인이 지녀야 할 정신을 가다듬는 모습입니다. 두 번째는 자신을 핍박하는 이스라엘 사람들을 진단하는 모습입니다. 세 번째는 진단한 것에 대해 처방하는 모습입니다. 이는 그리스도인 된 우리 모두가 지녀야 할 모습이라고 했습니다. 그리스도인은 세상을 향한 치유자의 사명을 부여받았기 때문입니다. 지난 시간에 우리는 본문 10장의 윤곽을 살펴봤는데 지금부터는 한 절씩 들여다보도록 하겠습니다.

형제들아 내 마음에 원하는 바와 하나님께 구하는 바는 이스라엘을 위함이 니 곧 그들로 구원을 받게 함이라(1절)

"원하는 바", "구하는 바"는 모두 명사입니다. '원하는 바'에 해당하는 헬라어 '유도키아εὐδοκία'는 문자 그대로 '소원'을 말합니다. '구하는 바'는 '데에시스δέησις'로서 '간구'를 말합니다. 이 세상을 살아가고 있는 모든 사람은 나름대로 소원이 있고, 기도 제목이 있기 마련입니다. 제게도 소원이 있고 기도 제목이 있습니다. 우리 모두가 가지고 있는데 단지 그 소원의 내용, 기도 제목의 내용이 다른 것입니다.

바울은 자신의 소원과 기도 제목이 무엇인지 구체적으로 밝히고 있습니다. 지금 자신을 핍박하는 이스라엘 사람들로 하여금 구원을 얻게 하는 것입니다. 이것은 이기심으로 자신의 욕망을 이루기 위한 간구가 아닙니다. 사람을 구원하기 위한 간구입니다. 그러면 바울이 이를 위해 어느 정도로 간구했습니까? 누가복음 1장에는 세례 요한의 부모 이야기가 나옵니다. 아버지의 이름은 사가랴이고, 어머니의 이름은 엘리사벳입니다. 두 사람이 결혼한 뒤 나이가 들었음에도 자식이 없었습니다. 부부는 하나님께 간절히 기도를 드렸습니다. 얼마나 애타게 기도했겠습니까? 천사가 나타나 "너의 간구함이 들린지라"(눅 1:13중)고 했습니다. 그 간구가 바로 '데에시스'입니다. 바울은 이스라엘 사람들의 구원을 위해 마치 자식 없는 부부가 하나님 앞에 애절하게 간구하는 심정으로 하나님께 기도했습니다.

우리도 다른 사람을 위해 기도하곤 합니다. 그런데 그것이 과연 데에시스입니까? 그 기도가 우리가 드리는 여러 기도 가운데 제일 첫째가는 기도입니까? 자식 없는 부부가 자식을 간구하는 듯한 애절한 간구입니까? 그저 나와 내 가족을 위해 간구하기에도 바쁜 것은 아닙니까? 다른 사람을 위한 간구는 구색을 맞추어 형식적으로만 하고 있는 것은 아닙니까? 이런 의미에서 바울은 참으로 위대합니다. 자기를 죽이려는 사람들을 살리고파 하는 유도키아를 지니고 그들을 위해 데에시스했기 때문입니다.

중요한 점은, 이러한 바울의 모습이 그리스도인 된 우리 모두의 모습이어야 한다는 것입니다. 만약 우리가 늘 그렇듯이 내 욕심과 이기심만을 위한 기도 제목을 갖고 있다면, 우리가 무당을 찾는 이들과 무슨 차이가 있습니까? 왜 그리스도인이 다른 사람을 위해 유도키아를 지니고, 데에시스를 해야 합니까? 이유는 하나입니다. 우리가 믿는 예수 그리스도께서 사람을 살리기 위해 자신을 죽이셨기 때문입니다. 우리가 잘 알고 있듯이 이 세상의 어떤 종교의 어떤 교주도, 사람을 살리기 위해 자신이 스스로 죽지 않습니다. 우리는 예수 그리스도를 닮아야 합니다. 그분을 닮는 사람이 그리스도인입니다. 그렇다면 우리의 소원과 기도 제목은 적어도 우리 자신을 뛰어넘어야 합니다. 우리의 이기적 욕망을 탈피할 수 있어야 합니다.

바울이 말한 '원하는 바', '구하는 바'와 관련한 다섯 가지 질문 앞에서 우리 안에 답을 가지고 있어야 하겠습니다.

첫째, 그리스도인은 어떤 소원과 기도 제목을 지녀야 합니까? 거룩한 소원, 거룩한 기도 제목이어야 합니다. 우리는 마음속에 어떤 소원을 지니고 있느냐에 따라 동기 유발이 됩니다. 그 유발된 동기는 우리의 행동을 결정짓습니다. 그리고 매번 결정되어진 행동이 쌓여 우리의 삶이 됩니다. 그러니 보십시오. 내 마음속에 이기적인 소원이 있다면, 하루에 몇 시간씩 기도한다 해도 그 소원과 기도 제목이 간절하면 간절할수록 이기적인 동기만 작동하게 됩니다. 그리고 내가 하는 모든 것이 저절로 이기적인 행동이 됩니다. 이것이 자꾸 반복되면서 결과적으로 이기적인 삶으로 귀결됩니다.

대표적인 예가 창세기 4장에 나오는 가인입니다. 가인과 아벨은 형과 동생 사이입니다. 그들은 같은 날, 같은 시간, 같은 장소에서 하나님께 똑같이 제사를 드렸습니다. 아벨은 양을 바쳤고 가인은 땅의 곡식을 바쳤습니다. 그런데 하나님께서는 아벨의 제사는 열납하시고 가인의 제사는 받지 않으셨습니다. 이유가 무엇입니까? 그 해답이 성경에 잘 나와 있습니다. 예물이 무엇이었느냐가 문제가 아니라, 아벨은 하나님을 위해 제사를 드렸으나 가인은 이기적으로 자기만족을 위해 제사를 드렸다는 것입니다. 하나님께서 예배를 받지 않으시자 가인이 분하여 안색이 변했습니다. 만약 가인이 하나님께 영광 돌리고자 하나님을 위해 제사를 드렸음에도 하나님께서 받지 않으셨다면, 두렵고 떨리는 마음으로 하나님께 그 이유를 여쭈었어야 합니다. 그런데 오히려 노기를 띠면서 안색이 변했습니다. 이것은 그의 제사가 지극히 이기적이고 자기중심적이었음을 증거합니다. 그 안에 하나님의 기준과 판단은 안중에도 없었습니다.

하나님께서 가인에게 도대체 왜 그토록 분해하며 안색이 변하였느냐고 물으시면서, "죄의 소원은 네게 있으나 너는 죄를 다스릴지니라"(창 4:7하, 개역한글)고 말씀하셨습니다. '죄의 소원'이 무엇입니까? 바로 이기적인 소원을 뜻합니다. 즉 하나님께서 가인에게 "네게 탐욕적인 소원이 있구나"라고 말씀하신 것입니다. 가인에게 어두운 소원이 있으나 가인은 그것을 다스리고 억제해야 했습니다. 어두운 소원을 억제하지 않으면 삶이 어둡게 되기 때문입니다. 그런데 가인은 죄의 소원을 버리지 않고 그대로 움켜쥐었습니다. 그랬더니 어떤 동기가 유발되었습니까? 동생이 경쟁자처럼 느껴져 동생을 없애야겠다고 생각하게 되었습니다. 그리고 결국 동생을 아무도 없는 들로 유인해 돌로 쳐죽였습니다. 행동으로 옮긴 것입니다. 그 결과 인류 최초의 살인자로 오욕의 삶의 주인공이 되고 말았습니다. 그러므로 우리는 거룩한 소원, 거룩한 기도 제목을 지녀야 합니다. 그래야 거룩한 생각의 동기가 유발되고 거룩한 행동으로 실천되며 거룩한 삶으로 귀결됩니다.

둘째, 무엇이 거룩한 소원이고 거룩한 기도 제목입니까? '거룩'이란 구별된 것을 의미합니다. 하나님께서 "너희는 거룩하라. 이는 나 여호와 너희 하나님이 거룩함이니라"(레 19:2)고 명령하셨습니다. 우리가 하나님을 생각하고 구별된 삶을 살기로 다짐하는 것은 참으로 귀한 일입니다. 문제는 그것이 생각으로 그친다는 것입니다. 이런 까닭에 교회 안에서의 삶과 밖에서의 삶이 다른 것입니다. 십자가를 바라볼 때 내 삶의 태도와 사람을 바라볼 때 내 삶의 태도가 다릅니다. 성경에서 말하는 거룩이란, 하나님을 사랑하는 마음, 하나님을 사랑하는 중심으로 사람을 사랑하는 것입니다. 이것이 우리에게 주신 모든 계명의 핵심입니다. 이기적인 나를 떠나서 나와 함께하는 사람을 사랑하고 그들을 배려하는 것이 거룩입니다. 이것을 깨닫고 사람을 살리기 위한 소원을 갖고 기도 제목을 갖기 시작하면서부터 비로소 교회 안과 밖의 삶이 일치되기 시작합니다.

에스더는 파사 왕국의 왕비였습니다. 당시 하만이라는 사람이 전 세계에 흩어져 있는 이스라엘 백성을 몰살시키려는 끔찍한 계획을 세웠습니다. 이것을 에스더의 사촌 오빠 모르드개가 에스더에게 와서 이야기해 주었습니다. 에스더도 유대인이므로 모르드개의 말을 듣고서 자기 민족을 살려야겠다는 소원이 생겼습니다. 그래서 3일 밤낮을 먹지도 자지도 않고 기도했습니다. 그리고 자기 백성을 살려 달라고 탄원하기 위해 임금에게 나아갔습니다. 임금이 왕비를 부르지도 않았는데 왕비가 임금 앞에 스스로 나아갈 경우, 임금이 그것을 괜찮아하면 아무런 문제가 없지만 불쾌해하면 그 왕비는 처형을 당했습니다. 이것이 페르시아 왕궁의 법도였습니다.

에스더는 자기 혼자 편하게 잘살 수 있었습니다. 그런데 이스라엘 백성의 생명을 구하기 위해 왕 앞으로 걸어나간 것입니다. 우리가 성경을 읽으며 머릿속으로 여러 가지 그림을 그려 볼 수 있습니다. 그런데 그 어떤 그림보다도 에스더가 이스라엘 백성을 살리기 위해 목숨을 걸고 왕 앞으로 걸어가는 모습은 거룩해 보입니다. 아브라함은 하나님께서 아들을 바치라고 했을 때 망설임 없이 자신의 아들을 바칩니다. 이러한 아브라함의 모습도 참으로 거룩합니다. 그러나 에스더를 더 거룩하다고 말할 수 있는 것은, 아브라함은 하나님의 음성을 직접 들었지만 에스더는 사람의 말 곧 오빠의 말을 듣고서 거룩한 소원을 품고 행동으로 옮겼기 때문입니다.

우리가 거룩한 삶을 살기 위해서는 우리의 소원이 거룩해야 합니다. 우리의 기도 제목이 거룩해야 합니다. 그것은 나 자신을 위한 것이 아니라 다른 사람을 위한 기도가 되어야 합니다. 내가 사랑해야 하는 사람을 위해, 그의 구원을 위해, 그의 변화를 위해, 자식 없는 여인이 하나님 아버지 앞에 애절하게 부르짖듯이 데에시스해야 합니다.

셋째, 우리가 어떻게 거룩한 소원과 거룩한 기도 제목을 지닐 수 있습니까? 내가 사랑할 수 있는 사람에게, 내가 당연히 사랑할 수 있는 환경에서 사랑을 실천하는 것을 말하려는 것이 아닙니다. 내가 좋아하는 사람에 대해서는, 사랑하지 말라고 하면 더 사랑하고 싶어집니다. 남자 여자가 서로 좋아하는 마음이 싹터 연애를 하게 되면, 부모가 만나지 말라고 할수록 더 만나게 됩니다. 그런데 내 안에서 좋아할 수 있는 마음이 전혀 들지 않는 사람이 있습니다. 오히려 그 사람이 싫습니다. 싫은 정도가 아니라 그를 피해야만 하는 상황입니다. 왜냐하면 그가 나를 죽이려 하는 사람이기 때문입니다. 이스라엘은 바울을 죽이려 했습니다. 그런데 바울이 어떻게 그들을 살리려는 소원을 지닐 수 있었으며, 그들의 구원을 데에시스할 수 있었습니까?

'소원'을 뜻하는 헬라어 '유도키아'는 동사 '유도케오εὐδοκέο'에서 파생되었습니다. 유도케오는 '기뻐하다'라는 뜻입니다. 지금 내 앞에 있는 사람은 내가 보기에 형편없는 사람입니다. 그가 나를 핍박하고 죽이려 합니다. 내가 그를 증오할 수밖에 없습니다. 그런데 이런 상황에서 무엇을 기뻐한다는 말입니까? 나중에 그 사람이 변화되어 있을 모습을 그려 보며 기뻐하는 것입니다. 내 시선이 지금 현재의 그 사람 모습에만 고정되어 있으면, 1년을 두고 금식하며 그를 사랑하게 해달라고 기도해도 사랑하지 못합니다. 지금 보이는 모습이 너무도 싫은데 어떻게 사랑할 수 있겠습니까? 내가 그에게 아낌없는 사랑을 부어 주었을 때 5년 후 변화되어 있을 그 사람의 모습을 그리는 것입니다. 분명 나를 통로 삼아 10년, 20년, 30년 후 변화되어 있을 그의 모습을 생각하고 기뻐하며 소원을 품는 것입니다. 바울이 그러했습니다. 지금 자신을 죽이려 하는 이스라엘 사람들을 보면서도, 언젠가 변화될 그들의 모습을 떠올리며 기뻐했습니다. 그럼으로써 거룩한 소원을 지니게 되었고 주님 앞에 데에시스할 수 있었습니다.

생각하면 할수록 기쁩니다. 더욱 형편없이 보이는 사람일수록, 우리가 그 사람을 생각하며 더 기뻐할 수 있습니다. 더 크게 변화될 터이니 우리 안의 소원이 더 절박해지고 그 기도가 더 간절해질 수 있습니다.

넷째, 바울이 거룩한 소원과 거룩한 기도 제목을 지녔을 때 그의 처지가 어떠했습니까? 바울이 자신을 죽이려는 이스라엘 백성에 대해 유도키아를 지니고 데에시스를 행할 때 그의 마음이 편안했습니까? 일신이 안락했습니까? 이것저것 해볼 것 다 하다가 할 것이 없어서 이제 이스라엘이나 한번 사랑해 볼까 해서 사랑한 것입니까? 그렇지 않습니다. 딱히 할 것이 없다거나 편안함을 추구하는 사람은 절대로 남을 사랑하지 못합니다. 왜냐하면 편안할수록 더 이기적이 되기 때문입니다.

1절에서 바울이 "형제들아, 내 마음에 원하는 바와 하나님께 구하는 바는 이스라엘을 위함이니 곧 저희로 구원을 얻게 함이라"고 말하고 있는데, 이 말을 언제, 어디서 한 것입니까? 3차 전도 여행이 끝날 즈음 고린도에 체류하면서입니다. 사도행전 19-20장을 보면 바울이 고린도에 이르기 전 에베소에 갔는데, 에베소에는 '아데미'라는 여신상이 있었고 사람들은 그것을 섬겼습니다. 그곳에 우상을 만드는 데메드리오라는 은세공업인이 있었습니다. 그는 아데미 우상을 팔아 돈을 버는 사람들의 우두머리였습니다. 그런데 어느 날 바울이라는 사람이 나타나 우상을 믿지 말라고 했습니다. 그것은 가짜라는 것이었습니다. 우상을 파는 사람들이 생업에 지장을 받을 수밖에 없는 상황이었습니다. 그래서 데메드리오는 에베소에 있는 사람들을 선동해 바울을 죽이려 했습니다. 위급한 순간을 맞이하게 된 바울은 그곳을 벗어나 고린도로 몸을 옮겼습니다. 고린도를 떠날 때쯤이 되어 이스라엘 사람들 몇몇이 바울을 죽이기 위해 작당하는 사건이 일어났습니다. 그 시점은 바울이 어느 때보다도 자신의 생명과 일신의 안위를 위해 무엇인가를 해야 할 때였습니다. 그럼에도 자신을 위하기보다는 오히려 자신을 죽이려 하는 이스라엘 백성을 위해 유도키아를 품고 데에시스를 행한 것입니다.

우리가 기억해야 할 것은, 바울이 바로 이 같은 유도키아와 데에시스를 가지고 있었기 때문에 그런 처지를 극복할 수 있었다는 것입니다. 바울은 어떤 경우에도 사람을 살리려는 유도키아와 데에시스를 가지고 있었기 때문에, 어떤 장애도 장애가 되지 않았습니다. 가장 이기적이어야 할 순간에 다른 사람을 위해 유도키아와 데에시스를 갖는 그에게 어찌 하나님께서 함께하시지 않겠습니까? 어찌 하나님께서 그를 사랑하지 않으실 수 있겠습니까? 어찌 하나님께서 당신의 능력으로 그를 지키시지 않겠습니까? 두말할 것도 없이 하나님께서 당신의 손으로 그를 붙드셔서 위급함에서 건지시지 않겠습니까? 바울은 늘 그러한 하나님의 손길을 경험했습니다. 그래서 그에게는 문제가 문제가 되지 않았습니다. 바울이 뭐라고 고백했습니까?

우리가 사방으로 우겨쌈을 당하여도 싸이지 아니하며 답답한 일을 당하여도 낙심하지 아니하며 박해를 받아도 버린 바 되지 아니하며 거꾸러뜨림을 당하여도 망하지 아니하고(고후 4:8-9)

어떻게 이럴 수 있습니까? 이유는 하나입니다. 내 안에 거룩한 소원과 거룩한 기도 제목이 있으면, 거룩하신 하나님께서 함께하시기 때문입니다. 바람이 불어도 오히려 삶의 뿌리를 더 깊이 박히게 할지언정 그 뿌리를 뽑아내지는 못합니다. 우리가 살다 보면 여러 가지 이유로 어려운 처지, 괴로운 순간에 직면하게 됩니다. 오늘 우리는 어떤 처지에 있습니까? 어려운 순간 이기적인 마음에 사로잡히면, 우리는 더 근심에 빠지게 됩니다. 이기심은 하나님과 나 사이를 계속 단절시키는 벽을 쌓습니다. 나 자신을 붙잡으려 하면 절대 문제가 해결되지 않습니다. 더 한숨만 나오게 됩니다. 그럴 때일수록 나 자신을 떠나야 합니다. 내가 지금 병상에 있을지라도, 내가 지금 실패의 구렁텅이 속에 있을지라도, 이 순간 나를 위해서가 아니라 내 곁에 있는 사람을 위해 무엇을 할 수 있을지 생각해야 합니다. 그 사람을 위한 소원과 기도 제목이 있어야 합니다. 그때 하나님의 능력이 나와 함께하시는 것을 내 온 삶으로 체험할 수 있습니다. 주님께서 내 삶의 현장에서 날마다 함께하심을 경험하고 확인할 수 있는 유일한 길은, 거룩한 유도키아와 거룩한 데에시스를 갖는 것입니다.

다섯째, 이처럼 거룩한 소원과 거룩한 기도 제목을 가질 때, 비로소 사랑해야 하는 이들의 상황이 보입니다. 사랑하기 때문에 보이는 것입니다. 그러면 진단하고 처방할 수 있게 됩니다. 이스라엘 백성을 위한 소원과 기도 제목을 지닌 바울이 어떤 진단을 내리고 있습니까? 본문 2-3절에서 우리가 생각할 것이 많습니다.

내가 증언하노니 그들이 하나님께 열심이 있으나 올바른 지식을 따른 것이 아니니라 하나님의 의를 모르고 자기 의를 세우려고 힘써 하나님의 의에 복종

위 내용에서 주목해야 할 단어가 "모르고"입니다. 여기에서 바울의 위대함이 또 한 번 드러납니다. 이스라엘 백성이 죄 가운데 빠져 하나님의 대적자가 되고 자신을 죽이려 하는 이유는, 하나님의 의를 '모르기 때문'이라는 것입니다. 이것이 바울의 진단입니다. 그러면 이 진단이 왜 위대한 것입니까? 저 사람이 몰라서 저렇게 행동하는 것이라고 내가 인정할 때 비로소 그를 용서할 수 있기 때문입니다. 내가 누군가에게 "당신 왜 이런 잘못을 저질렀습니까?"라고 물었을 때, 상대방이 "내가 이렇게 하면 안 되는 것인지 몰랐습니다"라고 대답하면 용서할 수 있습니다. 그러나 상대방이 자신이 몰랐다는 점을 아무리 강조해도 내가 그것을 인정하지 않으면, 내 앞에서 그는 유죄입니다. 그리고 절대로 그를 용서하지 못합니다. 따라서 저 사람이 몰라서 잘못을 저질렀음을 내가 인정하는 것은 이미 그를 용서한 것입니다.

우리가 남을 용서하지 못하고 자꾸 분노가 생기고 기분 상해하는 저변에는 한 가지 인식이 깔려 있습니다. 저 사람이 알면서도 고의적으로 행동했으리라는 것입니다. 이 같은 인식으로 인해 내 자존심이 상하고 내 감정이 그를 용납하지 못하는 것입니다.

그런데 바울은 이스라엘 백성의 불의한 모습을 보면서, 저들이 모르기 때문이라고 인식함으로 용서가 가능했습니다. 그뿐 아니라 모르기 때문이라고 진단 내리니 처방이 간단하게 나왔습니다. 모르므로, 가르쳐 알게 하는 것이었습니다. 일반적으로 며느리와 시어머니 사이에 갈등이 있는 경우가 많은데, 그 갈등에도 여러 가지 양상이 있습니다. 그런데 그 갈등이 대개 어디서부터 시작되느냐면,

시어머니가 며느리가 잘 모른다는 것을 인정하지 않는 데서부터입니다. 시어머니는 처음부터 모든 것을 며느리가 알아서 해주기를 바랍니다. 그런데 어떻게 며느리가 수십 년간 지녀 온 시어머니의 입맛을 알겠습니까? 그 입맛을 맞추려면, 시집 문화를 익히기 위해서는 시간이 필요합니다. 시어머니는 며느리가 아무것도 모른다고 생각하고 하나하나 가르쳐야 합니다. 그런데 가르치지 않고 먼저 요구합니다. 이렇게 되니 문제가 생기는 것입니다.

사랑한다는 것이 무엇입니까? 남을 배려하는 것입니다. 사랑을 이렇게 정의한다면, 우리나라 사람들은 사랑하는 데 문제가 많습니다. 자동차를 운전할 때 끼어드는 것, 엘리베이터를 탈 때 질서를 지키지 않는 것, 사람이 많은 곳에서 다른 사람의 발을 밟고도 그냥 가는 것 등 여러 문제가 많습니다. 우리나라 문학에서 '사랑'이라는 표현이 최초로 나오는 경우가 이광수의 소설에서입니다. 그이전에는 문학 작품에 사랑이라는 단어가 없었습니다. 요즘은 자연스럽게들 부모가 아기를 낳고서 "아가야, 사랑한다" 혹은 아이들이 "엄마 아빠, 사랑해"라고 하는데, 제가 어렸을 적만 해도 학교에 갔다 와서 "아빠, 사랑해요"라고 했다면 듣기에 참 어색했을 것입니다. 우리는 사랑이라는 말도 모르고 마음 안에 사랑이 있어도 표현하지 못하는 시간을 살아왔습니다. 우리는 사랑과 담쌓고 지내던 사람들입니다.

이스라엘 백성은 어떠했습니까? 그들은 2천 년 전 예수님으로부터 사랑이란 오래 참고 온유하고 시기하지 않고 성내지 않는다는 것을 배웠습니다(고전 13:4-7 참조). 그런데 우리는 사랑이라는 말을 쓴 역사가 이제 겨우 70여 년이고, 부모 자식 간에 터놓고 고백하기 시작한 것이 10, 20년 정도밖에 안 되었습니다. 그러니 이런 상황에서 어떻게 온전한 사랑을 실천할 수 있겠습니까? 못합니다. 사랑을 모르기 때문입니다. 그러므로 내가 사랑이 무엇인지 진실로 깨달았다면, 사랑을 모르는 사람을 비판하기 이전에 그에게 가르쳐 주어야 합니다. 아무리 교회를 열심히 다니고 사랑에 대한 요절을 많이 외우고 있다 할지라도 그가 사랑의 삶을 살지 않는다면, 아직 사랑이 무엇인지 모르는 것입니다. 그렇다면 우리는 그에게 우리의 삶으로 사랑을 가르쳐 주어야 합니다. 사랑이라는 것이 얼마나 크고, 그 맛과 멋이 얼마나 기막힌 것인지 우리의 삶을 통해 보여 줄 수 있어야 합니다.

누가 이 사회에서 존경받는 지도자이고 어른이고 선배입니까? 상대가 모르는 것을 제대로 가르쳐 주는 사람입니다. 저는 처음 직장 생활을 외국 항공회사 대리점에서 시작했습니다. 항공회사에서는 보통 서울에서 부산까지 얼마, 서울에서 대구까지 얼마인지 그 운임을 고객들이 쉽게 알 수 있도록 서비스해 줍니다. 그런데 경우에 따라 비행기가 서울에서 논스톱으로 뉴욕으로 갈 수도 있고, 도쿄나 하와이를 경유해서 갈 수도 있습니다. 이런 경우에는 요금을 계산하기가 쉽지 않습니다. 그래서 항공회사에서 이 부분을 전문적으로 담당하는 직원은 꽤 두꺼운 법규집을 마스터해야 합니다. 제가 일할 당시, 같은 항공사에 근무하면서도 요금을 잘 뽑는 사람과 못 뽑는 사람은 세계 일주를 할 경우 800달러 정도의 요금 차이가 나기도 했습니다. 둘 다 합법적인 요금이지만 어떤 법규를 적용하느냐에 따라 요금 차이가 크게 나게 됩니다. 제가 신입 직원으로 있을 당시 한 선배가 몇 달 동안 퇴근 이후에도 자기 돈으로 밥을 사 주며 밤 10시까지 관련 법규들을 가르쳐 주었습니다. 그래서 저는 불과 몇 달 만에 관련 지식을 모두 습득할 수 있게 되었습니다. 이

때가 1970년이니까 20년이 훨씬 지난 일입니다.

지금도 항공업계 이야기가 나오면 제일 먼저 생각나는 분이 바로 그 선배입니다. 저를 그렇게도 잘 가르쳐 주었기 때문입니다. 그 이후 제가 직장생활하면서 새로운 직원이 들어오면 제가 아는 것을 최대한 가르쳐 주었습니다. 지금도 다른 교역자들에게 가능하면 제가 아는 모든 것을 가르쳐 주려고 합니다. 예수님께서 제자들에게 내리신 마지막 명령이 무엇입니까? "내가 너희에게 분부한 모든 것을 가르쳐 지키게 하라"(마 28:20상)고 말씀하시지 않았습니까? 다른 사람을 가르치기 위해서는 거룩한 소원과 거룩한 간구가 없어서는 안 됩니다. 우리에게 이 거룩한 유도키아와 데에시스가 있을 때에만 교육자로서의 사명을 감당할 수 있습니다. 그뿐 아니라 거룩한 소원과 기도 제목을 가지고 있을 때에만 우리는 그리스도 안에서 신실한 피교육자가 되어, 그리스도의 가르침에서 벗어나지 않을 수 있습니다. 이기적인 소원과 탐욕적인 기도 제목을 가지고 있으면, 한 시간 넘게 열심히 기도해도 주님께 매여 있을 수 없습니다. 그런데 내가 정말 사람을 살리기 위한 유도키아와 데에시스를 가지면, 주님으로부터 벗어날 수 없습니다. 말재주로는 사람을 절대 살릴 수 없습니다. 우리의 능력으로는 한 사람의 인격도 변화시킬 수 없습니다. 만약 이것이 가능하다면, 자식 때문에 마음 아파하는 부모는 없을 것입니다. 사람을 살리고, 그 사람의 가치와 목적을 바꾸어 주는 것은 주님의 말씀 외에는 없습니다.

바울은 이처럼 교육적인 삶을 살았음에도, 날마다 자신을 쳐서 복종시켰습니다. 거룩한 유도키아와 데에시스를 지녀 주님으로부터 벗어나지 않기 위함이었습니다. 주님을 벗어나서는 안 됨을 바울 스스로 너무도 잘 알았기 때문입니다. 우리 모두는 주님을 믿습니다. 그리고 우리는 주님을 믿는 사람들답게 거룩한 삶을 살기를 열망합니다. 우리의 마음이 진실로 그러하다면, 우리는 이 시간부터 거룩한 네에시스와 서룩한 유노키아를 지녀야 합니다. 내 시선을 내 앞에 보이는 사람의 현재 모습에 고정시키는 것이 아니라, 먼 훗날의 그의 모습을 바라보아야 합니다. 내 처지가 어려우면 어려울수록, 내가 이기적이 될 순간이라고 판단되면 판단될수록, 더욱 거룩한 소원과 거룩한 기도 제목을 지녀야 합니다. 돈을 벌든 공부를 하든 최종 목적은 바로 이 거룩한 소원과 거룩한 간구가 되어야 합니다. 그리스도 안에서 인격적인 교육자가 되고 겸손한 피교육자가 되어야 우리의 삶을 통해 많은 사람들이 예수 그리스도를 만날 수 있습니다. 그때의 우리의 모습이 예수 그리스도를 닮아 있기 때문입니다.

11
마음으로 믿어 입으로 시인하여

로마서 10장 2-10절

내가 증거하노니 저희가 하나님께 열심이 있으나 지식을 좇은 것이 아니라 하나님의 의를 모르고 자기 의를 세우려고 힘써 하나님의 의를 복종치 아니하였느니라 그리스도는 모든 믿는 자에게 의를 이루기 위하여 율법의 마침이 되시니라 모세가 기록하되 율법으로 말미암는 의를 행하는 사람은 그 의로 살리라 하였거니와 믿음으로 말미암는 의는 이같이 말하되 네 마음에 누가 하늘에 올라가겠느냐 하지 말라 하니 올라가겠느냐 함은 그리스도를 모셔 내리려는 것이요 혹 누가 음부에 내려가겠느냐 하지 말라 하니 내려가겠느냐 함은 그리스도를 죽은 자 가운데서 모셔 올리려는 것이라 그러면 무엇을 말하느뇨 말씀이 네게 가까와 네 입에 있으며 네 마음에 있다 하였으니 곧 우리가 전파하는 믿음의 말씀이라 네가 만일 네 입으로 예수를 주로 시인하며 또 하나님께서 그를 죽은 자 가운데서 살리신 것을 네 마음에 믿으면 구원을 얻으리니 사람이 **마음으로 믿어** 의에 이르고 **입으로 시인하여** 구원에 이르느니라 바울은 거룩한 소원과 기도 제목을 가지고 있었기에, 자신을 핍박하는 이스라엘의 문제점을 바로 파악할 수 있었습니다. 그 문제는 하나님의 의를 모른다는 것이었습니다. 이것이 무엇을 의미합니까? 요즘은 입시제도가 많이 바뀌었습니다. 예전에는 사지선다형이나 O, X로만 답하면 되는데, 지금은 주관식 논술형으로 답해야 합니다. 그러면 학생들이 주관식으로 답한 것을 누가 채점합니까? 그 답을 쓴 학생이 스스로 맞았는지 틀렸는지 채점할 수 있습니까? 채점은 그 문제를 낸 출제위원만이 할 수 있습니다. 학생이 답을 쓰면서 틀림없이 자신이 100점일 것이라고 생각해도, 출제위원으로부터 그 답을 인정받지 못하면 정답이 될 수 없습니다. 재미있게도, 시험을 잘 쳤다고 하는 사람치고 점수가 좋은 사람이 별로 없습니다. 시험 치는 사람과 채점하는 사람의 기준이 다르기 때문입니다. 시험을 치는 사람은 출제위원이 해당 문제를 통해 자신에게 요구하는 바가 무엇인지 파악해야 합니다. 그것을 파악하는 사람이 바른 답을 쓸 수 있습니다.

이처럼 의에 관한 한 의를 판단하시는 분은 하나님이십니다. 사람은 절대로 의의 판단자가 될 수 없습니다. 그러므로 '이만하면 내가 무척 의롭게 살았지. 이만하면 의인의 반열에 들어갈 수 있겠지' 하고 아무리 생각해도 하나님께서 인정하시지 않으면, 의인이 될 수 없습니다. 정말 내가 바른 의를 세우기 위해서는, 그 의가 하나님으로부터 인정받는 의여야 합니다.

그러면 하나님께서 우리에게 요구하시는 의란 어떤 의입니까? 하나님께서 인간에게 요구하시는 의는 언제든지 100퍼센트 완전무결한 의입니다. 하나님 아버지께서 완전한 의 자체이시기 때문입니다. 의에 관한 한 하나님께서는 절대로 깎으시는 법이 없습니다.

그러면 인간이 하나님께서 요구하시는 완전무결한 의를 이룰 수 있습니까? 불가능합니다. 로마서 5장 12절에 기록된 것처럼, 첫 번째 사람 아담이 타락함으로 말미암아 그 아담으로부터 태어난 사람들이 본질적으로 모두 죄인이 되었습니다. 그래서 하나님께서 요구하시는 100퍼센트의 의를 이룰 수 없게 되었습니다. 화장품 공장에서 생산되는 제품들은 모두 향기를 냅니다. 술 공장에서 나오는 제품은 그것이 어떤 종류의 술이냐의 차이만 있을 뿐, 사람을 취하게 하는 술입니다. 아담이 타락함으로 말미암아 그 자신이 진리의 향기를 내는 화장품 공장에서 술 공장으로 바뀌어 버렸습니다. 그 아담이라는 술 공장에서 나온 우리는 종류의 차이만 있을 뿐, 술이라는 의미에서는 하나도 구별됨이 없습니다. 도수나 가격의 차이는 있습니다. 가령 소주보다는 맥주가 덜 독합니다. 그런데 맥주가 소주를 보고서 "너는 독하고 싸구려지? 나는 너보다 더 맛있으면서 비싸. 나는 너보다 훨씬 좋은 술이야" 하고 이야기한들, 청량한 생수의 맛을 아는 우리에게는 맥주나 소주나 막걸리나 똑같은 술에 지나지 않습니다.

무엇이 죄입니까? 살인하고 강도짓한 것이 죄입니까? 아닙니다. 성경은 그것을 죄라고 하지 않고 죄의 결과로 드러난 '범죄'라고 말합니다. 태어날 때부터 죄인이라는 것은 죄의 유전성을 말합니다. 그러므로 내가 살인이라는 범죄를 저지르지 않았다 할지라도 나는 이미 죄인입니다. 나는 이미 술 공장이요 술입니다. 성경에서 죄를 뜻하는 헬라어 '하말티아 ἁμαρτία'는 '과녁에서 벗어나다'라는 의미입니다. 대개 사람들은 과녁에만 관심을 갖습니다. 그래서 과녁에서 화살이 저렇게나 벗어났네, 이것밖에 벗어나지 않았네 하면서 많이 벗어난 화살은 강도라고 하고, 조금 벗어난 화살은 잡범이라고 합니다. 그런데 하나님께서는 과녁을 보고 판단하지 않으십니다. 내가 과녁을 향해 화살을 쐈는데 화살이 과녁에 맞지 않고 빗나갔다는 것은, 그 화살이 날아가 과녁에 꽂히기 이전에 잘못 조준되었음을 뜻합니다. 처음부터 내가 조준을 잘못하면, 백발백중 화살은 빗나가게 되어 있습니다.

그러면 내가 조준을 바로 해서 진리의 과녁을 정확히 맞출 수 있습니까? 불가능합니다. 이미 술 공장이 된 사람은 절대로 진리의 과녁을 향해 제대로 조준할 수 없습니다. 우리가 태어날 때부터 죄된 제품으로 태어났기 때문에, 나 스스로는 도덕적인 삶을 살아가는듯 보여도 하나님의 의의 기준으로 볼 때는 죽을 수밖에 없는 죄인인 에노스입니다. 죄에서 자력으로 벗어날 수 있는 사람은 아무도 없습니다.

그렇다면 우리에게 주어진 것은 죽는 일뿐인 것입니까? 아닙니다. 하나님께서는 공의의 하나님인 동시에 사랑의 하나님이십니다. 그러므로 당신의 공의를 조금도 깎지 않고도 우리가 하나님 앞에서 의인으로 인정받을 수 있는 길을 열어 주셨습니다. 4절 말씀을 함께 보십시다.

그리스도는 모든 믿는 자에게 의를 이루기 위하여 율법의 마침이 되시니라

예수 그리스도께서 율법을 완성하셨다는 의미입니다. 예수 그리스도께서는 인간의 몸을 입고 이 땅에 오셨음에도 율법의 일점일획도 어기지 않고 완벽하게 이루셨습니다. 완전무결한 의의 삶을 사셨습니다. 그러나 이것으로 끝났다면 예수님께서는 나와는 아무런 상관없는 분이 되셨을 것입니다. 예수님께서 의의 삶을 완성하셨을 뿐 아니라, 죄인 된 나의 죗값을 대신 치르기 위해 의인의 몸으로 십자가 위에서 못박혀 돌아가셨습니다. 내 죗값을 모두 씻어 주셨습니다. 대신 치러 주셨습니다. 따라서 내가 예수 그리스도 안에 있으면, 예수 그리스도로 옷 입으면, 내가 여전히 죄인임에도 하나님께서 나를 의롭다고 인정해 주십니다. 나의 주인이 되시어 나를 품고 계시는 예수 그리스도의 완전한 의로 말미암아, 그리고 그분이 십자가에서 나의 죗값을 대신 치러 주심을 내가 믿음으로, 하나님께서 나를 의인이라 인정해 주십니다.

사람은 맨몸으로 바닷속에 들어가 계속해서 잠수할 수 없습니다. 몇십 초는 견딜 수 있지만 곧 죽고 맙니다. 산소통을 메고 들어가도 한계가 있습니다. 수압 때문에 깊은 곳을 들어갈 수도 없습니다. 그러나 사람이 오랫동안 더 깊은 곳에 들어가 마음대로 다닐 수 있는 길이 있습니다. 잠수함 속에 있으면 됩니다. 이와 마찬가지입니다. 하나님이라는 절대적인 의 앞에 우리는 설 수조차 없습니다. 그러나 예수 그리스도라는 잠수함을 타면, 하나님이라는 바닷속으로 들어갈 수 있습니다. 이스라엘 백성은 이 사실을 몰랐습니다. 우리가 다 죄의 공장이기 때문에, 우리 자신의 능력으로는 절대로 의를 이룰 수 없다는 사실을 몰랐습니다. 예수 그리스도의 의를 힘입지 않으면 하나님 앞에 설 수 없다는 사실을 몰랐습니다. 3절을 다시 보시겠습니다.

하나님의 의를 모르고 자기 의를 세우려고 힘써 하나님의 의에 복종하지 아니하였느니라

그 사실을 모른 이스라엘 백성은 하나님의 의에 복종치 않았습니

다. 예수 그리스도의 의를 힘입기를 도외시하고 자기 의를 채우려고 열심히 뛰어다니기 바빴습니다. 이스라엘 백성은 그들 스스로 의를 세우기 위해 많은 전통, 많은 관습, 많은 시행령을 만들었습니다. 이러한 일들을 대충 한 것이 아니라 열심으로 하였습니다. 그런데 불행히도 그들에게는 지식이 없었습니다. 그 지식은 세상의 학문적 지식이 아닙니다. 하나님의 구원의 진리를 말합니다. 다시 말해, 자기 능력으로는 의를 완성할 수 없으며 오직 예수 그리스도를 힘입어야 가능하다는 것입니다. 여기에서 지식이라는 단어의 더 깊은 뜻은 구원의 진리에 대한 깨달음, 구원의 진리에 대한 앎입니다. 우리가 믿을 바를 열심히 믿는 것은 대단히 중요합니다. 그러나 우리가 바르게 깨닫지 않고 바른 앎 없이 열심히 믿기만 한다면, 그것은 오히려 파멸의 길로 줄달음치는 것입니다.

잘 알지 못하고 열심히 믿을 때 두 가지 잘못 중 하나에 빠지게 됩니다. 자기도취에 빠지거나 자포자기에 빠지는 것입니다. 이스라엘 백성은 자기도취에 빠졌습니다. 바른 앎 없이 자기 열심으로 의를 이룰 수 있다고 믿었기에, 자기 스스로 마치 의인이 된 것처럼 착각하고 자기도취에 빠졌습니다. 그래서 예수 그리스도를 눈앞에서 보고도 인정하지 않았습니다. 이미 자신들이 의를 이루었다고 생각했기 때문입니다. 이렇게 복음을 알지 못한 채 열심을 다해 살아가는 사람은 한 번 자포자기하게 되면, 절망의 나락으로 빠지게 됩니다. 주님의 말씀대로 살려고 해도 잘 되지 않습니다. '나는 버림받았어. 나는 저주받았어'라고 생각하면서 열심히 하면 할수록 내 속의 더 더럽고 검은 것만 보이는 것입니다.

그리스도인으로서 거룩하게 살아야 할 의무가 있다면, 그것이 무엇입니까? 거룩하게 사는 것이 구원의 조건이기 때문입니까? 만약 거룩하게 사는 것이 구원의 조건이라면, 우리 모두는 절망에 빠질 수밖에 없습니다. 그 누구도 하나님께서 요구하시는 거룩을 완성할 수 없습니다. 해보면 해볼수록 안 된다는 것만 확인하게 됩니다. 우리가 거룩하게 살아야 할 이유가 있다면, 예수 그리스도 안에서 이미 구원이 이루어졌기 때문에, 예수 그리스도 안에서 이미 하나님께서 의롭다고 인정해 주셨기 때문에, 구원받은 이로서 그에 합당한 삶을 살고자 하는 것입니다. 그러므로 내가 주님으로부터 이미 구원받았기 때문에 거룩하게 살아야 하는 것이라는 이 순서를 정확히 알고 있는 사람은, 자신에 대해 절망을 느낀다 할지라도 자포자기하지 않습니다. 내가 주님께로 내 삶의 중심을 틀었음에도 나의 여러 한계들 때문에 온전한 의를 이루지 못해 절망감이 들 때, 주 예수 그리스도께서 당신의 의로 나의 부족한 부분을 채워 이미 의인으로 삼아 주셨음을 깨닫고 오히려 예수 그리스도의 은혜를 맛보게 되기 때문입니다. 예수 그리스도를 바라볼 때마다 형편없는 나에게 날마다 채워 주시는 그 은혜로 말미암아 내 삶이 성숙해지고, 성숙의 단계를 지나 원숙의 경지에 이르게 되는 것입니다.

그러면 예수 그리스도를 믿는다는 것이 대체 어떤 의미입니까?

모세가 기록하되 율법으로 말미암는 의를 행하는 사람은 그 의로 살리라 하였거니와 믿음으로 말미암는 의는 이같이 말하되 네 마음에 누가 하늘에 올라가겠느냐 하지 말라 하니 올라가겠느냐 함은 그리스도를 모셔 내리려는 것이요(5-6절)

예수님을 믿는다고 하면서, 예수님을 모셔 와야 구원을 받는다고 잘못 생각하는 사람이 많습니다. 이런 사람은 여전히 자기 의로 구원을 이루려는 사람입니다. 우리가 무엇을 믿는 것입니까? 예수 그리스도께서 언제나 우리와 함께하심을 믿는 것입니다. 주님께서는 구원자로 이미 와 계십니다.

혹은 누가 무저갱에 내려가겠느냐 하지 말라 하니 내려가겠느냐 함은 그리스도를 죽은 자 가운데서 모셔 올리려는 것이라(7절)

이 말씀은 그리스도를 모셔 오기 위해 땅속까지 내려갈 필요가 없다는 의미입니다. 땅속으로 들어가 그리스도를 모셔 오지 않으면 부활하지 못할 것처럼 생각하는 사람들도 있습니다. 이 또한 자기 스스로 구원을 이룰 수 있다고 착각하는 것입니다. 우리가 무엇을 믿는 것입니까? 예수 그리스도께서는 이미 부활하셨습니다. 이미 죽음을 깨뜨리고 부활하심으로 생명의 길을 우리에게 열어 두고 계심을 우리가 믿는 것입니다.

그러면 무엇을 말하느냐 말씀이 네게 가까워 네 입에 있으며 네 마음에 있다 하였으니 곧 우리가 전파하는 믿음의 말씀이라(8절)

이 땅에 오신 예수 그리스도, 부활하신 예수 그리스도께서는 말씀으로 나와 가까이 계십니다. 말씀으로 이미 내 마음속에 좌정하고 계십니다. 이 땅에 오신 주님께서 나를 위해 구원을 이루어 주시고 내 곁에, 내 입에, 내 심중에 주인으로 자리하고 계십니다.

네가 만일 네 입으로 예수를 주로 시인하며 또 하나님께서 그를 죽은 자 가운데서 살리신 것을 네 마음에 믿으면 구원을 받으리라(9절)

그래서 바울이 강조하고자 하는 것은 예수님을 주主로 시인하는 것입니다. 예수님께서 주라는 것을 믿는 것입니다. 주는 헬라어로 '퀴리오스κύριος', 영어로는 'Lord'입니다. 퀴리오스는 '나는 당신의 노예'라는 의미입니다. 그런데 9절에서 퀴리오스는 '내가 노예로서 당신을 주인으로 믿고 시인한다'는 의미에서의 주가 아닙니다. 가령, 저의 아이들이 아버지의 이름을 말할 때 '이재철'이라고 하지 않고 '이, 재 자, 철 자'라고 합니다. 어른의 이름을 함부로 부르면 안 되기 때문입니다. 이스라엘 백성이 구약성경을 읽을 때 하나님의 이름, 곧 '여호와'가 나오면 '여호와'라고 읽지 못했습니다. 대신 그 순간 하늘을 한번 쳐다보고 하나님을 짐작했습니다. 혹은 '여호와' 대신 '나의 주님'이라는 뜻의 '아도나이'라고 바꾸어 불렀습니다. 신약성경에서 퀴리오스가 노예로서 주인을 부르는 의미로 표현된 곳이 있지만, 하나님을 가리켜 기록된 곳은 두 군데뿐으로 그중 하나가 오늘 본문입니다. 예수를 주로 시인하라는 것은 단순하게 '당신이 내 주인입니다'라고 부르며 믿는 것이 아니라, 이 땅에 오셨던 예수님께서 바로 임마누엘 하나님 되심을 믿는다는 의미입니다.

그러면 예수님을 주인으로 모신다는 것과 하나님으로 모신다는 것은 얼핏 똑같아 보이는데 무슨 차이가 있느냐는 질문이 생깁니다. 당신이 내게 무엇을 명령하든 내가 당신을 주인으로 모셔 절대 복종함으로 당신의 인격이 내 인격이 된다는 의미에서 비슷할 수 있습니다. 그런데 중요한 차이가 있습니다. 노예와 주인의 관계에서 주인은 다른 주인으로 바뀔 수 있습니다. 가령, 전쟁이 났다고 하십시다. 그러면 이긴 나라의 장군이 패전국의 노예를 몽땅 데리고 갑니다. 그러면 나의 주인이 다른 사람으로 바뀌게 됩니다. 그런데 바뀐 주인이 빚을 지게 되었습니다. 그래서 자기 노예를 다른 사람에게 팔았습니다. 그러면 또 주인이 바뀝니다. 예수님을 주인으로가 아니라 나의 하나님이라고 고백할 때는 절대로 그 위치가 바뀌지 않습니다. 왜냐하면 이 세상의 어떤 것으로도 하나님을 대치할 수 없기 때문입니다. 그러므로 예수님을 하나님으로 믿고 고백한다는 것은 예수님 이외에는 이 세상 어떤 진리의 길, 어떤 생명의 길도 없으며 어느 누구도 내 주인이 될 수 없음을 믿고 고백하는 것을 말합니다.

그리고 한 가지 더 있습니다. 9절 하반절에서 보듯 그분이 죽은 자 가운데서 다시 사신 분임을 내 마음으로 믿는 것입니다. 그분이 왜 돌아가셨습니까? 나의 죗값을 치르기 위해서입니다. 나의 죗값을 치르기 위해 돌아가신 그분이 죽음으로 끝난 것이 아니라, 영원한 생명으로 부활하셨음을 마음으로 믿는 사람이 구원을 얻는다는 것입니다.

마음으로 믿는다는 것이 무엇을 의미합니까? 내가 주님을 믿는다고 이해하는 것입니까? 내가 주님을 믿는다고 생각하는 것입니까? 내가 주님을 믿을 수 있겠다고 동의하는 것입니까? 이런 것이 아닙니다. 십자가에 있는 예수 그리스도와 나의 마음이 합일되는 것을 말합니다. 1990년 봄에 둘째 아이가 강남 YMCA 건물 2층에서 떨어진 일이 있습니다. 그날 밤 세브란스병원 응급실로 이동해 한 시간 동안 응급수술을 받았습니다. 혹 뇌가 다쳤으면 마취에서 깨어나지 못할 수 있어 마취를 하지 않고 수술을 했습니다. 의사 두 분이 만 3년 반 된 아이의 팔과 머리를 잡고 한 분이 실로 상처 부위를 깁는데, 아이가 한 시간 동안 울면서 "아빠, 나 좀 빼내죠!" 하고 외쳤습니다. 수술을 마치고 나자 아이의 이마에 피멍이 들어 있었습니다. 의사가 그토록 세게 눌렀기 때문입니다. 빼달라고 절규하는 아이의 입술과 잇몸에 의사가 바늘을 꽂을 때마다 제 입술과 잇몸이 얼마나 아팠는지 모릅니다. 그것은 이 아이가 참 아프겠다고 제가 생각한 것이 아니었습니다. 이 아이가 이 정도로 아프겠구나 하고 제가 이해하거나 동의한 것도 아니었습니다. 아이가 느끼는 아픔의 열 배, 백 배의 아픔이 실제로 제게 있었습니다. 아이가 그날 응급실 침대에서 잠이 들고 저는 아이 곁에서 뜬눈으로 밤을 새우고 새벽이 되었는데도 아팠습니다. 생각만 하면 아팠습니다. 몇 년이 지났는데도 그 일을 생각하면 지금도 아픕니다. 왜 아픕니까? 제 마음이 아이와 합일되었기 때문입니다.

우리 교회의 어떤 집사님이 하신 이야기입니다. 당신이 어릴 때 마당에서 뛰어놀다가 돌부리에 걸려 넘어져 정강이에서 피가 흘렀답니다. 그러자 마루에서 내려오던 할머니가 보시고 "아이고, 내 무릎이야!" 하고 주저앉아 버렸다고 합니다. 깨진 것은 아이의 무릎입니다. 할머니의 무릎은 전혀 다치지 않았습니다. 그런데 왜 할머니가 자기 무릎에 통증을 느끼고 그 자리에 주저앉으셨습니까? 그 순간 할머니의 마음이 손자와 합일되었기 때문입니다. 한번은 제가 몸살로 앓고 있으니까 제 처가 제 머리맡에서 울기에, 제가 왜 우느냐고 물었습니다. 그랬더니 제가 아파하는 모습을 보니 자신도 아프다고 했습니다. 마음이 합일되어서 그렇습니다.

예수 그리스도께서 십자가에서 돌아가시고 그분이 부활하신 것을 내가 믿는다는 것이 무엇을 의미합니까? 그분이 돌아가셨구나 하고 이해하는 것, 그분이 다시 살아나신 것에 동의하는 것이 아닙니다. 나를 위해 십자가에서 못박혀 돌아가신 그 아픔과 고통이 나의 아픔과 고통으로 합일되는 것입니다. 죽음에서 부활하신 그리스도의 생명력, 그 기쁨에 내 마음이 합일되는 것입니다.

‘속죄’라는 단어를 영어로 ‘어톤먼트atonement’라고 하는데, 이 단어는 세 단어가 합쳐진 합성어입니다. 전치사 ‘at’은 ‘…에’를 뜻하고, ‘one’은 ‘하나’, ‘ment’는 ‘상태’를 나타내는 접미사입니다. 즉, 주님으로부터 속죄받은 사람은 주님과 ‘한 상태’, ‘같은 상태’에 있음을 의미합니다. 예수 그리스도께서 나를 위해 돌아가신 십자가에 내가 하나가 되는 순간, 나에 대한 속죄가 이루어지는 것입니다.

구약시대에 하나님 앞에서 속죄제를 드릴 때는, 제사를 드리는 사람이 제단에 제물을 가져다 놓고 “하나님, 제가 이러 이러한 죄를 지었습니다. 죄의 결과는 사망으로 제가 죽어야 마땅합니다. 이 제물이 그런 저를 위해 대신 죽습니다”라고 진술하면서 기도를 올렸습니다. 그러고는 칼로 제물의 목을 치고 각을 뜨고, 제물의 어느 한 부분도 남김없이 불에 태웠습니다. 제사장은 그 피를 제단에 뿌렸습니다. 그렇게 하면서 어톤먼트가 일어남을 경험했습니다. 제물의 목이 찍힐 때 죄 지은 사람은 자기 목이 떨어지는 것을 느낍니다. 제물을 각을 떠서 불에 태울 때는 내 더러운 모든 죄가 타올라가는 것입니다. 제사장이 피를 뿌릴 때는 내 생명이 하나님께 드려지는 것입니다. 그러고 나서 제사장은 “그대의 죄가 사함을 받았노라”고 선언했습니다. 죄인 된 사람은 이것을 듣고 하나님께로부터 오는 충만한 생명의 기쁨을 느꼈습니다.

이스라엘 백성은 하나님 아버지 앞에 속죄제를 드리기 전에 제물의 머리에 손을 얹고 안수했습니다. 제물의 목을 치고 각을 뜨고 제물을 불태울 때, 아무런 마음의 동요 없이 멀뚱멀뚱 쳐다만 보고 있는 사람은 형식주의자라 할 수 있습니다. 예수 그리스도께서 나를 위해 겪으신 그 아픔이 내 아픔이 되는 합일이 일어나지 않는다면, 나 자신이 율법에 매여 있지 않은지 돌아보아야 합니다. 십자가를 볼 때마다 나를 위해 피 흘리신 예수 그리스도의 사랑과 아픔에 합일되는 사람은 변화되지 않을 수 없습니다.

예수 그리스도가 피 흘려 죽으심으로 내가 살아났다는 사실이 믿어지기 시작하면 어톤먼트가 일어나는 것입니다. 그렇게 되면 반드시 외적으로 드러나는 변화가 따릅니다. 이유는 간단합니다. 내 마음에서 어톤먼트가 일어나면, 처음부터 잘못 조준되었던 행위들이 바르게 교정됩니다. 그래서 다음부터 쏘는 화살은 과녁에서 벗어나지 않게 되기 때문입니다.

사람이 마음으로 믿어 의에 이르고 입으로 시인하여 구원에 이르느니라(10절)

마음으로 믿어진다는 것은 마음으로 합일이 일어나는 것을 말합니다. 마음에서 합일이 일어나면 반드시 외적 변화가 따릅니다. 입으로 시인한다는 것은 마음은 버려둔 채 그저 믿음을 입으로 고백하는 것이 아니라, 내 삶 자체가 그리스도를 시인하는 삶으로 바뀌는 것을 의미합니다.

성경에 이르되 누구든지 그를 믿는 자는 부끄러움을 당하지 아니하리라 하니 (11절)

정조준된 화살은 제 갈 길을 향해 날아가기 때문에, 부끄러움을 당하지 않습니다. 예수 그리스도를 믿는다는 사람이 세상으로부터 왜 부끄러움 당하는 일을 하게 됩니까? 왜 수치를 당합니까? 이유는 하나입니다. 예수 그리스도께서 하나님이라는 사실, 그분이 나의 죄를 대신해 돌아가신 구세주라는 사실을 마음으로 믿어 합일을 이룬 것이 아니라, 그를 그저 자신의 욕망을 이루기 위한 하나의 수단과 방법으로 삼았기 때문입니다. 오늘 어떤 분이 전화를 해서 묻기를, 예수 그리스도를 믿는 사람이 가끔 귀신의 유혹을 받는 경우가 있는데 그 이유가 무엇이냐고 했습니다. 저는 답변하기를, 그런 사람은 예수 그리스도를 믿는 것이 아니라 자기 욕망을 믿기 때문이라고 했습니다. 십자가에서 예수 그리스도와 내 마음이 합일되었는데 어찌 귀신이 그 틈을 타고 들어올 수 있겠습니까?

우리는 예수 그리스도를 믿습니다. 누구보다 예수 그리스도를 열심히 믿기를 원하는 사람들입니다. 그래서 삶 속에서 하지 말아야 할 것과 해야 할 것을 구별하려 합니다. 중요한 것은, 내가 열심을 가지고 주님을 믿되 구원의 진리에 대한 바른 깨달음과 바른 내적 신앙을 가져야 한다는 것입니다. 그리스도 없이는 내가 아무리 의로운 삶을 살고 나 스스로 의인인 양 해도, 하나님께서 보시기에 나는 여전히 죄인이기 때문입니다. 예수 그리스도 안에 있을 때만 그분의 의를 힘입어 하나님으로부터 의롭다고 인정받게 됩니다. 예수 그리스도께서 나를 위해 십자가에서 고통받고 돌아가셨다는 사실을 진실로 믿고 그 사실에 내 마음이 합일되면, 그때부터 우리는 이 세상에서 수치를 당하기는커녕, 오히려 세상 그 무엇도 줄 수 없는 자유함을 누리게 될 것입니다.

12
부끄러움을 당하지 아니하리라

로마서 10장 9-12절

네가 만일 네 입으로 예수를 주로 시인하며 또 하나님께서 그를 죽은 자 가운데서 살리신 것을 네 마음에 믿으면 구원을 받으리라 사람이 마음으로 믿어 의에 이르고 입으로 시인하여 구원에 이르느니라 성경에 이르되 누구든지 그를 믿는 자는 **부끄러움을 당하지 아니하리라** 하니 유대인이나 헬라인이나 차별이 없음이라 한 분이신 주께서 모든 사람의 주가 되사 그를 부르는 모든 사람에게 부요하시도다

로마서 10장 9절은 로마서 8장 30절과 더불어 로마서에서 가장 중요한 구절입니다. 로마서 8장 30절은 우리가 하나님을 믿는다고 할 때 그 믿음의 내용이 무엇인지 가르쳐 준다고 했습니다. 첫째, 우리가 하나님을 알기도 전에, 태어나기도 전에 하나님께서 우리를 택정해 주신 것입니다. 둘째, 하나님께서 우리로 하여금 피할 수 없는 은혜를 주셔서 하나님을 바라보게 해주신 것입니다. 셋째, 하나님께서 죄와 허물뿐인 우리를 의롭다고 인정해 주신 것입니다. 넷째,

하나님께서 우리를 영원한 생명으로 영화롭게 해주신 것입니다. 우리 믿음의 내용이 바로 이것입니다.

로마서 10장 9절은 우리가 예수님을 믿는다고 할 때 어떻게 믿어야 하는지 일깨워 줍니다.

네가 만일 네 입으로 예수를 주로 시인하며 또 하나님께서 그를 죽은 자 가운데서 살리신 것을 네 마음에 믿으면 구원을 받으리라

첫째, 예수님을 주로 믿는 것입니다. 이는 예수님을 하나님으로 믿는 것을 의미한다고 했습니다. 예수님이야말로 세상의 무엇으로도 대체할 수 없는 절대자이심을 인정하는 것입니다. 예수님을 믿는다고 하면서 예수님의 말씀대로 살지 못하고 예수님의 말씀에서 떠나는 경우가 많습니다. 그 이유가 무엇이냐면, 예수님의 말씀이 곧 하나님의 말씀, 절대 불변의 진리, 절대적 판단 기준이라는 사실을 잊어버렸기 때문입니다. 베드로나 바울이 어떻게 예수 그리스도의 이름을 위해 자신의 목숨을 던질 수 있었습니까? 예수님께서 하나님이시라는 사실을 믿었기 때문입니다.

그들은 사도들이니까 그렇다고 치십시다. 양화진을 산책하다 보면 과거 우리나라에 왔던 선교사들의 무덤이 있습니다. 그 옛날 그들이 어떻게 이역만리에 와서 예수님의 이름을 위해 죽을 수 있었습니까? 예수님께서 하나님이시라는 사실을 믿었기 때문입니다. 양화진에서 조금 더 가면 절두산이 있습니다. 절두산에서 죽은 사람들은 비참하게 목이 잘려 한강에 버려졌습니다. 그들은 선교사가 아니었습니다. 배우지도 못한 백성과 천민들이었습니다. 그들이 예수 그리스도의 이름으로 자신의 목숨을 버릴 수 있었던 이유는 하

나입니다. 예수님께서 하나님이심을 믿었기 때문입니다.

둘째, 예수님께서 우리를 속죄해 주기 위해 죽으셨음을 믿는 것입니다. 이 세상에는 부처님을 하나님으로 믿는 사람들도 있습니다. 마호메트를 하나님으로 믿는 사람들도 있습니다. 그래서 그들도 부처님의 이름을 위해, 마호메트의 이름을 위해 순교합니다. 예수님께서 부처님과 마호메트와 확연히 구별되는 점이 바로 우리를 위해 죽으셨다는 사실입니다. 예수님을 가리켜 유월절 어린양이라고 부릅니다. 실제로 예수님께서 돌아가시던 때가 유월절이었습니다. 이 유월절과 예수 그리스도가 어떤 관계가 있습니까?

이스라엘 백성이 출애굽하기 전날 하나님께서 애굽의 모든 장자를 다 죽이셨습니다. 그리고 이스라엘 백성에게 말씀하시기를, 양을 잡아 그 피를 문 인방과 좌우 문설주에 바르면 그것을 보시고 그 집을 뛰어넘어 가겠다고 하셨습니다(출 12:23). 유월절을 영어로 '패스오버Passover'라고 합니다. 이스라엘 백성이 의인이기 때문에 살려 주시려는 것입니까? 아닙니다. 출애굽기 12장 38절은 "수많은 잡족과 양과 소와 심히 많은 가축이 그들과 함께 하였으며"라고 증언하고 있습니다. 출애굽이 시작될 때 이스라엘 백성뿐만 아니라 중다衆多한 족속들이 섞여 있었다는 것입니다. 출애굽 전날 여러 족속들이 이스라엘 백성과 함께 집집마다 있었던 것입니다. 하나님께서는 이에 개의치 않고 그 피를 보시고 패스오버하심으로, 그 집 안에 있던 사람들은 모두 살 수 있었습니다.

예수 그리스도께서 왜 유월절 어린양으로 십자가에서 피를 흘리며 돌아가셨습니까? 우리가 그 피를 믿는다는 것은 무엇을 의미합니까? 예수 그리스도의 보혈을 믿는다는 것은 내 영혼의 문 인방과 문설주에 주님의 보혈을 바르는 것입니다. 그럼으로써 나는 죽을 수밖에 없는 죄인임에도 불구하고 하나님께서 그 피를 보시고 패스오버해 주시는 것입니다. 그 피로 말미암아 나의 모든 죄과를 도말하시고, 나를 의롭다 인정하시고, 심판으로부터 패스오버해 주십니다.

주님께서는 내가 머리로 지은 죄를, 손으로 지은 죄를, 발로 지은 죄를, 몸으로 지은 죄를 사해 주시기 위해, 머리에 가시관을 쓰고 손과 발에 못이 박히고 몸이 피투성이가 되어 돌아가셨습니다. 예수님께서 하나님이시라는 사실만 떼어놓고 생각하면, 굳이 예수님과 마호메트가 구별되지 않습니다. 그런데 죽을 수밖에 없는 나를 살리기 위해 예수 그리스도께서 희생의 피를 흘리심으로 나의 모든 죄가 패스오버되었다는 사실 앞에서는, 예수 그리스도와 비교 가능한 그 누구도 존재하지 않습니다. 오직 예수님만이 당신의 몸을 찢으심으로 만인의 죄를 대신해 형벌을 받으신 것입니다.

그런데 예수 그리스도께서 그저 돌아가신 것으로 그쳤다면, 우리 믿음의 끝은 희생으로 귀결되고 말았을 것입니다. 영영 죽으심으로 모든 것이 끝나 버렸다면, 그분의 속죄함은 이 세상에서만 영향을 미치고 내 죽음 이후는 책임져 주지 못했을 것입니다. 내 삶이 이 세상에서 끝나 버린다면, 이 세상에서 죄사함 받는 것이 무의미할 수도 있습니다. 어차피 이 세상에서 우리의 삶이 다 끝난다면, 죄인으로 죽으나 의인으로 죽으나 무슨 차이가 있습니까? 본능대로 살고 욕망대로 사는 사람이 오히려 더 영리한 선택을 한 것은 아닙니까?

셋째, 예수님께서 죽은 사람 가운데 부활하셨음을 믿는 것입니다. 주님께서는 일시적인 부활이 아니라 영원한 생명의 부활을 하셨습니다. 그분이 부활하신 것이 왜 중요합니까? 그분이 부활하심으로 우리의 삶이 이 세상에서 끝나는 것이 아니라 비로소 영원한 생명으로 거듭나기 때문입니다. 이 점에서도 예수님께서 이 세상의 어떤 종교의 교주와도 확연하게 구별됩니다. 이 세상에 부활한 사람은 아무도 없습니다.

그렇다면 이제 문제는 예수님께서 부활하셨다는 것을 어떻게 믿을 수 있는가 하는 것입니다. 부활의 증거가 있습니까? 여러 증거들이 있는데, 이 세상에서 크게 존경받던 사람일수록 큰 무덤을 만드는 데 반해, 국사범國事犯으로 돌아가신 예수 그리스도의 무덤은 남아 있지 않다는 것이 가장 큰 증거입니다. 이후 로마가 기독교를 국교로 삼고 이스라엘을 지배하면서 예수님께서 태어나신 곳에 교회를 세웠습니다. 예수님께서 물 마시시던 곳에도, 산상 수훈을 전하시던 곳에도 예배당을 세웠습니다. 예수님의 흔적이 남아 있거나 사연이 있으면 그곳에 예배당을 세웠습니다. 만약 예수님께서 돌아가셔서 이 땅에 시신을 남기셨다면, 로마제국은 어마어마하게 거대한 무덤을 만들었을 것입니다. 그런데 그렇게 건물을 잘 짓던 그들이 그러지 못했습니다. 그 무덤 속에 둘 시신이 없었기 때문입니다.

석가모니는 유언으로 자신의 시신을 태우라고 했습니다. 그가 마지막으로 가르친 것은 '무無'였습니다. 그런데 그 제자들이 시신을 화장하고 나서 재가 된 시신을 젓가락으로 뒤져 사리를 주웠습니다. 그리고 인도의 곳곳에 사리를 하나씩 둔 사원을 세웠습니다. 우리나라 어딘가에도 석가모니의 사리가 있다고 합니다. 스리랑카에서 제일 큰 사찰에는 스리랑카 국보 제1호가 있는데, 그것은 황금 그릇 안에 둔 석가모니의 머리카락이라고 합니다. 아무리 큰 사원을 짓는다 해도 그것이 증거하는 바가 무엇입니까? 죽었다는 사실입니다. 부활하지 못했다는 것입니다. 그런데 예수님께서는 손톱 하나, 머리카락 하나, 치아 하나 남기신 것이 없습니다. 부활하셨기 때문입니다. 이상이 예수 그리스도에 대한 믿음의 내용입니다.

보라 처녀가 잉태하여 아들을 낳을 것이요 그의 이름은 임마누엘이라 하리라 하셨으니 이를 번역한즉 하나님이 우리와 함께 계시다 함이라(마 1:23)

예수님께서는 임마누엘, 즉 우리와 함께하시는 하나님이십니다. 우리와 함께하시는 우리의 대속자시요 구원자이시며, 부활자시요 영생자이십니다. 9절을 다시 보십시다.

네가 만일 네 입으로 예수를 주로 시인하며 또 하나님께서 그를 죽은 자 가운데서 살리신 것을 네 마음에 믿으면 구원을 받으리라

예수님께서 하나님시요 영원한 부활자 되심을 믿으면, 구원을 얻는다는 것입니다. 구원을 얻는다는 것이 무엇입니까? 하나님으로부터 의롭다 인정받는 것입니다. 저는 법정 스님(*2010년 3월 입적)을 존경합니다. 그래서 그분이 쓴 글은 거의 다 읽었습니다. 지금도 어디에서 발행되든지 꼭 찾아 읽습니다. 깨끗하고 경건하게 사시는 모습에서 정말 많은 것을 배웁니다. 스님은 그저 자기 욕심을 위해 부처님 앞에서 비는 신자들과는 분명 다릅니다. 그분의 삶을 자세히 들여다보면 갈라디아서에서 말하는 '성령의 열매'(갈 5:22)가 그분의 삶에 맺혀 있습니다. 분명히 그분은 사랑 속에 있고, 화평 속에 있고, 온유하고 절제하는 삶을 사십니다. 어떤 사람이 성령님의 사람입니까? 성령님의 은사를 받은 사람이 아니라 성령님의 열매를 맺는 사람입니다. 그러면 법정 스님은 성령님의 열매를 맺었으니 구원받은 것입니까?

이 질문에 제가 할 수 있는 대답은 모른다는 것입니다. 그 결정은 하나님만이 하실 수 있기 때문입니다. 제가 하나님의 자리에 설 수 없기 때문입니다. 그러나 제가 분명하게 말할 수 있는 것은, 그분의 삶 속에서 맺힌 열매가 성령님의 열매이고 그래서 그분이 하나님께 구원받는다 하더라도 저는 그 길을 걷지 않겠다는 것입니다. 세상의 모든 것을 버리고 평생을 산속에 들어가 스스로 득도에 이르고자 하는 그 길을 가지 않겠다는 것입니다. 예수 그리스도께서, 하나님 되시는 그분께서 나의 모든 죄를 대속해 주시고, 내가 그분을 믿음으로 의롭다 인정해 주시고, 내게 영원한 생명을 주시고, 완전한 의를 이루어 주시는데, 왜 이 완전하고도 복된 길을 버리고 불완전하고도 힘든 길로 들어가겠습니까?

저는 성철 스님(*1993년 11월 입적)도 존경합니다. 기회가 되면 꼭 만나뵙고 싶습니다. 가끔 제가 이렇게 스님들 이야기를 꺼내면 어떤 분들은 왜 그런 예를 드느냐고 질문합니다. 이유는 간단합니다. 저는 제 아내를 사랑합니다. 어떤 남자든지 자기 아내를 사랑하지 않는다면 문제가 있는 것입니다. 자기 아내보다 더 사랑하는 여자가 있다는 것은 말이 안 되는 것입니다. 그런데 제가 제 아내를 가장 사랑하고 가장 귀하게 여긴다고 해서, 이 세상의 모든 여자를 다 하찮은 여자로 생각해서야 되겠습니까? 저는 예수 그리스도만이 저의 구원자이시라고 믿습니다. 그럼에도 저는 스님들의 삶을 주의 깊게 관찰합니다. 그분들도 나름대로 진리를 따르고 선을 행하고 의를 이루려 하는 분들이므로 그들의 삶의 태도와 맑은 정신 등 배울 것은 배워야 하기 때문입니다.

가나안농군학교를 방문했을 때 그곳에 계신 목사님이 성철 스님 이야기를 잠깐 하셨는데, 방송국 기자가 성철 스님을 만나려고 계속 쫓아다녔는데도 안 만나 주셨다고 합니다. 그런데도 기자가 계속 따라다녀 성철 스님이 카메라와 마주치게 되었습니다. 그때 성철 스님이 말씀하기를 "나도 거짓말하는 인간이오. 내 말을 들을 필요 없소" 이렇게 한마디 하셨다고 합니다. 저도 그날 그 방송을 봤습니다. 그 목사님이 하시는 말씀은, 성철 스님도 막다른 골목에 이르니까 자신도 거짓말쟁이임을 고백할 수밖에 없더라는 것이었습니다. 그러나 저는 그렇게 해석하지 않습니다. 스님이 말씀하신 바는 "부처님의 법은 네 곁에 있는데 왜 산속에 와서 나 같은 인간의 소리를 들으려 하느냐. 나도 너와 똑같이 거짓말하는 인간이다. 네가 나를 보러 오는 이상 부처님의 말씀은 못 듣는다. 나를 지워야, 나를 보지 말아야 네가 바른 진리를 깨달을 수 있다"라는 의미라고 저는 생각합니다. 그 장면을 보면서 '성철 스님은 정말 위대한 스님이시구나. 저 한마디야말로 위대한 설교구나'라고 느끼며 깊은 감동을 받았습니다.

그분이 그 깊은 산속에서 거룩한 삶을 사시고 구원을 받는다고 하십시다. 그럼에도 저는 그 길을 따라가지 않겠습니다. 처자식을 버리고 산속에 올라가야 구원을 이룰 수 있다면 하나님께서 우리에게 가정을 주신 의미는 무엇입니까? 성철 스님의 책을 보면 7년 동안 앉아서 도를 닦았다고 합니다. 한 번도 눕지 않았습니다. 그리고 7년 동안 잠을 자지 않기 위해 자리 앞에다가 철조망을 쳤다고 합니다. 잠깐이라도 졸아 몸이 기울어지면 철조망에 찔려 잠을 깨기 위함이었습니다. 만약 7년 동안 그렇게 철조망을 쳐야 의를 이룰 수 있다면, 하나님께서 왜 인간에게 밤을 주시고 잠을 자게끔 인간을 만드신 것입니까? 저는 그 길을 절대로 가지 않을 것입니다. 예수 그리스도의 복된 구원의 길이 있기 때문입니다.

요즘 베스트셀러인 석용산 스님이 쓴 《여보게, 저승 갈 때 뭘 가지고 가지》라는 책이 있습니다. 뭘 가지고 가는지 궁금해서 읽어 봤습니다. 그분도 참 존경할 만한 분입니다. 치열한 삶을 사셨습니다. 그런데 그와 같은 분들의 삶을 들여다보고 책들을 읽으면 읽을수록 그분들에 대해 존경하는 마음이 생기고 배우는 점이 많지만, 동시에 예수님만이 하나님이시라는 사실을 거듭 확인합니다. 내 죗값을 대신 치르기 위해 피투성이가 되어 돌아가시고 나를 의롭다 인정하시며 영원한 생명을 주신 분은 예수 그리스도밖에 없기 때문입니다. 이것이 저와 여러분의 믿음의 실체여야 합니다.

사람이 마음으로 믿어 의에 이르고 입으로 시인하여 구원에 이르느니라
(10절)

마음으로 믿는 것, 입으로 시인하는 것, 이 두 가지가 강조되고 있습니다. 마음으로 믿는 것은 내적 현상입니다. 입으로 시인하는 것은 외적 현상입니다. 내적 현상이 바르게 이루어지면, 외적 현상이 반드시 나타나게 되어 있습니다. 제자들이 예수님을 직접 볼 수 있을 때는 배신했는데, 주님께서 부활 승천하신 뒤 눈에 보이지 않을 때는 오히려 제자들이 그분을 위해서 목숨을 버릴 수 있었던 이유가 무엇입니까? 세월이 흐른 뒤 제자들이 십자가를 바라볼 때 성령님의 도우심으로 어톤먼트가 일어났기 때문입니다. '주님께서 십자가에 찢겨 돌아가신 것이 나의 죄 때문이었구나……. 죽어야 할 나를 대신해 주님께서 돌아가셨구나!' 이와 같이 고난받으신 예수님과 연합이 일어남으로 부활하신 예수 그리스도와도 연합이 이루어지는 것입니다. 그 연합 속에서 새 생명이 솟아오르고 진리를 위

한 삶으로 바뀌게 되는 것입니다.

성경에 이르되 누구든지 그를 믿는 자는 부끄러움을 당하지 아니하리라 하니
(11절)

　　이 말씀은 이사야 49장 23절 말씀인 "네가 나를 여호와인 줄을
알리라. 나를 바라는 자는 수치를 당하지 아니하리라", 그리고 요
엘 2장 27절 말씀인 "그런즉 내가 이스라엘 가운데에 있어 너희 하
나님 여호와가 되고 다른 이가 없는 줄을 너희가 알 것이라. 내 백
성이 영원히 수치를 당하지 아니하리로다"를 인용한 것입니다. 주
님께서 수차례에 걸쳐 말씀하신 바입니다. 주님을 믿음으로 수치를
당하지 않는 데 어떤 조건이나 제한이 있습니까?

유대인이나 헬라인이나 차별이 없음이라 한 분이신 주께서 모든 사람의 주
가 되사 그를 부르는 모든 사람에게 부요하시도다(12절)

　　하나님을 아는 유대인이나 이방인인 헬라인이나 아무런 차별이
없다고 했습니다. 지성인이든 살인강도든 차별이 없습니다. 주님
을 믿기만 하면 수치를 당하지 않습니다. 주님께서는 모든 사람에
게 똑같이 주님이 되어 주시고 당신을 부르는 모든 사람에게 풍성
한 은혜를 내려 그들을 세워 주시기 때문입니다.

　　예전의 제 삶을 잘 아는 사람들이 이런 질문을 합니다. 어떻게 지
난 삶을 그렇게 딱 부러지게 청산했느냐는 것입니다. 제가 잘나서가
아닙니다. 제 속에서 어톤먼트가 일어났기 때문입니다. 부활하시
고 함께하시는 주님의 부요하신 은혜가 저를 붙잡아 주시고 바르게

인도해 주셨기 때문입니다.

유대인이나 헬라인이나 주님을 믿는 사람은 부끄러운 일을 당하지 않는다는 말씀을 바꾸어 말하면, 유대인이든지 헬라인이든지 주님을 믿지 않는 사람은 수치를 당하게 된다는 것입니다. 나의 죄를 대속해 주신 구원자 예수 그리스도를 바로 믿지 않으면, 나의 욕심을 위해 예수 그리스도를 이용하는 사람이 되어 필경 수치를 당하게 됩니다.

그러나 내가 욕심 부리지 말아야겠다고 해서 욕심이 안 부려집니까? 그렇지 않습니다. 결단한다고 되는 것이 아닙니다. 십자가를 바라볼 때만 가능합니다. 십자가의 예수 그리스도께 내 삶의 시선이 고정될 때만, 내가 욕심을 떠나 수치를 당하지 않을 수 있습니다. 이상하게도, 사회적 물의를 일으키는 고위 공직자들을 보면 대개 그리스도인이 포함되어 있습니다. 그는 십자가의 예수 그리스도를 바르게 믿지 못해 욕심의 노예가 되어 그와 같은 수치를 당하게 된 것입니다. 그렇게 신문에 오르내리는 사람들을 보면서 더욱 가슴 아픈 것은, 그를 믿고 따르던 가족들에게조차 부끄러움을 당하게 된다는 사실 때문입니다.

예수님께서 간음한 여인에게 말씀하시기를 "나도 너를 정죄하지 아니하노니 가서 다시는 죄를 범하지 말라"(요 8:11)고 하셨습니다. 간음은 수치스러운 죄입니다. 그 수치스러움에서 벗어나려면 거기에서 떠나는 길밖에 없습니다. 이어서 예수님께서 "나는 세상의 빛이니 나를 따르는 자는 어둠에 다니지 아니하고 생명의 빛을 얻으리라"(요 8:12)고 더 중요한 말씀을 하셨습니다. 주님의 빛 속에 거하라는 것입니다. 주님과 연합하라는 것입니다. 그러면 주님께서 친히 돕고 세워 주시겠다는 것입니다.

하나님이시요 구원자시요 부활자시요 영생자이신 예수 그리스도와 연합하는 삶을 살아가십시다. 주님의 빛 가운데 거하십시다. 그럼으로써 이 세상으로부터 부끄러움과 수치를 당하는 것이 아니라 초대교회 성도들처럼 세상으로부터 칭송받는 참그리스도인이 되시기를 주님의 이름으로 축원합니다.

13
아름답도다

로마서 10장 11-15절

성경에 이르되 누구든지 그를 믿는 자는 부끄러움을 당하지 아니하리라 하니 유대인이나 헬라인이나 차별이 없음이라 한 분이신 주께서 모든 사람의 주가 되사 그를 부르는 모든 사람에게 부요하시도다 누구든지 주의 이름을 부르는 자는 구원을 받으리라 그런즉 그들이 믿지 아니하는 이를 어찌 부르리요 듣지도 못한 이를 어찌 믿으리요 전파하는 자가 없이 어찌 들으리요 보내심을 받지 아니하였으면 어찌 전파하리요 기록된 바 **아름답도다** 좋은 소식을 전하는 자들의 발이여 함과 같으니라

본문 11절은 주님을 믿는 사람은 부끄러움을 당하지 않는다고 전하고 있습니다. 우리는 지난 시간, 주님께서 어떤 분이시고, 믿는다는 것은 또 무엇인지 살펴보았습니다. 이것을 깨달으면 세상으로부터 부끄러움을 당하지 않고 참자유를 누릴 수 있습니다. 우리가 뺨 맞을 일을 했을 때 누군가가 나를 대신해 뺨을 맞았다고 하십시다. 내가 욕먹을 일이 있는데 누군가가 나를 대신해 수모를 당해

주었다고 하십시다. 그러면 우리는 그 사람에게 감사한 마음을 잊지 않을 것입니다. 우리가 머리부터 발끝까지 지은 죄를 대속해 주시려고 피투성이가 되어 돌아가신 예수님을 믿는다면, 그분 앞에서 죄송해서라도 변화되지 않을 수 없습니다. 부끄러울 일을 도저히 할 수 없게 됩니다.

　그런데 우리가 주님을 믿는다고 하면서도 왜 세상으로부터 지탄받습니까? 우리의 필요에 의해 그분을 믿기 때문입니다. 필요하면 그분을 믿고 필요가 충족되면 등을 돌립니다. 필요에 의해 주님을 찾을 때 나는 내 탐욕의 차원을 벗어나지 못합니다. 창세기에 나오는 요셉을 보십시다. 요셉과 요셉의 형들의 관계를 자세히 살펴보면 주님과 우리의 관계를 대입해 볼 수 있습니다. 요셉의 형들이 식량을 구하기 위해 애굽으로 가서 국무총리를 만나려 했습니다. 그 국무총리가 자신들의 동생 요셉이라는 사실은 전혀 몰랐습니다. 이 상태에서 형들은 요셉으로부터 필요한 것만 얻으면 되었습니다. 만약 저들이 요셉을 알아봤더라면, 상황이 달라졌을 것입니다. 동생인 줄 알았다면, 식량을 얻기 위해 돈을 낼 필요가 없었을 것입니다. 우여곡절 끝에 형들은 애굽의 국무총리가 요셉인 것을 알게 되었습니다. 그들이 죽이려 하고 부정하려 했던 동생이, 양식을 주는 사람일뿐더러 자신들의 생명을 쥐고 있는 사람이 되어 있었습니다. 요셉의 실체를 정확히 알게 되자 필요한 것을 주고받기만 하는 관계가 가족이라는 인격적인 관계로 바뀐 것입니다. 요셉이 먼저 형들을 알아보고 자신을 밝혔기 때문에 그렇게 된 것입니다. 요셉은 벌벌 떠는 형들에게 다음과 같이 말하며 용서해 주었습니다.

당신들이 나를 이곳에 팔았다고 해서 근심하지 마소서 한탄하지 마소서 하나

님이 생명을 구원하시려고 나를 당신들보다 먼저 보내셨나이다(창 45:5)

요셉은 형들에게 새 옷을 주고 땅을 주었습니다. 먹을 것을 주고 집을 주었습니다. 무엇보다 지난날을 용서해 주어 형들의 삶은 요셉의 베풂 속에서 변화되었습니다. 우리는 십자가 위에서 우리를 위해 돌아가신 구세주로 예수 그리스도를 만나야 합니다. 이 만남조차 주님께서 도와주심으로 가능할 수 있습니다.

유대인이나 헬라인이나 차별이 없음이라 한 분이신 주께서 모든 사람의 주가 되사 그를 부르는 모든 사람에게 부요하시도다(12절)

주님께서는 모든 사람을 세우시는 부요하신 능력으로 우리 한 사람 한 사람을 일으켜 바른 길로 인도해 주십니다. 그로 말미암아 우리에게 변화가 있고 이 세상으로부터 수치를 당하지 않게 됩니다. 주님께서 도우심으로 가능한 것입니다. 이 점에서 불교와 큰 차이가 있습니다. 우리가 잘 아는 원효대사와 해골 이야기가 있습니다. 원효대사가 공부를 위해 길을 떠나다가 밤이 되어 잠을 청할 곳을 찾았습니다. 그리고 한 동굴을 발견해 그곳에 들어가 잠을 자다가 너무 목이 말라 옆을 더듬어 보니, 바가지에 물이 담겨 있었습니다. 누가 나를 위해 이렇게 물을 떠주었을까 생각하며 감사한 마음으로 물을 마시고 그 바가지를 베고 다시 잠을 잤습니다. 그런데 아침에 일어나 보니 그것이 다름 아닌 해골바가지였습니다. 그 해골바가지를 보는 순간, 자신이 먹은 물이 해골에서 썩은 물이었음을 알게 되었습니다. 그 물이 그토록 맛있고 시원했는데, 사실을 알고 나서 원효대사는 토하고 말았습니다. 밤새 그 물은 몸에 흡수되었을 것입니다. 토해 봤자 위액뿐이었을 것입니다. 그러다가 문득 깨달았습니다. '세상이 마음먹기에 달렸구나. 시원한 물이라고 생각했을 때는 그렇게 달았는데, 해골바가지의 썩은 물인 것을 알고 나니 이렇게 속이 뒤집히는구나.' 일체유심조一切唯心造, 즉 모든 것이 마음에 달렸음을 깨달은 그는 가던 길을 돌려 되돌아왔습니다.

이처럼 깨닫는 단계까지는 그리스도인이나 불교인이나 차이가 없습니다. 성경도 똑같은 말씀을 전합니다. 잠언 4장 23절은 "모든 지킬 만한 것 중에 더욱 네 마음을 지키라. 생명의 근원이 이에서 남이니라"고 했습니다. 마음을 지키는 것이 제일 큰 일이며, 생명이 이 일에 달렸다는 의미입니다. 그런데 불교는 깨달은 다음부터는 자기 스스로 구원을 완성해야 한다고 이야기합니다. 철저한 자력 종교입니다. 누구도 도와주지 않습니다. 스스로 그 구원을 완성해야 하니 세상으로부터 자신을 격리시키는 방법을 찾습니다. 그래서 자꾸 산속으로 들어가는 것입니다.

구원자이신 예수 그리스도께서는 이 세상이 헛되고 헛되다는 것, 이 세상이 허망하다는 것, 모든 것이 마음먹기에 달려 있다는 것을 깨달은 사람에게 영으로 함께하시고 그를 도우시고 세우시고 인도하심으로, 이미 주님께서 완성하신 구원에 동참하게 해주십니다. 그래서 기독교는 철저한 타력 종교입니다. 우리 밖에서 주어지는 구원의 능력과 도움으로 우리가 바로 세워지는 것입니다. 우리가 어떻게 이 자리까지 올 수 있었습니까? 우리가 불교인들처럼 고행을 해서입니까? 산속에 홀로 들어가 피눈물 나는 수련을 해보신 적이 있습니까? 우리는 오늘 진리를 찾아 이곳에 와 있습니다. 주 예수 그리스도께서 부요하신 능력으로 우리 한 사람 한 사람을 인도하셨기에 우리가 이 자리에 있는 것입니다. 그리스도를 믿는 이로서 우리가 구도자적인 길을 걷는다는 것은, 나와 함께하시는 주 예수 그리스도께서 나를 인도하시는 대로 따라가는 것입니다.

제가 아는 어떤 교우 중에 청년 시절 일본으로 건너가 평생을 그곳에서 사신 분이 있습니다. 그는 일본에 살면서 귀신을 섬겼습니다. 어느 정도로 열심히 섬겼느냐면, 아침에 귀신에게 50가지 음식을 해서 제사를 드리고, 제사를 드린 후에 그릇을 정성스럽게 닦고 나면 점심시간이 되어 또 귀신에게 음식을 해서 바쳤습니다. 그리고 그릇을 닦고 나서 잠깐 쉬었다가 저녁이 가까이 되면 또 음식을 해서 바쳤습니다. 그러다가 그가 예수님을 믿게 되었습니다. 귀신을 섬기던 삶을 철저하게 끊고 새로운 삶을 살았습니다. 지난 몇 년 동안에는 전국 방방곡곡 성경이 없거나 부족한 곳에 2만 권 정도의 성경을 보급했습니다. 지금도 그는 성경을 읽기 전에 목욕을 하고 옷을 갈아입고 정좌하고서, 토씨 하나 빼지 않고 소리 내어 읽습니다. 한 글자도 소홀히 할 수 없다는 것입니다. 사무엘상을 읽다가 사무엘 선지자가 다윗을 불러다가 머리에 기름을 부어 주는 장면이 나오면, 그 장면이 너무나 아름다워 부엌에 가서 참기름을 가져다가 기도한 뒤 자기 머리에 부을 정도로 성경을 사모했습니다. 참기름 냄새는 생각보다 진해서 아무리 목욕을 해도 며칠 동안 냄새가 가시지 않는다고 했습니다. 성경 읽을 때 그렇게 목욕하고 옷을 갈아입고 정좌하며 읽는 것이 힘들지 않느냐고 제가 물었습니다. 그랬더니 그는 예전에 귀신을 섬기던 것에 비하면 누워서 떡 먹기라고 하였습니다. 중요한 것은, 그렇게 철저하게 귀신을 섬기던 사람이 어떻게 이렇게 변화될 수 있었느냐 하는 점입니다. 그의 의지로 인함이었겠습니까? 아닙니다. 부요하신 주님께서 그를 도우셨기에 가능한 것입니다. 우리를 늘 도우시는 주님을 바라보고, 그 도우시는 손길을 인식하며 살아가는 삶이 중요한 것입니다.

우리가 고백하는 주님은 한 분이십니다. 그런데 주님을 향해 주님이라 고백하는 사람들은 셀 수 없이 많습니다. 우리의 얼굴이 똑같습니까? 우리의 옷매무새가 똑같습니까? 우리가 주님을 믿는 신앙의 크기가 똑같습니까? 신앙의 깊이가 똑같습니까? 다 다릅니다. 그럼에도 우리가 믿는 주님께서 한 분이라는 것이 중요합니다. 이것은 무엇을 가르쳐 줍니까? 나와 다른 신앙도 인정해야 한다는 것입니다. 나와 신앙의 깊이가 다른 사람도 내가 수용할 수 있어야 합니다. 그가 믿는 주님도 내가 믿는 주님이시기 때문입니다. 이렇게 내가 열려 있음으로 인해 모두를 주관하시는 크신 주님을 더 바르게 인식할 수 있습니다.

제 큰아이가 이제 아홉 살입니다. 그 아이의 인식 수준으로 아빠인 저를 다 알 수 있습니까? 절대 그럴 수 없습니다. 아이에게 아빠는 어떤 존재입니까? 자신이 원하는 것을 주면 좋은 아빠이고, 원하는 것을 주지 않으면 나쁜 아빠입니다. 아이는 일주일에 몇 번씩 "아빠는 나빠"라고 말합니다. 아이의 수준으로 아빠를 생각하기 때문입니다. 아이가 앞으로 자라면서 아빠인 저를 바로 알기 위해서는, 자신이 생각하는 아빠가 아닌 다른 사람이 생각하는 아빠에 대한 이야기를 들을 줄 알아야 합니다. 예를 들면 동생은 아빠를 어떻게 보는지, 엄마는 아빠를 어떻게 보시는지, 할머니는 어떻게 보시는지, 아빠의 친구는 어떻게 보시는지, 이웃집 사람들은 우리 아빠를 어떻게 보는지, 나 아닌 다른 사람이 아빠에 대해 이야기하는 것을 들음으로 아빠를 알게 됩니다.

하나님에 대해서도 마찬가지입니다. 그런데 사람들은 자기 입맛에 맞는 이야기가 아니면 들으려 하지 않습니다. 이런 사람은 겉으로 볼 때 믿음이 좋은 것 같아도, 하나님의 한 부분을 하나님으로 오해하며 살아가는 폐쇄적 신앙을 지니고 있는 경우가 대부분입니다. 홍성사에서 발행하는 책들을 보면 아직도 제가 발행인으로 되어 있습니다(*2008년 3월 발행인 퇴임). 그래서 〈믿음의 글들〉 시리즈를 읽은 독자분이 저에게 전화 문의를 해오곤 합니다. 그동안 가장 문의를 많이 받은 책이 엔도 슈사쿠가 쓴 《예수의 생애》와 《그리스도의 탄생》입니다. 엔도 슈사쿠가 이 책들을 쓴 동기는, 제자들이 예수님께서 살아 계실 때는 예수님을 잘 모른 채 모두 그분을 배신했는데 예수님께서 돌아가시고 난 후에는 어떻게 예수님을 그리스도로 믿고 그분을 위해 생명을 바칠 수 있었는지 하는 궁금함 때문이었습니다. 엔도 슈사쿠는 철저하게 인간 예수님을 파고듭니다. 이 인간 예수를 위해 제자들이 어떻게 죽을 수 있었습니까? 인간 예수를 파고들어간 저자가 결국 주장하는 것은 역설적이게도, 그분이야말로 메시아라는 것이었습니다. 저는 그의 책을 읽으면서 시야가 무척이나 넓어지는 경험을 했습니다. 예수님의 더욱 위대한 부분을 알게 되었기 때문입니다. 그런데 사람들은 그 책을 읽으면서 어떻게 그리스도 되시는 예수님을 인간이라 파헤치는 글을 〈믿음의 글들〉 시리즈에 넣을 수 있느냐고 이야기했습니다. 이 공박에 대해 제가 답하기를, 그 책은 엔도 슈사쿠가 주님을 만난 자신의 체험을 토대로 신앙을 고백한 것이니 그의 입장에서 그 책을 이해하면 도움이 될 것이라고 했습니다.

얼마 전 저희 교회 교우님이 쓴 《주여, 사탄의 왕관을 벗었나이다》라는 책 때문에도 많은 전화를 받았습니다. 어떻게 이렇게 거짓말 같은 이야기를 낼 수 있느냐는 것이었습니다. 저는 전화한 분들에게 이렇게 반문했습니다. "그러면 성도님께서는 사도행전에서 사도 바울이 다메섹으로 가다가 예수님의 음성을 듣고 거꾸러졌다는 것은 믿지 않으십니까?" 그들은 이 질문에 대답하지 못했습니다. 그 성경구절을 믿는다고 하신 분에게는 "하나님께서 우리를 구원하시는 방법이 다양한데, 하나님께서 한 인간을 음성으로 꺾으신다는 것을 왜 믿지 못하십니까?"라고 물으면 대개 전화를 끊습니다.

하나님께서 우리를 구원하시는 방법이 다양한데 우리가 이 사실을 알고 수용함으로 더 크신 하나님을 경험하게 됩니다. 인도의 사상가 라즈니쉬가 쓴 복음서 해설서가 있습니다. 《너희에게 이르노니》라는 책인데 이 책의 내용도 참 은혜롭습니다. 그는 예수를 믿는 사람이 아닙니다. 그런데 예수 믿지 않는 사람의 눈에 비쳐진 예수님의 모습이 참 중요합니다. 그는 예수 그리스도를 믿지는 않지만 그분이 구원자 되신다는 것은 인식하고 있었습니다. 저는 이 책을 보고서도 시야가 넓어지는 경험을 했습니다. 이 책 때문에도 문의 전화를 많이 받았습니다. 주님의교회를 목회하기 시작하면서는 제가 자진해서 그 책을 절판시켰습니다. 저자는 스스로 종교를 만든 창시자이기도 해서, 제 의도를 모르는 사람들에 의해 교회 교우들까지 오해를 받을까 싶어서였습니다. 우리는 이런 책도 읽음으로써 믿지 않는 사람에게 예수 그리스도가 어떻게 비쳐지는지 알 필요가 있습니다.

우리가 올 초에 신앙강좌를 하면서 이어령 교수님을 모시고 믿지 않는 사람에게 예수가 어떻게 비쳐지는지 들어보았습니다. 그리고 오경환 신부님을 모시고 가톨릭에서 보는 예수 그리스도, 가톨릭에서 보는 개신교에 대해 들었습니다. 아마 개인에 따라 수용하기 힘든 내용이 무척 많았을 줄 압니다. 그러나 신앙강좌를 통해 우리의 시야가 넓어졌습니다. 우리의 믿음의 폭이 더 넓어졌습니다. 우리가 믿음의 졸병이 아니라 믿음의 장수가 되기 위해서는 온전하신 하나님을 만날 수 있어야 하고, 온전하신 하나님을 만나기 위해서는 언제든지 열려 있고 귀 기울일 수 있어야 합니다.

누구든지 주의 이름을 부르는 자는 구원을 받으리라(13절)

이 말씀에서 강조되고 있는 단어는 '누구든지'입니다. 유대인이든지 헬라인이든지 살인강도든지 폭력범이든지 상관없이 예수 그리스도를 믿는 사람은 구원을 얻는다는 것입니다. 만약 누구든지 예수 그리스도의 이름을 불렀음에도 구원받지 못하고 주님께서 제한을 두신다면, 한 가지 분명한 사실은 저는 구원받지 못하리라는 것입니다. 저는 제 삶을 잘 알고 제 과거를 잘 알기 때문에, 저 같은 인생은 구원받을 수 없었습니다. 그럼에도 제가 구원받은 것은 예수 그리스도를 믿기만 하면 누구든지 구원받을 수 있다는 주님의 약속 때문입니다.

잘 아시다시피 마태복음 1장에 나오는 예수님의 족보야말로 누구든지 구원받을 수 있다는 증거입니다. 아브라함은 자기 아내를 누이라고 속인 치사한 인간이었습니다. 야곱은 형의 복을 가로챈 사기꾼이었습니다. 다윗은 자기 부하의 아내를 빼앗고 그 부하를 죽이는 흉측한 범죄를 저질렀습니다. 솔로몬은 1천 명의 처첩을 둔 세기의 탕아였습니다. 다말은 시아버지와 통간했고, 라합은 기생이었고, 룻은 하나님을 모르는 이방 여자였습니다. 밧세바는 남편을 두고 다윗과 간음한 여자였습니다. 이러한 사람들도 그리스도 안에서 구원을 얻을 수 있다는 것이 우리가 족보를 통해 배우는 교훈입니다.

마태복음 1장 17절을 보면, "아브라함부터 다윗까지 열네 대요 다윗부터 바벨론으로 사로잡혀 갈 때까지 열네 대요 바벨론으로 사로잡혀 간 후부터 그리스도까지 열네 대"라고 전하고 있습니다. 이것을 다 합치면 42대입니다. 그런데 족보를 살펴보면 한 대가 모자란 41대입니다. 만약 아브라함부터 다윗, 다윗부터 바벨론까지 다윗이 두 번 중복되고 바벨론이 두 번 중복된다고 하면, 총 대수는 44대가 되어야 합니다. 그런데 이렇게 세어도 총 43대로 한 대가 모자랍니다. 그래서 신학자들 가운데는 마태가 뭔가 혼돈해서 잘못 기록했다고 말하는 사람도 있습니다. 그런데 잘 생각해 보면, 마태가 뭔가 혼돈했다면, 구태여 열네 대씩이라고 말할 필요가 없지 않았겠습니까? 이렇게 한 대가 없음에도 열네 대라고 밝혀 놓은 이유가 무엇입니까? 증명할 수는 없지만 제 해석은 이렇습니다. 마태복음 1장이 아무리 은혜로운 족보라 할지라도 2천 년 전 이스라엘 사람들의 족보로 끝나 버릴 수 있습니다. 그런데 바로 이 한 대가 모자라기 때문에, 그 공란에 내 이름이 들어갈 수 있습니다. 그래서 그 족보는 나를 위한 구원의 족보가 될 수 있는 것입니다. 누구든지 그 족보에 오를 수 있습니다.

여기에서 우리가 기억해야 할 점은, 이 세상을 사는 동안 심판자의 자리에 앉는 죄를 저질러서는 안 된다는 것입니다. '저 사람은 틀렸어', '저 사람은 구원받지 못해'라고 판단해서는 안 됩니다. 내가 비판할 수밖에 없고 미워할 수밖에 없는 사람이라 할지라도 사람을 부정해서는 안 됩니다. 그래야 우리가 하나님 앞에서 교만하지 않고 겸손할 수 있습니다.

그러므로 구원받은 사람에게 해야 할 일이 있다면 바로 예수 그리스도의 복음을 전하는 일이라는 것이 14-15절의 말씀입니다.

그런즉 그들이 믿지 아니하는 이를 어찌 부르리요 듣지도 못한 이를 어찌 믿으리요 전파하는 자가 없이 어찌 들으리요 보내심을 받지 아니하였으면 어찌 전파하리요 기록된 바 아름답도다 좋은 소식을 전하는 자들의 발이여 함과 같으니라

우리가 예수 그리스도를 어떻게 알고 믿게 되었습니까? 누군가가 우리에게 복음을 전해 주었기 때문입니다. 우리가 복음을 한 번도 들은 적이 없다면, 우리에게 복음을 전해 주는 사람이 아무도 없었다면, 우리는 지금도 여전히 하나님의 사랑을 모른 채 죄 가운데 빠져 있을 것입니다. 하나님께서 누군가를 동원하셔서 우리를 이 자리에 있게 하셨습니다. 왜 하나님께서 우리에게 구원을 베풀어 주셨습니까? 우리를 또 다른 누군가를 위한 도구로 쓰시기 위함입니다. 누군가를 도구로 써서 나를 구원하시고, 나를 도구로 써서 누군가를 구원하고자 하시는 하나님의 계획을 깨닫는 것이 중요합니다. 사복음서는 모두 복음의 증인이 되라는 명령으로 끝납니다. 사도행전 1장에서 주님께서 승천하시기 직전에 내리신 명령 또한 땅끝까지 가서 증인이 되라는 것입니다.

과연 복음을 전한다는 것, 선교한다는 것, 전도한다는 것이 무엇을 의미합니까? 나의 모든 세속적인 삶을 그만두고 선교사가 되는 것을 의미합니까? 아니면 선교사를 후원하는 헌금을 내는 것을 의미합니까? 선교사가 되고 선교사를 후원하는 것은 참으로 아름다운 일입니다. 그러나 자칫 그것이 신앙의 절대적인 공식이 되고 그것 자체가 목적이 되면, 우리는 공로주의에 빠지게 됩니다. 그것은 우리 스스로 만든 면죄부가 되어 버립니다. 그것으로 나의 모든 잘못된 삶이 해결되는 것인 양 착각하게 됩니다. 그래서 공허해지고,

더 성숙하지 못하고, 결국 타락하고 맙니다.

이것은 기독교 2천 년 역사에서 발견할 수 있는 교훈입니다. 미국은 청교도들의 신앙과 기도 위에 세워진 나라입니다. 그런데 미국에는 주일에 상점 문을 열면 안 된다는 '청교도적 법률Blue Laws'이 있습니다. 대도시에는 이 법이 거의 다 없어졌는데, 중소도시 가운데는 아직 남아 있는 곳이 있습니다. 하지만 이 법의 철폐운동이 계속 벌어지고 있습니다. 그들은 한때 온 세계에 선교사를 파송하고 선교행사를 벌이던 국민이었습니다. 그런데 왜 지금은 주일에 상점 개점을 금지하는 법을 철폐하려 나서고 있습니까? 주일에 하나님을 위해 내 상점의 문을 닫는 것보다 더 멋진 선교가 어디 있습니까? 그런데 주일이라 할지라도 돈을 벌어 선교헌금을 하고 선교사를 파송하는 것이 더 신앙적이라고 생각하는 사회가 된 것입니다. 그들이 이렇게 된 이유는 선교의 생활화, 복음의 생활화, 말씀의 생활화를 꾀하지 않고 그저 행사화했기 때문입니다. 정말 아름다운 선교는 생활 속에 배어 있습니다. 그래서 생활 속에서 선교하고 선교헌금도 해서 삶 자체가 향기로 전해지는 것이 주님께서 원하시는 것입니다.

올 대입 수능시험에서 1등한 학생이 텔레비전 인터뷰에서 아나운서에게 처음으로 한 말이 하나님께 감사드린다는 것이었습니다. 이런 이야기를 들으면 얼마나 그 아이가 대견스러운지 눈물이 핑 돕니다. 전도의 생활화가 안 되면 그 순간 그런 말이 나올 수 없습니다. 나올 것 같지만 절대 나오지 않습니다. 축구선수 가운데 이영무 선수는 골을 넣으면 멋지게 기도했습니다. 그런데 다른 축구선수가 이런 고백을 했습니다. 자기도 골을 넣게 되면 기도하고 싶고 그렇게 하겠다고 생각했는데, 막상 골인하고 손을 흔들다 보면 잊어버린다는 것입니다. 박수와 환호성이 터지면서 자기에게 영광이 주어지는 순간에 하나님을 생각한다는 것은 전도가 생활화된 사람만이 가능합니다. 하나님께 감사하며 기도하는 사람에게 당신의 교파가 어디인지, 당신이 믿는 교리가 무엇인지 묻는 것은 무가치한 일입니다. 교파가 무엇이든지, 신앙의 수준이 어떻든지 상관없이 가장 귀한 순간을 주님께 바칠 수 있게 생활화된 그것이 바로 전도입니다.

하나님께서 쓰시는 사람 가운데는 눈에 드러나지 않는 사람들도 많습니다. 아우구스티누스는 초기 기독교 교회에서 없어서는 안 될 중요한 인물입니다. 그가 없었으면 초기 기독교 교회는 이단으로부터 지켜질 수 없었을 것이라고들 합니다. 바꾸어 말하면, 그는 초기 교회를 지키기 위해 하나님께서 세우신 하나님의 도구였습니다. 아우구스티누스가 그렇게 되기까지 그의 어머니 모니카의 기도가 있었다는 것은 많은 사람들이 아는 사실입니다. 그가 회심하게 된 결정적 사건 역시 잘 알려져 있습니다. 어느 날 그가 정원에 앉아 있을 때 정원 밖에서 어떤 아이가 노래를 불렀습니다. 그런데 노래 가사가 로마서 13장 12-14절이었습니다. 그 노래를 듣는 순간 그가 깨졌습니다. 그 순간부터 삶이 바뀌었습니다. 그 노래를 부른 아이가 어떤 아이였는지는 아무도 모릅니다. 아우구스티누스도 모릅니다. 그가 뛰어나갔을 때 아이가 있었더라면, 그는 아이의 이름을 물었을 것이고, 《고백록》에 그 이름을 기록했을 것입니다. 그 아이가 주일학교 선생님으로부터 로마서의 해당 요절을 외워 오라는 숙제를 받았었는지 또한 알 길이 없습니다. 그러나 그 아이가 친구들끼리 놀면서도 성경구절로 노래를 부를 정도로 신앙의 생활화가 이루어진 가정에서 자랐다는 것만은 분명해 보입니다.

영국의 유명한 스펄전 목사님은 수많은 사람들을 변화시켰습니다. 그가 잉글랜드의 벽촌에 살 때, 어느 눈 오는 날 그 동네를 지나가던 한 젊은이가 청년 스펄전에게 복음을 전해 주었습니다. 그 청년 이름이 무엇인지 아무도 모릅니다. 스펄전도 몰랐습니다. 그러나 그 눈 오는 날 그 근처를 지나가다가 우연히 만난 스펄전에게 예수 그리스도를 이야기했다는 것은, 그 젊은이가 말씀의 생활화를 이루고 있었음을 의미합니다. 우리는 그 사람이 누구인지 모르나, 주님께서는 아십니다. 하나님께서는 그와 같은 사람을 아름답게 보시고 그와 같은 사람을 필요로 하십니다. 전도는 사람이 하는 것 같지만, 사람이 하는 것이 아닙니다. 전도의 주체는 하나님이십니다. 전도의 열매는 주님께서 거두시는 것입니다. 하나님께서는 도구를 필요로 하시는데, 말씀의 생활화를 이루는 도구를 필요로 하십니다.

보내심을 받지 아니하였으면 어찌 전파하리요 기록된 바 아름답도다 좋은 소식을 전하는 자들의 발이여 함과 같으니라(15절)

15절을 보면, 좋은 소식을 전하는 사람들이 누구인지 밝혀져 있지 않지만, 이처럼 말씀과 전도의 생활화를 이루는 것을 주님께서 아름답다고 말씀하고 계십니다. 어떤 면에서는 스펄전을 전도했던 그 사람, 아우구스티누스를 회심케 했던 그 아이의 이름이 밝혀지지 않았기 때문에 그 전도자들이 일평생 겸손하게 살아갈 수 있었을지도 모릅니다. 이름이 밝혀지고 알려지는 만큼 주님께서 아름답게 여기시는 삶과 거리가 멀어지기 때문입니다. 그런 면에서 그 전도자들이야말로 정말 축복받은 사람들입니다.

여러분 모두 주님께로부터 구원받은 이들로서 말씀의 생활화를 이루는 아름다운 삶을 살아가시기를 바랍니다. 많은 크리스천 기업인들이 큰 사업을 이루고 많은 돈을 벌어 그 돈으로 선교를 하려고 합니다. 그러나 불의한 방법으로 돈을 벌어 선교헌금을 하는 것은 참된 선교가 아닙니다. 돈을 적게 벌더라도 말씀대로 기업을 이끌어 가는 것이 참된 선교가 될 수 있습니다. 세상 방법과 똑같이 돈을 벌어 선교단체에 헌금하면서도, 회사 직원들은 전도하지 못하는 기업들이 있습니다. 그 기업에서 일하는 직원들은 사장이 믿는 예수 그리스도를 도저히 믿지 못하는 것입니다.

가장 가까운 곳에 있는 사람이 바로 '땅 끝'입니다. 나와 가장 가까운 곳에 있는 사람은 지구 한 바퀴 돌아 위치해 있는 것이라 생각할 수 있기 때문입니다. 세상 끝까지 가라는 주님의 명령이 지리적 개념이 아니라 복음이 알려지지 않은 곳을 가리킨다면, 어디든지 세상 끝이 될 수 있습니다. 우리의 삶이 말씀과 전도의 생활화를 이루어 갈 때, 하나님께서는 그 모습을 아름답다 인정하시고 그처럼 아름다운 삶을 사는 우리를 통해 이 사회를 새롭게 변화시켜 가실 것입니다.

14
들음은 말씀으로

로마서 10장 16-21절

그러나 그들이 다 복음을 순종하지 아니하였도다 이사야가 이르되 주여 우리가 전한 것을 누가 믿었나이까 하였으니 그러므로 믿음은 들음에서 나며 **들음은** 그리스도의 **말씀으로** 말미암았느니라 그러나 내가 말하노니 그들이 듣지 아니하였느냐 그렇지 아니하니 그 소리가 온 땅에 퍼졌고 그 말씀이 땅 끝까지 이르렀도다 하였느니라 그러나 내가 말하노니 이스라엘이 알지 못하였느냐 먼저 모세가 이르되 내가 백성 아닌 자로써 너희를 시기하게 하며 미련한 백성으로써 너희를 노엽게 하리라 하였고 이사야는 매우 담대하여 내가 나를 찾지 아니한 자들에게 찾은 바 되고 내게 묻지 아니한 자들에게 나타났노라 말하였고 이스라엘에 대하여 이르되 순종하지 아니하고 거슬러 말하는 백성에게 내가 종일 내 손을 벌렸노라 하였느니라

우리가 예수님을 믿는다고 할 때, 예수님에 대해 무엇을 믿는 것인지 정리해 보십시다. 첫째, 예수님께서는 하나님이십니다. 예수님께서 하나님이라는 의미는 이 세상 어떤 것으로도 대체가 불가능

한 존재라는 의미입니다. 둘째, 예수님께서는 구원자이십니다. 죄 없으신 분이 죄인을 위해 대신 죽어 주신 유일한 분이 예수님이십니다. 셋째, 예수님께서는 부활자이십니다. 죽었다가 다시 살아나신 유일한 분이 예수님이십니다. 이것이 주님을 믿는 믿음의 내용입니다. 그러나 주님께서 하나님 되시고 구원자 되시고 부활자 되시더라도, 이 사실을 듣지 못하면 알 수 없고, 그러면 이 모든 것들과 관계없이 살아가게 됩니다. 바로 여기에 전도의 절박함과 필요성이 있습니다.

주님께서 우리를 먼저 구원해 주신 까닭은 우리로 하여금 복음을 전하는 도구로 삼으시기 위함입니다. 그런데 16절을 보면 일찍이 이사야 선지자가 탄식했던 것처럼, 복음이 전해졌음에도 이스라엘 백성은 그 복음을 믿지 않았습니다.

그러나 그들이 다 복음을 순종하지 아니하였도다 이사야가 이르되 주여 우리가 전한 것을 누가 믿었나이까 하였으니

예수 그리스도의 복음이 어디에서 가장 먼저 전해졌습니까? 이스라엘입니다. 예수님께서 이스라엘에서 태어나셨습니다. 그곳에서 말씀을 전하셨습니다. 예수님의 제자들은 모두 이스라엘 사람이었습니다. 제자들이 복음 전파를 시작한 곳은 이스라엘 땅이었습니다. 이스라엘 백성이 제일 먼저 복음을 들었는데, 그렇다고 그들이 전부 복음을 받아들인 것이 아닙니다. 그 이유가 무엇입니까? 그 답은 이미 10장 2-3절에서 바울이 말했습니다. 그들이 예수 그리스도의 복음에 무관심했던 것은 자기 스스로 율법이 요구하는 의를 세울 수 있다고 착각했기 때문입니다. 그래서 그들에게는 그리

스도가 필요치 않았습니다.

하나님께서 요구하시는 율법의 의를 자기 스스로 온전히 이룰 수 있다고 생각한다는 것은 무엇을 의미합니까? 그가 아직까지 하나님을 만나지 못했음을 의미합니다. 그리고 아직까지 자기 자신이 누구인지 발견하지 못한 것입니다. 정말 하나님을 만난다면, 하나님께서 나의 드러난 행동뿐 아니라 내 속에 감추어진 은밀한 것까지 감찰하시는 분이라는 것을 깨닫게 됩니다. 하나님께서 내게 요구하시는 의는 완전무결한 의라는 것을 깨닫게 됩니다. 그리고 그 하나님께서 요구하는 의를 나 스스로 완성시킬 수 없음을 통감하지 않을 수 없습니다. 하나님을 만나서 하나님으로부터 은혜를 받기 전에 그리스도인들이 자기 절망을 체험하는 까닭이 여기에 있습니다. 혹시 주님을 믿는다고 하면서도 믿은 그 순간부터 단 한 번도 자신에 대해 절망을 느껴 본 적도, 실망해 본 적도 없고 지금까지 100퍼센트 기쁘기만 한 분이 있으십니까? 로마서 5장은 모든 인간에게 왕 노릇하는 죄에 대해 이야기합니다. 대표적인 구절이 5장 12절입니다. 모든 사람이 죄인입니다. 모두에게 죄가 왕 노릇합니다. 그러므로 우리에게는 소망이 없습니다. 다 죽을 존재입니다.

그런데 로마서 6장은 그리스도 안에 있는 구원의 은혜를 말씀하고 있습니다. 14절은 더 이상 죄가 우리를 주관하지 못한다고 했습니다. 내가 예수 그리스도의 구원의 은혜 안에 있을 때 더 이상 죄가 내게 왕 노릇을 못 한다는 말씀입니다. 23절은 예수 그리스도의 은혜 안에 있으면 더 이상 죄가 나를 지배할 수 없고 영원한 생명을 얻는다고 전합니다. 우리가 이것을 깨닫는 순간 얼마나 기뻤습니까? 내가 이미 구원받은 존재이고 영원한 생명을 얻었다는 것, 그리고 더 이상 죄가 나를 지배할 수 없다는 것 때문에 뭐든지 할 수 있을 것 같습니다. 다 해결된 것 같습니다. 원수처럼 미워하던 사람도 사랑한다고 말하며 안아 줄 수 있을 것 같고, 길을 가며 한 번도 본 적이 없는 사람에게도 "내가 당신을 사랑합니다"라고 말할 수 있을 것 같습니다. 그런데 실제로는 어떻습니까? 직접 그 사람의 얼굴을 대하면, 처음에 들었던 마음이 행동으로 쉽게 나오지 않습니다. 혼자서 기도할 때는, 실천할 수 있을 것만 같습니다. 그런데 "아멘" 하고 돌아서면 행동이 잘 나오지 않습니다. 그래서 그런 자신에 대해 심각한 절망을 느끼게 됩니다. 말할 수 없는 갈등이 생깁니다. 나는 그리스도로부터 버림받은 사람이 아닌가 하는 고민이 듭니다. 그런데 이것은 우리뿐만 아니라 주님을 믿는 모든 사람에게 찾아오는 과정입니다.

로마서 5장에서 죄를 이야기하고 6장에서 구속의 은혜를 이야기한 사도 바울은, 7장에서 무엇을 이야기합니까? 7장 15절을 보면 "내가 행하는 것을 내가 알지 못하노니, 곧 내가 원하는 것은 행하지 아니하고 도리어 미워하는 것을 행함이라"고 고백하고 있습니다. 바울도 우리와 똑같은 과정을 겪은 것입니다. 마음속으로 원하는 것이 있는데 원하는 바대로 되지 않고 원치 않는 것을 행하게 되는 것입니다. '저 사람을 만나면 내가 잘해 주어야지' 하는 마음을 먹지만, 만나는 순간에 입이 따로 움직입니다. 만나는 순간 내 눈길이 다른 곳으로 돌아갑니다. 마음은 그렇지 않은데 내 입과 몸은 전혀 따로 놉니다. 참 이상한 일입니다. 바울도 이 같은 일을 겪었습니다. 그래서 7장 24절에서 바울은 "오호라, 나는 곤고한 사람이로다"라고 고백했습니다. 절망의 밑바닥까지 떨어진 것입니다. 그리스도인들이 예수님을 믿고 은혜를 받고 그리스도 안에서 새사람이 되었다고 자각하는데도 마음먹은 대로 안 되는 이유가 무엇입니까? 아직까지도 내가 나 스스로 무엇을 하려 하기 때문입니다.

내가 아무리 교회를 열심히 다녀도, 아무리 열심히 기도해도, 나 자신의 능력으로 사랑하려 하면 절대로 사랑할 수 없습니다. 나 자신의 힘으로 누구를 용서하려 하면, 절대 용서가 안 됩니다. 예수님을 믿지만 내 의지로 뭘 좀 해봐야지 하는 한은 절망을 경험할 수밖에 없습니다. 내가 아무리 철저하게 예수님을 믿었어도, 아무리 은혜를 받았어도, 아무리 기도를 했어도, 내 의지, 내 결단, 내 능력으로는 절대 안 됨을 깨닫고 성령님께 모든 것을 맡길 때, 그분의 사랑으로, 그분의 긍휼하심으로, 그분의 능력으로 사랑할 수 있고 용서할 수 있고 말씀대로 행할 수 있습니다.

그래서 7장에서 이처럼 절망에 빠졌던 바울이 8장에 가서는 성령님을 강조합니다. 11절에 잘 나타나 있듯이, 내 몸, 내 능력만을 믿어서는 아무것도 할 수 없지만 내 속에 계시는 영, 즉 성령님께 나 자신을 온전히 의탁하면 그분께서 나를 살리실 뿐 아니라 나를 도구 삼아 역사하십니다. 고린도전서 3장 16절은 "너희는 너희가 하나님의 성전인 것과 하나님의 성령이 너희 안에 계시는 것을 알지 못하느냐"라고 했습니다. 내 속에 거하시는 성령님께 모든 것을 맡기고, 그분이 친히 나를 지배하도록 그분의 주권을 확보해 드릴 때, 그분에 의해 모든 것이 이루어집니다. 이 사실을 터득한 바울은 갈라디아서 2장 20절에서 "그런즉 이제는 내가 사는 것이 아니요 오직 내 안에 그리스도께서 사시는 것이라"고 말했습니다. 곧 내가 누구를 사랑하게 된다면, 주님께서 그 사람을 사랑해 주시기 때문입니다. 내가 누구를 포용할 수 있게 된다면, 주님께서 나에게 포용할 수 있는 능력을 주셨기 때문입니다.

수영을 못하는 사람이 강물에 빠져 허우적거리며 살려 달라고 외치고 있다고 상상해 보십시다. 그런데 그를 건져 낼 수 있을 만큼 수영을 잘하는 사람이 그것을 보고도 가만히 있습니다. 그러다가 물에 빠진 사람이 탈진해 죽기 직전에 건져 줍니다. 이를 본 사람들이 왜 진작 건져 주지 않았냐고 묻자 그 사람이 대답하기를, 허우적거릴 때 구조하러 들어가면 그 힘으로 자신을 잡았을 것이고, 그렇게 되면 둘 다 죽었을 거라고 했습니다. 오히려 허우적거리는 사람이 힘이 다 빠진 뒤 들어가야 100퍼센트 그의 몸을 자신에게 맡기게 되어 끌어 낼 수 있다고 했습니다.

이스라엘 백성이 예수 그리스도의 복음을 홀대하고 복음에 순종하지 않는 모습은, 수영을 전혀 할 줄 모르는 사람이 물에 빠졌음에도 자기 힘으로 살겠다고 허우적거리는 것과 같습니다. 이는 자기 자신을 객관적으로 알지 못함이며, 강둑에 자기를 구해 줄 수 있는 능숙한 수영선수가 있다는 사실을 모르는 것입니다. 나 스스로 율법이 요구하는 바 완전한 의를 이룰 수 있다고 생각하는 것은, 하나님을 알지 못하는 것이요 자기 자신을 알지 못하는 것입니다. 이와 관련해 오늘 본문 17절이 다음과 같이 전하고 있습니다.

그러므로 믿음은 들음에서 나며 들음은 그리스도의 말씀으로 말미암았느니라

우리가 말씀을 들어야 한다는 것입니다. 말씀을 들어야 바로 알 수 있고, 바로 알 수 있어야 바로 믿을 수 있습니다. 바로 알지 못하면, 절대로 바로 믿을 수 없습니다. 바로 알지 못하면, 하나님을 믿는다고 하면서 실은 자기 자신을 믿기 십상이고, 말씀을 좇는 것 같지만 실상은 말씀에 빗겨나가는 결과를 늘 초래합니다. 저는 목

사입니다. 성경을 봐도 여러분보다는 더 볼 것입니다. 제 마음에 이 정도 성경을 보면 흡족한 느낌이 드는 분량이 있습니다. 그런데 일이 많고 바쁘다고 해서 그 양을 채우지 못한 채 성경 읽기를 마치면, 제 심령이 전날과 같지 않음을 금방 느낍니다. 여러분이 집에서 스스로 말씀을 보고 듣고 그 의미를 생각하고, 그래서 주님을 바로 알고 바로 섬길 수 있다면 예배 외에 성경공부를 비롯한 여러 모임에 나오지 않아도 됩니다. 그러나 그것이 잘 안 된다면, 주일이고 수요일이고 어떻게든 교회에 와서 말씀을 들어야 합니다. 듣지 않으면, 믿음은 성숙되지 않습니다.

오라 우리가 여호와께로 돌아가자 여호와께서 우리를 찢으셨으나 도로 낫게 하실 것이요 우리를 치셨으나 싸매어 주실 것임이라(호 6:1)

주님께서 다시 싸매어 주실 것을 왜 찢으십니까? 다시 세워 주실 것을 왜 무너뜨리십니까? 처음부터 그냥 예쁘게 싸매 주시고 처음부터 새롭게 세워 주시면 얼마나 편하고 좋겠습니까? 그런데 왜 주님께서 우리를 찢으시고 치십니까? 하나님을 알도록 하기 위해서입니다. 어떻게 하나님을 알 수 있습니까? 말씀을 통해서입니다. 우리가 하나님의 말씀에 삶의 초점을 맞추는 사람이 되도록 하기 위해 우리를 사랑하시는 주님께서 때로 우리를 찢으시고 치십니다.

고난당하기 전에는 내가 그릇 행하였더니 이제는 주의 말씀을 지키나이다 (시 119:67)
고난당한 것이 내게 유익이라 이로 말미암아 내가 주의 율례들을 배우게 되었나이다(시 119:71)

왜 고난으로 인해 말씀을 지키게 되었습니까? 하나님께서 사랑하시는 당신의 백성에게 왜 고난을 주시고 아픔을 주십니까? 그 가장 큰 이유와 목적은 우리로 하여금 하나님을 바로 알게 하는 데 있습니다. 많은 그리스도인들이 아픔과 환난 가운데 있다고 할 때, 직면해 있는 문제를 하나님께서 제해 주시기만을 기도드립니다. 그런데 중요한 것은, 그 상황 속에서 말씀의 사람으로 바로 서는 것입니다. 그것이 하나님께서 우리에게 요구하시는 바임을 깨달을 때, 우리는 성숙한 그리스도인이 될 수 있습니다. 우리가 두 눈으로 볼 수 있고 두 손으로 성경책을 잡을 수 있을 때 주님의 말씀을 읽는 습관을 들이는 것이 필요합니다. 우리의 눈과 손이 오늘 같지 않은 날이 반드시 옵니다. 제가 지금 45세인데 눈이 침침하고 글자가 더러 안 보이곤 합니다. 지금까지 감사한 것은 성경책을 보는 데는 어려운 점이 없다는 것입니다. 우리의 눈은 유한합니다. 우리의 눈으로 볼 수 없는 그날이 오기 전에 말씀 보는 훈련을 게을리 하지 않아야 합니다.

17절 상반절에서 믿음은 들음에서 생긴다고 했습니다. 17절 하반절에서 들음은 그리스도의 말씀에서 비롯된다고 했습니다. 여기에서 두 번 나오는 '들음'은 모두 헬라어로 '아코에ἀκοή'인데, 의미는 다릅니다. 처음에 있는 들음은 'hearing'입니다. 귀로 들어서 우리 안에 들어오게 하는 것입니다. 그런데 뒤에 있는 들음은 'doing', 'acting'입니다. 하나님의 말씀을 귀로 듣는 것으로 끝나는 것이 아니라 그 말씀을 행하는 것입니다. 우리가 흔히 "저 아이는 말을 참 잘 들어"라고 할 때, 이 말은 아이가 귀가 밝다는 것이 아니라 어른이 하는 말을 잘 듣고 들은 대로 잘 행한다는 뜻입니다. 그런데 17절 하반절을 보면, 그 행함이 그리스도의 말씀으로 말미암는다고 했습니다. 그리스도의 말씀이 우리로 하여금 행하도록 해준다는 것입니다. 여기에서 말씀은 '로고스λόγος'가 아니라 '레마ῥῆμα'입니다. 성경에서 주님의 말씀을 언급할 때는 거의 대부분 로고스를 가리킵니다. "태초에 말씀이 계시니라. 이 말씀이 하나님과 함께 계셨으니 이 말씀은 곧 하나님이시니라"(요 1:1)에서 언급되는 '말씀'도 로고스입니다. "말씀이 육신이 되어"(요 1:14)에서 언급되는 '말씀'도 로고스입니다.

그러면 레마는 무엇입니까? 창세기 1장 1절부터 요한계시록까지 내 마음속에 와 닿아 내 안에서 살아 능력으로 역사하는 말씀이 바로 레마입니다. 내가 아무리 성경을 봐도 그 말씀이 내 속에 흡수되지 않으면, 그것은 로고스입니다. 그러나 그 말씀 가운데 내 속에 박혀 능력으로 역사하는 말씀이 있으면, 그것이 곧 레마입니다. 주님의 말씀이 내 속에서 레마가 될 때, 그 레마의 말씀이 나로 하여금 행하게 해줍니다.

그러면 말씀의 사람이란 어떤 사람입니까? 성경을 많이, 자주 읽는 것은 무척 중요합니다. 그러나 내 속에서 살아 역사하는 레마를 많이 가진 사람이 말씀의 사람입니다. 마태복음 4장 3절에서 사탄이 예수님을 유혹했습니다. 그때 예수님께서 말씀하시기를 "하나님의 입으로부터 나오는 모든 말씀으로 살 것이라"고 하셨습니다. 여기에서 '말씀'이 레마입니다. 이 레마를 가져야 우리가 유혹을 물리치고 살 수 있습니다. 성경을 한 번 통독했다고 해서 유혹을 이길 수 없습니다. 많은 말씀을 외우고 있다고 해도 유혹을 이기지 못합니다. 그러나 내 속에서 레마가 된 말씀으로는 유혹을 물리칠 수 있습니다. 베드로는 주님의 말씀을 귀로 듣기는 들었습니다. 그러나 말씀이 그 안에서 레마가 되지 못했습니다. 그래서 들었어도 그냥 흘려버리고 말았습니다. 그래서 결국 예수님을 버렸습니다. 그리고 닭이 우는 순간, 주님의 말씀이 생각났습니다. 그 순간, 말씀이 레마가 되어 살아 움직였습니다. 그래서 베드로는 통곡하며 회개했습니다.

그러면 여기에서 질문이 제기됩니다. 로고스인 주님의 말씀을 읽으면서 그 말씀이 어떻게 내 속에서 레마가 되게 할 수 있는가 하는 것입니다. 마태복음 13장에 나오는 씨 뿌리는 비유에서 답을 얻을 수 있습니다. 농부가 씨를 뿌리는데 네 곳에 뿌렸습니다. 첫 번째는 길가, 두 번째는 돌밭, 세 번째는 가시떨기, 네 번째는 옥토입니다. 똑같은 씨를 똑같은 농부가 똑같이 뿌렸습니다. 그런데 앞의 세 장소인 길가, 돌밭, 가시떨기 위에 뿌려진 씨앗은 새가 와서 쪼아 먹거나 태양 빛에 마르거나 생명의 기운이 막혀 죽어 버렸습니다. 그런데 좋은 밭에 뿌려진 씨앗은 30배, 60배, 100배의 열매를 거두게 되었습니다. 차이가 무엇입니까? 왜 앞에 뿌린 세 곳의 씨앗은 다 죽어 버리고 좋은 밭에 뿌린 씨앗만 열매를 맺었습니까? 좋은 밭은 그 씨를 삼켰기 때문입니다. 길가는 씨를 삼키지 못했습니다. 돌밭도 씨를 받기는 받았으나 삼키지 못했습니다. 가시떨기 위에 떨어진 씨도 삼켜질 수 없었습니다. 그런데 옥토는 씨를 삼켰습니다. 삼켰다는 것은 자기 것으로 만들었다는 것입니다. 그러자 흙 속에서 씨가 살아서 뿌리를 내리고 싹을 틔우고 열매를 맺었습니다. 레마가 되게 한다는 것은 주님의 말씀을 삼켜 내 것이 되게 하는 것입니다. 흘려버리는 것이 아니라 삼킴으로 내 속에 말씀이 간직되게 하는 것입니다. 그때 그 말씀이 살아 역사합니다.

14년 전의 일입니다. 우연한 기회에 큰돈이 수중에 들어오게 되었습니다. 1억 원을 가지고 종로3가에서 조선호텔의 사무실까지 가는데, 차를 타고 내리는데도 무척이나 조심스럽고 한편으로는 이

돈이 내 것이라 생각하니 저도 모르게 목에 힘이 들어갔습니다. 그런데 사무실에 도착해 입금을 시키려고 돈을 주머니에서 꺼내고 나니, 금세 예전으로 되돌아갔습니다. 돈이 주머니에 들어 있을 때는 그렇게도 목에 힘이 들어가더니, 빼고 나니까 힘이 빠졌습니다. 말씀이 정말 내 것이 되었는가, 내 속에 있는가 하는 것은 신앙생활에서 매우 중요한 문제입니다. 하나님의 말씀을 삼켜 그 말씀이 내 속에 있고 내 것이 되면, 그 말씀이 살아 역사합니다. 이렇게 되면 나 자신이 바뀌지 않을 수가 없습니다. 내가 말씀의 주인이 아니라 도구가 되기 때문입니다.

그러면 주님의 말씀을 삼킨다는 것이 구체적으로 어떤 의미입니까? 이것을 내 삶에 어떤 식으로 적용시켜야 합니까? 첫째, 모든 말씀에 철저하게 열려 있어야 합니다. 말씀을 읽을 때 모든 말씀이 나를 위한 말씀이라고 믿고 받아들일 때, 말씀이 나에게 레마가 됩니다. 서로를 너무도 미워하는 두 사람이 있다고 가정하십시다. 그런데 그 둘이서 성경공부를 합니다. 고린도전서 13장을 공부합니다. 사랑은 투기하지 않으며 성내지 않는 것이라고 배우면서 '저 사람이 이 말을 잘 들어야 할 텐데' 하고 생각하면 말씀이 레마가 되지 않습니다. 설령 내가 상대에게 잘못한 일이 없다 할지라도 말씀을 들을 때, '내가 아직 부족하구나'라고 생각하며 말씀을 받아들일 때 레마가 됩니다.

예수님께서 베드로에게 "오늘 이 밤 닭이 두 번 울기 전에 네가 세 번 나를 부인하리라"(막 14:30)고 말씀하셨을 때, 베드로는 자기에게 해당되지 않는 말씀이라고 생각했습니다. 주님께서 자신의 눈을 쳐다보며 말씀하시는데도 그 말씀이 내 것이 아니라고 생각했습니다. 다른 사람 것이라고 생각했습니다. 주님의 말씀을 부인했습니다. 그때 예수님의 말씀을 받아들이고 삼켰더라면, 그래서 그 말씀이 레마가 되었더라면, 베드로는 주님을 부인함으로 인해 수치를 당하지 않았을 것입니다.

둘째, 말씀의 훈련이 거듭되어야 합니다. 말씀을 끊임없이 가까이하고 그 말씀을 삶에 적용하는 훈련을 거듭해야 합니다. 말씀을 계속 삼켜야 합니다. 요한복음 14장 26절에서 "보혜사 곧 아버지께서 내 이름으로 보내실 성령 그가 너희에게 모든 것을 가르치고 내가 너희에게 말한 모든 것을 생각나게 하리라"고 했습니다. 주님께서 가르쳐 주신 말씀을 성령님께서 우리로 하여금 생각나게 하심으로, 그 말씀이 내 안에서 레마 되게 해주십니다. 레마 된 그 말씀은 내 안에서 살아 움직여 나를 말씀대로 실천하게 해주십니다. 성령님께서 말씀을 주신다는 것이 아니라 말씀을 기억나게 하신다는 것은, 그 이전에 내가 들은 말씀이 있어야 한다는 것입니다. 그 이전에 내 마음속에 말씀이 축적되어 있어야 합니다. 그래야 필요할 때마다 성령님께서 필요한 말씀을 생각나게 하시고 레마 되게 하심으로 말씀의 역사가 일어날 수 있습니다. 기도원이나 산에 가서 아무리 기도를 많이 하고 성령 충만을 받는다 해도 말씀의 훈련이 없으면 결국 자신의 판단을 따라가게 됩니다. 말씀 없이 성령님을 따르면 결국 감정의 지배만 받게 되기 때문입니다.

셋째, 말씀이 내 마음에 잘 심겨지도록 기도해야 합니다. 기도가 내 마음을 옥토로 바꿉니다. 기도함으로 내 마음이 갈아엎어집니다. 오늘 내가 본 이 말씀이 나의 것이 되도록 기도해야 합니다. 주님의 도우심을 구해야 하는 것입니다. 우리는 내 사업을 위해, 내 소원, 내 계획을 위해서는 잘 기도합니다. 그러나 내 마음속에 말씀이 레마 됨 없이 내 사업이 번창하고 내 소원과 계획이 이루어진다면, 이런 성공은 오히려 나를 하나님께로부터 멀어지게 하는 계기가 될 수 있습니다. 그러므로 우리에게 중요한 것은, 말씀이 레마되도록 기도하는 것입니다. 그럴 때 우리가 돈을 바르게 벌 수 있고, 바르게 쓸 수 있으며, 결국 바르게 살아갈 수 있습니다.

그러나 내가 말하노니 그들이 듣지 아니하였느냐 그렇지 아니하니 그 소리가 온 땅에 퍼졌고 그 말씀이 땅 끝까지 이르렀도다 하였느니라(18절)

지금 이스라엘 백성이 주님의 말씀에 순종치 않고 있는데, 그들이 한 번도 그들의 귀로 말씀을 들어 본 적이 없었습니까? 아니라는 것입니다. 땅 끝까지 복음이 전파되었으니, 이스라엘 사람들에게는 이미 복음이 전파되었다는 것입니다.

그러나 내가 말하노니 이스라엘이 알지 못하였느냐 먼저 모세가 이르되 내가 백성 아닌 자로써 너희를 시기하게 하며 미련한 백성으로써 너희를 노엽게 하리라 하였고(19절)

이스라엘 백성이 아닌 사람들이 하나님의 말씀을 알고서 하나님을 경외하게 됨으로 이스라엘 백성이 질투심을 느낄 정도로 외지인에게 말씀이 전해졌다는 것입니다. 따라서 하나님의 백성에게는 하나님의 말씀이 이미 전해지고 알려진 것입니다.

이사야는 매우 담대하여 내가 나를 찾지 아니한 자들에게 찾은 바 되고 내게 묻지 아니한 자들에게 나타났노라 말하였고(20절)

하나님을 찾지 않는 사람들에게까지 말씀을 나타내 주셨으니 이스라엘 백성에게는 더 말할 것도 없었습니다.

이스라엘에 대하여 이르되 순종하지 아니하고 거슬러 말하는 백성에게 내가 종일 내 손을 벌렸노라 하였느니라(21절)

하나님께서는 이스라엘 백성이 당신에게 오기를 바라며 종일토록 손을 벌리고 계셨습니다. 그런데도 이스라엘 백성은 하나님께 가까이 나아오지 않았습니다. 하나님의 말씀을 들었음에도 말씀대로 행하지 않았습니다. 구약시대에 하나님께서 이스라엘 백성에게 선지자들을 계속 보내 주셨음에도 이스라엘 백성은 그 말씀을 받아들이지 않았습니다. 누구보다 말씀을 많이 알았지만, 말씀을 삼켜 그 말씀이 레마 되도록 하지 않았기 때문입니다. 그들이 말씀을 삼키지 않은 것은 자기 스스로 의를 세울 수 있다고 착각했기 때문입니다. 그럴 필요성을 못 느꼈던 것입니다. 한마디로 교만했기 때문입니다. 이스라엘 백성으로 태어났다는 그 자체만으로 자기 스스로 구원을 이룰 수 있다고 생각한 것입니다.

우리도 주님을 오래 믿으면 믿을수록 조심해야 합니다. 오래 믿을수록 교만에 빠지기가 쉽습니다. 내가 많은 것을 알고 있으며 그것을 스스로 행할 수 있다고 생각하기 쉽습니다. 그래서 말씀 앞에서 마음을 열고, 말씀으로 훈련을 거듭하고, 말씀이 내 안에서 레마 되도록 기도하는 일에 게으르기 쉽습니다. 오래 믿은 사람들 가운데 심령이 예전보다 더 황폐해지고 오히려 처음 믿는 사람들보다 말씀에 둔해진 사람들이 이 경우에 해당합니다.

그렇다면 하나님께서 그와 같은 이스라엘 백성을 버리셔야 마땅하지 않겠습니까? 로마서 11장 1절은 이렇게 말씀하십니다.

그러므로 내가 말하노니 하나님이 자기 백성을 버리셨느냐 그럴 수 없느니라

　　여기에 주님의 사랑이 있습니다. 이스라엘 백성이 말씀을 귀로만 듣고 삼키지 않는데도 불구하고 하나님께서 자기 백성을 버릴 수 없다고 말씀하십니다. 왜입니까? 사랑하시기 때문입니다. 하나님께서는 우리에게도 끊임없이 말씀을 들려주셨습니다. 우리는 세상을 살아가는 염려 때문에, 욕심 때문에, 우리 자신의 생각과 계획들 때문에 그 말씀을 삼키지 못하고 행하지 못하고 있습니다. 그럼에도 사랑의 하나님께서 "나는 너희를 버리지 못하겠다"며 오늘도 두 손을 벌리고 당신에게 오라고 우리를 향해 초청하고 계십니다. 여러분이 이 사랑을 힘입어 주님의 말씀을 삼킬 수 있으시기를 바랍니다. 말씀을 삼킴으로, 말씀이 내 속에서 레마 될 때, 말씀의 능력으로 이제까지와는 전혀 차원이 다른 아름다운 삶을 경험하시게 될 것입니다.

너희가 내 말에 거하면 참으로 내 제자가 되고 진리를 알지니 진리가 너희를 자유롭게 하리라(요 8:31-32)

로
마
서

11
장

15
그럴 수 없느니라

로마서 11장 1-6절

그러므로 내가 말하노니 하나님이 자기 백성을 버리셨느냐 **그럴 수 없느니라** 나도 이스라엘인이요 아브라함의 씨에서 난 자요 베냐민 지파라 하나님이 그 미리 아신 자기 백성을 버리지 아니하셨나니 너희가 성경이 엘리야를 가리켜 말한 것을 알지 못하느냐 그가 이스라엘을 하나님께 고발하되 주여 그들이 주의 선지자들을 죽였으며 주의 제단들을 헐어 버렸고 나만 남았는데 내 목숨도 찾나이다 하니 그에게 하신 대답이 무엇이냐 내가 나를 위하여 바알에게 무릎을 꿇지 아니한 사람 칠천 명을 남겨 두었다 하셨으니 그런즉 이와 같이 지금도 은혜로 택하심을 따라 남은 자가 있느니라 만일 은혜로 된 것이면 행위로 말미암지 않음이니 그렇지 않으면 은혜가 은혜 되지 못하느니라

하나님께서 이스라엘 백성에게 부지런히 말씀을 전해 주셨지만, 그들은 그 말씀을 듣는 것에서 그쳤을 뿐 실천하지 않았습니다. 말씀을 삼키지 않고 뱉었기 때문입니다. 삼키기는커녕 오히려 말씀을

배척하고 조롱하고 비난했습니다.

로마서 11장은 바울의 질문으로 시작합니다.

그러므로 내가 말하노니 하나님이 자기 백성을 버리셨느냐 그럴 수 없느니라
(1절 상반절)

새 정부가 시작된 지 만 8개월 되었는데, 많은 사람들이 부정으로 옷을 벗고 투옥당했습니다. 그런데 어떤 사람의 경우에는 표적수사다, 보복이다 이런 말이 들리기도 합니다. 물론 우리는 그것이 진짜인지 알 도리가 없습니다. 다만 기억해야 할 점은, 표적수사나 보복이라는 말 속에는 자기를 배신했거나 음해했거나 자기 명예를 실추시킨 상대에게는 상응하는 대가를 치르도록 보복하려는 심리가 깔려 있다는 것입니다. 자신이 상대에게 정말 사랑을 베풀고 은혜를 베풀었음에도 감사는커녕 오히려 그것이 독화살이 되어 돌아오면, 반드시 상대를 버릴 뿐 아니라 짓밟으려는 심리가 있음을 말합니다.

바울의 질문이 무엇을 의미합니까? 만약 하나님께서 우리와 같은 사람이라면 이스라엘 백성을 분명 버렸으리라는 것입니다. 하나님께서 이스라엘 백성을 얼마나 사랑하셨습니까? 당신의 백성으로 선택하신 이유가 이스라엘 백성이 잘나서였습니까? 하나님께서 신명기 7장 7절을 통해 말씀하시기를 "너희가 다른 민족보다 수효가 많기 때문이 아니니라. 너희는 오히려 모든 민족 중에 가장 적으니라"고 하셨습니다. 오히려 가장 별 볼 일 없는 민족이었기에 하나님께서 무조건적인 긍휼을 베풀어 자기 백성으로 삼아 주셨습니다. 그런 이스라엘 백성을 출애굽시켜 주시고, 홍해를 갈라서 길을 열

어 주시고, 만나를 먹여 주시고, 불기둥 구름기둥으로 인도해 주시고, 가나안 땅을 그들에게 주셨습니다. 그리고 그들에게 영원한 생명을 허락하시려고 당신의 독생자를 십자가에서 처참하게 죽이시면서 구원을 선물로 주셨습니다. 그런데 이스라엘 백성이 어떻게 했습니까? 하나님을 대적했습니다. 복음 전하는 사람들을 핍박하고 조롱했습니다. 이런 상황에서는 누구든지 그 배신한 사람을 버리고 무섭게 보복했을 것입니다.

바울은 자신의 질문에 이어 답하기를 "그럴 수 없느니라"고 했습니다. 이 말은 제대로 번역된 것이 아닙니다. 여기에 해당하는 헬라어 '메 게노이토μή γένοιτο'는 '절대로 그럴 수 없다'는 의미입니다. 즉 하나님께서 자기 백성을 버리고 그들에게 보복하신다는 것은 절대로 있을 수 없는, 당치도 않는 말이라는 것입니다. 만일 하나님께서 당신이 백성으로 삼은 사람들이 배신을 했다고 해서 그 사람들을 버리고 짓밟으신다면, 하나님과 인간이 다를 바가 뭐가 있겠습니까? 하나님께서는 버리시기는커녕 오히려 하나님의 방법으로 바로 세우고 반드시 하나님 앞에 돌아오도록 역사해 주셨습니다.

하나님께서 요나를 사랑하셔서 선지자로 세우셨습니다. 그리고 하나님의 말씀을 주셨습니다. 말씀을 주신다는 것 자체가 하나님의 사랑 고백입니다. 그런데 사랑을 받은 요나가 자신이 가야 할 니느웨로 가지 않고 다시스로 갔습니다. 그것은 불순종이자 배신이었습니다. 하나님께서는 그런 그를 처벌하지 않으시고 하나님의 방법으로 강권적으로 붙드심으로 요나를 바로 세우셨습니다. 야곱에게는 열두 아들이 있었습니다. 그중 요셉은 혼자 채색옷을 입고 아버지에게 형들의 잘못을 자주 고자질했습니다. 하나님께서는 그런 요셉을 치밀한 방법으로 연단하시고 당신의 도구로 사용하셨습니다. 바울이 하나님께서 자기 백성을 버리지 않는 분이라고 어떻게 그토록 자신 있게 단언할 수 있었습니까? 하나님의 사랑을 직접 체험해 보았기 때문입니다. 바울은 하나님께서 버리시고 짓밟아야 마땅할 죄된 삶을 살았음에도 하나님의 방법으로 세워 주시는 은혜를 체험했던 것입니다.

나도 이스라엘인이요 아브라함의 씨에서 난 자요 베냐민 지파라(1절 하반절)

바울은 자신에 대해 세 가지를 소개했습니다. 우선, 자신이 이스라엘인이라는 것은 하나님의 특별한 사랑을 받는 민족이라는 의미입니다. '이스라엘'이라는 단어 자체가 하나님께서 져주셨다는 뜻을 지닙니다. 하나님께서 져주면서까지 사랑을 베풀어 주신 민족이 바로 이스라엘입니다. 또 바울은 자신이 아브라함의 씨라고 했습니다. 즉 아브라함이라는 믿음의 조상의 후손이라는 의미입니다. 거기다가 베냐민 지파라고 했습니다. 베냐민 지파는 이스라엘의 초대 왕을 배출한 지파입니다. 그리고 유다 지파와 더불어 남왕국을 끝까지 지킨 지파입니다. 이런 배경을 둔 사람이라면, 얼마나 하나님을 잘 믿었겠습니까? 얼마나 하나님께 충성했겠습니까? 그런데 바울이 하나님께 충성했습니까? 그렇지 않았습니다. 오히려 예수 그리스도의 복음을 전하는 사람들을 돌로 쳐 죽이고 능욕했습니다. 하나님을 철저하게 대적하고 배신한 사람입니다. 그러므로 세상적으로 보면, 그는 죽임 당해야 마땅합니다. 그런데 하나님께서 그에게 보복하셨습니까? 오히려 하나님의 방법으로 그를 당신 앞에 일으켜 세워 위대한 사도로 만들어 주셨습니다. 바울은 이러한 하나님의 사랑을 뼈저리게 경험했습니다.

하나님이 그 미리 아신 자기 백성을 버리지 아니하셨나니(2절 상반절)

　　하나님께서는 한번 자기 백성으로 삼았으면 버리시지 않는 분이십니다. 세상 사람들이 다 이스라엘 백성을 욕한다 할지라도 하나님께서 포기하지 않으신다는 것입니다. 이 같은 하나님을 바울이 자신 있게 확신에 차서 증거할 수 있었던 것은 자신의 체험으로 인함이었습니다. 확실한 체험은 믿는 사람들의 말과 행동을 분명하게 만듭니다. 그러나 개인의 체험은 중요하고 가치 있지만, 절대화되어서는 안 됩니다. 개인의 체험이 절대화되면, 주관화되고 독선적으로 변질됩니다. 무엇보다 주의해야 하는 것은 성경에서 일탈해 버리게 될 수 있다는 것입니다. 개인의 체험보다 중요한 것은 성경에서 벗어나지 않는 것입니다.

　　바울은 1절에서 자신의 체험으로 자신 있게 말했습니다. 그러나 그는 성경으로 되돌아갔습니다. 성경 말씀을 인용하면서 자신의 말이 성경에 있음을 보여 줍니다.

너희가 성경이 엘리야를 가리켜 말한 것을 알지 못하느냐 그가 이스라엘을 하나님께 고발하되(2절 하반절)

　　이 구절은 열왕기상 19장에서 엘리야가 이스라엘을 고발하여 하나님께 호소한 것을 가리킵니다. 엘리야는 하나님 앞에서 이스라엘 백성을 벌주라고 고발했습니다. 내가 누군가를 고발했다는 것은 내가 그 사람을 버렸다는 말입니다. 이미 내가 그 사람을 심판한 것입니다. 다만 그 심판에 대한 공적이고 법적인 행사를 호소하는 것입니다. 엘리야가 어떤 사람이었습니까? 하나님께서 엘리야를 얼마나 사랑하고 신뢰하셨는지, 엘리야는 죽음을 보지 않고 살아 있는 채로 하늘로 부르심을 받았습니다. 죽지 않고 하나님으로부터 부르심을 받을 정도라면, 성자 중에 성자입니다. 성경에 이런 사람이 세 명 나타나 있습니다. 에녹, 엘리야, 그리고 예수님입니다. 이런 엘리야가 자기 마음속에서 이스라엘 백성을 지워 버렸습니다. 그리고 세상 법정도 아닌 최고 심판자이신 하나님께 고발했습니다.

도대체 이스라엘이 어떤 잘못을 했기에 엘리야가 자기 마음에서 이스라엘을 지운 것입니까?

주여 그들이 주의 선지자들을 죽였으며 주의 제단들을 헐어 버렸고 나만 남았는데 내 목숨도 찾나이다 하니(3절)

첫째, 주의 선지자들을 죽인 것입니다. 엘리야가 활동한 당시 이스라엘의 왕은 아합이었습니다. 그때 영적으로 가장 타락이 심했습니다. 그래서 하나님께서 많은 선지자를 보내셨지만 이스라엘 백성은 끊임없이 그들을 죽였습니다. 하나님의 말씀을 듣지 않았습니다. 이스라엘 민족이 그래서 패역한 민족이라는 것입니다. 둘째, 주의 제단들을 헐어 버린 것입니다. 이후 이스라엘 백성은 바알과 아세라를 우상으로 섬겼습니다. 셋째, 하나님을 경외하며 신앙을 지키는 사람으로 엘리야 혼자 남았는데 그런 엘리야마저도 죽이려 한 것입니다. 이 정도라면 하나님께 충분히 고발할 만합니다.

그에게 하신 대답이 무엇이냐 내가 나를 위하여 바알에게 무릎을 꿇지 아니한 사람 칠천 명을 남겨 두었다 하셨으니(4절)

엘리야는 이 땅에서 하나님을 믿는 사람은 자기 혼자밖에 없다고 했습니다. 그런데 하나님께서 그런 엘리야에게 내가 이미 칠천 명을 구원해 두었다고 말씀하신 것입니다. 엘리야가 볼 때 다른 사람은 다 심판받아야 할 것처럼 보였습니다. 그래서 저들을 처단해 달라고 고발했습니다. 그런데 하나님의 대답은 너는 칠천 한 번째 사람이라는 것입니다. 그러면 이 칠천 명이 어떻게 구원을 받았습니까? 하나님의 일방적인 은혜로 구원받은 것입니다. 자기 백성을 버리지 않으시는 하나님의 긍휼하심으로 구원받은 것입니다.

그런즉 이와 같이 지금도 은혜로 택하심을 따라 남은 자가 있느니라(5절)

이 세상이 다 멸함을 받는다 할지라도 하나님의 은총으로 구원받는 사람이 반드시 있으리라는 것입니다. 엘리야가 볼 때 이 세상은 전부 패역했습니다. 그런데도 하나님의 은혜로 칠천 명이 구원받았습니다. 바울은 예수 믿는 사람들을 돌로 쳐 죽이던 사람입니다. 그런데 자기 백성을 버리지 않으시는 하나님의 긍휼하심으로 바울 자신도 구원을 얻었습니다. 이러한 바울은 이스라엘 백성이 아무리 패역하고 아무리 불한당처럼 보일지라도, 하나님께서 은혜로 구원하실 사람들이 있으리라 믿었습니다. 더불어 이스라엘 백성을 위한 소망을 버리지 않았습니다.

만일 은혜로 된 것이면 행위로 말미암지 않음이니 그렇지 않으면 은혜가 은혜 되지 못하느니라(6절)

우리가 하나님께로부터 구원받은 것이 은혜로 된 것이면, 우리의 행위가 아무런 조건이 되지 않았음을 의미합니다. 내가 선을 많이 행했다는 조건으로 구원을 받았다면, 그것은 은혜로 구원받은 것이 아닙니다. 은혜로 구원받았다는 것은 내가 형편없는 삶을 살았음에도 주님의 일방적인 사랑에 의해 구원받은 것을 말합니다. 그래야 비로소 은혜가 은혜 될 수 있습니다. 바울은 자신에게 임한 은혜가 이스라엘 백성에게도 임할 것을 믿었습니다. 참으로 위대한 신앙의 자세가 아닐 수 없습니다. 바울은 자기를 핍박하며 죽이려 하는 이스라엘 백성을 위해서라면 자신이 저주를 받아 예수 그리스도에게서 끊어져도 좋다고 했습니다. 그가 어떻게 이 같은 말을 할 수 있었습니까? 하나님의 은혜를 믿었기 때문입니다. 자기 백성을 버리지 않으시는 하나님의 사랑을 믿었기 때문에, 바울은 위대한 신앙의 길을 계속해서 걸어갈 수 있었습니다.

우리는 본문을 통해 네 가지 교훈을 가슴에 새겨야 합니다. 첫째, 하나님께서 우리의 하나님 되신다는 사실을 잊지 말아야 합니다. 하나님 앞에서 개인적인 체험은 무척 중요합니다. 그런데 사람들은 종종 자신의 체험을 절대화하는 오류를 저지릅니다. 나의 경험을 절대화하면, 하나님이 나만의 하나님만 되시는 양, 나의 소유물인 양 생각하게 됩니다. 그 하나님은 나만 사랑하고, 나의 기도만 듣습니다. 그래서 그 하나님에게 저 사람을 벌해 달라고도 기도하게 됩니다. 그 하나님의 이름으로 남을 증오하게도 됩니다. 나의 하나님이 저 사람의 하나님이시기도 하다는 사실을 깨닫지 못하기 때문입니다. 주님께서 이 땅에 오셔서 사람들에게 기도를 가르쳐 주셨습니다. 그 기도를 살펴보면 가장 먼저 하는 말이 "하늘에 계신 우리 아버지여"(마 6:9)입니다. 헬라어 원문으로는 '파테르 헤

몬Πάτερ ἡμῶν', 즉 '우리 아버지'입니다. NIV 영어성경에서도 "Our Father in heaven"이 제일 먼저 나옵니다. 하나님께서 나의 하나님만이 아니라 우리의 하나님 되신다는 것을 주님께서 가르쳐 주시기 위함입니다.

하나님께서 나의 하나님만이 아니라 우리의 하나님 되심을 인식할 때 우리는 다른 사람을 포용할 수 있습니다. 하나님께서 우리의 하나님이라는 것을 믿을 때만 용서할 수 있습니다. 하나님께서 우리의 하나님이라는 것을 깨달을 때만 비로소 사랑할 수 있습니다. 신약성경을 들여다보면, 주님의 제자들은 구약에 나타나 있는 기도와 달리 누구를 저주하거나 누구에게 벌을 내려 달라거나 원수를 갚아 달라고 하나님 앞에 기도하지 않습니다. 대신 저들의 죄를 용서해 달라고 기도합니다. 나는 지금 견딜 수 없이 괴롭지만 하나님께서 저 사람도 사랑하신다는 것을 믿을 때 우리는 인간에 대한 소망을 가질 수 있습니다. 우리는 매일 살아가면서 만나는 사람들을 수용하지 못할 때가 많습니다. 그래서 자꾸 절망하게 되고, 그 절망은 증오심으로 변하고, 그 증오심은 결국 저주로 변하게 됩니다. 그런데 나를 사랑하시는 하나님께서 저 사람도 사랑하신다는 것을 믿으면, 하나님께서 내게 베풀어 주신 은혜를 저 사람에게도 베풀어 주실 것이고, 그럼으로써 저 사람도 변화되리라는 소망이 생겨 비로소 다른 사람을 수용될 수 있게 됩니다.

둘째, 사람의 중심을 보는 훈련을 거듭해야 합니다. 우리는 유한한 존재이기 때문에 사람의 중심을 본다는 것은 어려운 일입니다. 사람의 중심을 보지 못할 경우에는 적어도 외모로 그 사람을 속단하는 잘못을 저질러서는 안 됩니다. 하나님께서 엘리야에게 말씀하시기를, 바알에게 무릎 꿇지 않은 사람들을 칠천 명 남겨 두었다고 하셨습니다. 당시에는 왕을 비롯해 모든 백성이 바알을 섬기고 있었습니다. 바알에게 무릎 꿇지 않는다는 것은 생명을 거는 일과 마찬가지였습니다. 그런데 칠천 명이 바알에게 무릎 꿇지 않았다는 것입니다. 그들의 중심에는 하나님을 향한 뜨거운 신앙심이 자리 잡고 있었을 것입니다. 그들이 겉으로는 세상 사람들과 별반 다르지 않게 살았을지도 모릅니다. 그래서 엘리야가 볼 때는 자기 외에는 하나님을 믿는 사람이 없는 것처럼 보였을지도 모릅니다. 우리가 사람을 외모로 속단하면 두 가지 잘못을 범하게 됩니다. 하나는, 상대방에게 상처를 입히게 되는 것입니다. 다른 하나는, 자기 교만에 빠지게 되는 것입니다. 자기 교만에 빠지면 하나님과의 관계가 단절되어 버립니다.

어떤 교우로부터 의미 있는 체험담을 들었습니다. 그분이 얼마 전 퇴근 시간에 강북에서 강남으로 버스를 타고 오면서 마침 자리가 비어 좌석에 앉았습니다. 버스가 어느 정거장에 멈춰 섰는데, 아주머니 몇 분이 보따리를 들고 버스에 올라타면서 두리번거렸습니다. 그 모습이 조금이라도 틈새가 있으면 비집고 앉으려는 기세였습니다. 그런데 찾아봐도 빈자리가 없자 아주머니들이 서서 이야기를 하는데, 주고받는 대화가 욕심꾸러기 같은 대화였습니다. 몇 정거장을 지나 어떤 젊은 부인이 아이의 손을 잡고 버스를 탔습니다. 그 교우님이 마음 같아서는 일어서서 젊은 부인에게 자리를 양보하고 싶었는데, 자기가 일어서면 욕심쟁이 아주머니가 앉을 것 같았습니다. 그래서 일어나지 않았습니다.

그런데 마음이 계속 편치 않고 너무 괴로운 상태까지 되어, 그냥 내리려고 일어서서 몸을 옮겼습니다. 아니나 다를까 아주머니 한 분이 남이 못 앉게 보따리를 자리에 내려놓았습니다. 그러고서 소리를 질렀는데 그 젊은 부인을 보면서 "새댁, 새댁! 이리 와서 앉아요!"라고 하는 것이었습니다. 교우님이 이 모습을 보고 충격을 받았습니다. 버스에서 내리고서 그 아주머니를 오해했던 것을 얼마나 창피하게 생각했는지 모른다고 했습니다. 그 버스 안에서 젊은 부인과 아이를 생각하고 있는 사람이 자기 혼자만이라고 여겼던 것이 너무도 창피했다고 합니다. 그 아주머니의 마음속에 뜨거운 사랑이 있었는데 전혀 보이지 않았던 것입니다. 이것이 바로 우리의 모습입니다. 나만 바른 사람이라 생각하고 남을 전부 속단하고 있는 것이 아닌지 돌아보아야 합니다.

한국 사람들은 감정 표현을 잘 하지 않습니다. 제가 영락교회에서 전도사로 섬길 때, 교사들과 함께 성경공부를 하는데 선생님들에게 표정이 없었습니다. 그런데 감정이 표정으로 드러나지 않아도 그 안에서 말씀이 역사하신다는 사실을 나중에야 깨달았습니다. 우리가 남의 중심을 보기 위해서는 내 중심을 들여다보는 법부터 배워야 합니다. 내 중심을 들여다보지 못하는 사람은 절대 남의 중심을 볼 수 없습니다. 엘리야는 이 부분에서 자기 교만에 빠지는 우를 범했던 것입니다.

셋째, 어떤 경우에도 절망해서는 안 됩니다. 하나님을 진실로 믿는 이에게는 절망이 있을 수 없습니다. 엘리야는 이스라엘 백성으로 인해 절망에 빠졌습니다. 세상이 다 끝난 줄 알았습니다. 그런데 영적 암흑기와 같던 그때에 하나님께서 칠천 명의 사람들을 세워 주셨습니다. 이 칠천 명은 이스라엘의 내일을 책임질 하나님의 도구들이었습니다. 요나는 바다에 던져졌습니다. 그러나 하나님께서 요나를 위해 큰 물고기를 예비해 두셨습니다. 바다만 보면 요나에게 절망이었지만 그 속에 하나님의 예비하심이 있었던 것입니다.

요셉이 형들에 의해 물 없는 웅덩이에 빠지게 된 것은 절망 같았지만, 그때에도 하나님께서 그를 애굽의 총리대신으로 세우기 위해 모든 것을 예비하고 계셨습니다. 우리가 아무리 절망스러운 상황에 있다 할지라도, 하나님께서는 이미 은혜의 징검다리를 예비해 두셨다는 사실을 기억하십시다.

넷째, 죄의 생활로 되돌아가서는 안 됩니다. 바울이 1절에서 자문자답하기를 "그러므로 내가 말하노니 하나님이 자기 백성을 버리셨느냐 그럴 수 없느니라"고 했습니다. 우리가 어떻게 구원받았습니까? 하나님의 은혜로, 자기 백성을 버리시지 않는 그분의 사랑과 긍휼하심으로 구원받았습니다. 그러면 다른 여러 이유들을 대며 계속해서 죄 속에 있어야 하겠습니까? 이것이 우리 삶의 태도가 되어서야 되겠습니까?

그런즉 우리가 무슨 말 하리요 은혜를 더하게 하려고 죄에 거하겠느냐 그럴 수 없느니라(롬 6:1-2)

절대 그럴 수 없고 그래서도 안 된다는, 당치도 않은 말이라는 것입니다. 하나님께서 자기 백성을 버리셨습니까? 그렇지 않습니다. 하나님께서 그렇게 하지 않으셨는데 우리가 계속 죄에 거해서야 되겠습니까? 그럴 수 없다는 것입니다. 하나님의 사랑으로 우리를 구원해 주셨으므로 그 사랑 속에서, 그 은혜 속에서 우리는 죄에 대해 죽는 자가 되어야 합니다. 그 은혜 속에서 우리는 하나님의 말씀을 삼켜야 합니다. 그 말씀이 우리 안에서 레마가 되어 우리로 하여금 더는 죄에 거하지 않게 하고 세상 가운데서 소금으로, 빛으로 날마다 바로 세워 주실 것입니다.

16
그들의 충만함이리요

로마서 11장 7-12절

그런즉 어떠하냐 이스라엘이 구하는 그것을 얻지 못하고 오직 택하심을 입은 자가 얻었고 그 남은 자들은 우둔하여졌느니라 기록된 바 하나님이 오늘까지 그들에게 혼미한 심령과 보지 못할 눈과 듣지 못할 귀를 주셨다 함과 같으니라 또 다윗이 이르되 그들의 밥상이 올무와 덫과 거치는 것과 보응이 되게 하시옵고 그들의 눈은 흐려 보지 못하고 그들의 등은 항상 굽게 하옵소서 하였느니라 그러므로 내가 말하노니 그들이 넘어지기까지 실족하였느냐 그럴 수 없느니라 그들이 넘어짐으로 구원이 이방인에게 이르러 이스라엘로 시기나게 함이니라 그들의 넘어짐이 세상의 풍성함이 되며 그들의 실패가 이방인의 풍성함이 되거든 하물며 **그들의 충만함이리요**

7절 상반절이 이렇게 시작합니다.

그런즉 어떠하냐 이스라엘이 구하는 그것을 얻지 못하고

이스라엘이 구하는 것이 무엇이었습니까? 자기 의의 완성이었습니다. 이스라엘 백성은 그리스도를 필요로 하지 않았습니다. 내 능력, 내 결단, 내 의지로 하나님께서 요구하시는 의를 완성할 수 있다고 믿었습니다. 그들은 자기 의의 완성을 구했지만 얻지 못했습니다. 누구보다 열심이었고 누구보다 결단력이 강했지만, 그 의에 이르지 못했습니다. 그 이유가 무엇입니까? 이미 우리가 앞에서 배웠듯이, 그들은 모두 술 공장이었기 때문입니다. 술 공장이 아무리 노력한다 한들, 술의 도수는 낮게 할 수 있지만 생수를 생산해 낼 수는 없습니다. 알코올이 1퍼센트만 들어가도 그것은 술입니다. 우리가 우리의 죄됨을 조금이나마 줄일 수는 있지만 하나님께서 요구하시는 완전무결한 의에 이를 수는 없습니다.

오직 택하심을 입은 자가 얻었고 그 남은 자들은 우둔하여졌느니라(7절 하반절)

이스라엘 백성이 아무리 노력한다고 해서 의가 얻어지는 것이 아니라, 그들 가운데 오직 하나님으로부터 은혜 입은 사람들이 의를 얻고 의를 완성한다는 의미입니다. 하나님의 택하심을 얻는 방법 외에는 의인이 될 수 있는 길이 없습니다. 의인이 되는 길은 하나님의 은총을 입을 때만 가능합니다. 우리의 부족한 부분을 당신의 의로 메워 주시고 채워 주시고 의롭다 인정해 주심으로 비로소 우리가 의인이 될 수 있습니다.

지금으로부터 4천 여 년 전 하란이라는 도시는 우상을 섬기는 사람들로 가득했습니다. 아브라함도 그 도시에서 살면서 우상을 섬겼습니다. 그런데 그 사람들 가운데 아브라함이 하나님의 부르심을 받는 은총을 입었습니다. 왜 아브라함만이 은총을 입었습니까? 다른 사람보다 우상을 덜 섬겼기 때문입니까? 우리는 그 이유를 모릅니다. 그러나 한 가지 분명한 사실은, 아브라함이 하나님의 부르심을 입고 난 다음부터 그가 의로운 믿음의 조상이 되었다는 것입니다.

지금부터 3500여 년 전에 이스라엘 백성은 애굽에서 노예생활을 했습니다. 바로 왕은 이스라엘 백성의 수가 증가하는 것에 위협을 느껴, 이스라엘 백성 중에서 아들이 태어나면 나일강에 던지라는 아주 무서운 명령을 내렸습니다. 이 명령을 어기면 가차없이 죽임을 당했습니다. 그런데 아므람과 요게벳이 아들을 낳은 뒤 명령을 어기고서 갈대상자에 아들을 넣어 나일강에 띄웠습니다. 그 아이가 모세입니다.

흔히 사람들은 모세가 그렇게 위대한 인물이 될 수 있었던 것은 부모가 하나님을 사랑하는 마음으로 모세를 나일강에 띄워 살렸기 때문이라고 생각합니다. 그런데 그렇지 않습니다. 만약 모세의 부모만 그런 행동을 했다면, 그리고 다른 부모들은 왕의 명령이 겁이 나 아기를 죽였다면, 모세는 이스라엘의 마지막 남자가 되어야 합니다. 그런데 모세가 출애굽할 당시 남자 장정만 603,550명이었습니다(출 38:26). 이것은 무엇을 의미합니까? 이스라엘의 부모들이 대부분 아들을 죽이지 않았음을 의미합니다. 온갖 수단과 방법을 동원해 자신들의 아들을 살린 것입니다. 여호수아도 그래서 있을 수 있었습니다. 그런데 왜 유독 모세만 하나님의 특별한 선택을 받았습니까? 우리는 그 이유를 모르지만 한 가지 분명한 사실은, 모세가 주님의 부르심의 은총을 입은 이후로 출애굽의 의로운 지도자가 되었다는 점입니다.

2천 년 전 갈릴리 바다에 많은 어부들이 있었을 것입니다. 그 어부들에게는 두 가지 공통점이 있었습니다. 하나는 가난하다는 것, 다른 하나는 무식하다는 것입니다. 그런데 그들 가운데 왜 베드로만 택하심의 은총을 입었습니까? 우리는 그 이유를 모르지만 한 가지 분명한 사실은, 베드로가 부르심의 은총을 입은 후로 주님의 의로운 제자가 되었다는 것입니다.

초대교회 당시에 예수 믿는 사람을 핍박하고 돌로 쳐 죽이는 사람들의 패거리가 있었습니다. 그런데 그 패거리들 중에서 유독 바울만 부르심의 은총을 입었습니다. 왜 그만 부르심의 은총을 받았습니까? 우리는 잘 모르지만 한 가지 분명한 사실은, 그가 부르심의 은총을 받은 다음부터 예수 그리스도의 의로운 사도가 되었다는 것입니다.

우리는 절대 착각해서는 안 됩니다. 우리가 이만큼 의로운 삶을 살기 때문에 구원받은 것이 아닙니다. 주님께서 일방적으로 우리를 택하시고 구원해 주셨기에, 이만큼 변화된 삶을 살고 있는 것입니다. 그 증거가 어디에 있습니까? 우리 각자가 바로 증거입니다. 우리가 정말 주님의 은총으로 주님을 바라보고 주님을 목적으로 하는 삶을 살기 시작할 때, 우리의 상태를 되돌아보십시다. 우리에게 구원받을 만한 가치가 있었습니까? 조금도 없었습니다. 그럼에도 주님께서 베푸시는 구원의 은총 속에서 오늘까지 우리의 삶이 이렇게 바뀐 것입니다.

바울은 7절 마지막 부분에 "그 남은 자들은 우둔하여졌느니라"고 말합니다. 여기서의 '남은 자'는 5절에 나오는 '남은 자'와 전혀 다른 의미입니다. 5절에서 말한 남은 자란 그루터기remnant입니다. 즉 모든 사람이 다 멸망해도 구원받는 사람, 구원에 속해 있는 사람을 말합니다. 그런데 7절에서의 남은 자는 하나님의 은총에서 제외된 사람the rest을 말합니다. 이 사람들이 우둔해졌다고 했습니다. 하나님의 은총이 임하지 않으면 인간은 우둔한 존재에 지나지 않습니다. 여기에서 말하는 '우둔'은 포로가 되는 것, 돌처럼 굳어지는 것을 의미하며, 다시 말해 양심이 마비되는 것을 뜻합니다. 하나님께서 구원의 은총을 베풀어 주시지 않으면, 인간의 양심은 마비된 채로 있게 됩니다. 그래서 자신의 목적을 위해 온갖 수단과 방법을 쓰고도 양심의 가책을 느끼지 않습니다. 왜냐하면 이미 죄에 포로 되었기 때문입니다.

지난 주일에 SBS의 〈그것이 알고 싶다〉라는 프로그램에서 도굴꾼에 대해 방영했습니다. 참 가슴 아프고 충격적인 장면이 나왔습니다. 한국의 도굴꾼들이 일본의 도굴꾼들에게 기술을 전수받았는데, 무덤 안에 석실이 나오면 일본 사람들은 석실 지붕을 뚫고 내려간다고 합니다. 그런데 이것은 위험 부담이 크기 때문에 한국 도굴꾼들은 기술을 개발하여 위를 뚫지 않고 옆의 벽을 뚫고 들어간다고 합니다. 우리나라 고분들은 거의 전부가 도굴을 당한 상태입니다. 한국 도굴꾼들은 흙을 파고 내려가다가 석실 위에 구멍이 뚫려 있으면 더 이상 파지 않는데, 한 도굴꾼이 윗부분이 멀쩡한 석실을 발견했습니다. 그래서 속에 뭔가 있다고 생각하여 옆을 뚫고 들어갔더니 아무것도 없었습니다. 그런데 바로 그 벽속에 어린아이의 해골이 쪼그리고 앉아 있는 채로 있었습니다. 사실 석실 위에 어린아이 하나가 들어갈 수 있을 만큼 구멍이 뚫려 있었는데 큰 돌로 막아져 있는 상태였습니다. 과거에 일본 사람들이 도굴할 때 그 동네의 한국 사람들을 동원해 흙을 팠는데, 석실 지붕이 나오면 아이가 들어갈 만한 구멍을 뚫었습니다. 그리고 그 동네의 아이를 데

려와, 내려가서 물건을 가져오면 나중에 보상해 준다고 약속했습니다. 그런데 아이가 물건을 다 꺼내 주었는데도 보상을 해주기는커녕 바위로 막고 흙을 덮어 버린 것이었습니다. 양심이 마비된 인간들의 전형인 것입니다.

하지만 우리도 그런 인간들 중 하나가 아니었습니까? 우리가 다른 사람보다 양심적이었습니까? 하나님의 은총이 임하기 전에 저 또한 그렇게 살았습니다. 정도의 차이만 있을 뿐이지, 모양의 차이만 있을 뿐이지 얼마나 많은 사람들을 배신했고, 얼마나 많은 사람들과 약속을 어겼으며, 누가 나를 배신하면 마치 내가 정의의 사도가 된 양 얼마나 그 사람을 매도하기에 바빴는지 모릅니다. 내가 상대를 배신할 때는 그것이 배신이라고 전혀 생각하지 않았습니다. 이것이 주님의 은총이 임하기 전 양심의 상태입니다. 그런데 주님의 은총을 입게 되면서, 양심이 회복되었습니다. 하나님의 은총이 임하자 완악했던 심령이 바뀌었습니다. 지금은 그런 일을 하라고 해도 할 수가 없습니다. 양심이 찔려서 편하지가 않습니다. 지금 그런 짓을 하면 밤에 괴로워서 잠을 못 이룹니다.

기록된 바 하나님이 오늘까지 그들에게 혼미한 심령과 보지 못할 눈과 듣지 못할 귀를 주셨다 함과 같으니라(8절)

하나님의 은총이 임하지 않은 모든 인간의 심령은 혼미한 상태입니다. 하나님의 은총을 받지 못한 인간의 눈은 앞을 보지 못하고, 하나님의 은총 속에 있지 않은 인간의 귀는 닫힌 귀일 뿐입니다. "혼미한 심령"이란 혼미한 영혼을 의미합니다. 우리말 '혼미'에 해당하는 헬라어 '카타뉙시스κατάνυξις'는 마취 상태를 가리킵니다.

하나님의 은총이 임하지 않은 인간의 영혼은 마취 상태이고 혼수상태입니다. 그러니 이런 상태에 있는 영혼이 어떻게 바른 삶을 살아갈 수 있겠습니까? 왜 허구한 날 술에 취해, 욕심에 취해 귀한 인생을 탕진하면서 살아갑니까? 심령이 마취되어서 그렇습니다.

하나님의 은총이 임하지 않으면 눈이 있어도 볼 수 없습니다. 하나님의 은총이 임하지 않으면 이 세상의 보이는 것밖에 보지 못합니다. 불나방이 불 속으로 뛰어들면 죽는데도 왜 불 속으로 뛰어듭니까? 불밖에 안 보여서 그렇습니다. 불의 내부를, 불의 뒤편을 보지 못해 죽는 것입니다. 하나님의 은총이 임하지 않으면 우리는 불나방처럼 눈에 보이는 세상만을 향해 뛰어들다가 죽게 됩니다. 또한 하나님의 은혜가 임하지 않으면 아무것도 들을 수 없습니다. 다 듣는 것 같지만 정작 중요한 것을 못 듣습니다. 오늘날 한국 사회에는 교회가 넘쳐납니다. 테이프나 CD를 통해 얼마든지 쉽게 설교를 들을 수 있습니다. 그런데도 하나님의 말씀을 듣는 사람은 국민의 25퍼센트가량밖에 되지 않습니다.

우리가 어떻게 주님을 보게 되었습니까? 어떻게 십자가가 보이게 되었습니까? 어떻게 이 세상을 넘어 영원한 생명이 보이게 되었습니까? 지금 이 시간에 텔레비전에서는 온갖 재미있는 프로그램들을 방영하고 있는데 어떻게 우리가 이 자리에 나와 하나님의 말씀을 듣게 되었습니까? 모두가 하나님께서 당신의 은총으로 우리의 눈과 귀를 열어 주셨기 때문입니다.

바울은 다윗의 말을 인용하면서 9-10절에서 이렇게 말하고 있습니다.

또 다윗이 이르되 그들의 밥상이 올무와 덫과 거치는 것과 보응이 되게 하

시옵고 그들의 눈은 흐려 보지 못하고 그들의 등은 항상 굽게 하옵소서 하였느니라

이 말씀의 본뜻은 하나님의 은총이 임하지 않으면, 인간의 밥상은 올무가 되고 덫이 되고 인간을 걸려 넘어지게 하고 보복을 받게 하는 것이 되며, 눈은 어두워져 보지 못하고 등은 언제나 굽어 있게 된다는 것입니다. 이 밥상은 우리의 식탁일 수 있고, 우리의 가정일 수 있고, 우리의 일터일 수 있습니다. 하나님의 은총이 임하지 않으면 내 앞에 있는 밥상은 죄의 충전소 내지는 죄의 주유소밖에 안 됩니다. 육신의 밥상을 차려놓고 밥을 먹고는 그 힘을 전부 죄짓는 데 사용하게 되는 것입니다. 식탁이라는 것이 내게 생명을 주는 것이 아니라 오히려 내 생명을 단축시키는 올무가 됩니다. 예수 그리스도의 은총이 임함으로 비로소 우리의 식탁은 진리의 삶을 위한 생명의 식탁으로 바뀝니다. 같은 음식을 먹는데 삶이 전혀 달라지게 되는 것입니다.

예수 그리스도의 은총이 임하지 않을 때 가정은 부정한 것을 가져다가 부부가 같이 숨기고 그것을 가족들이 나누어 먹는 범죄의 소굴이 되어 버립니다. 그리스도의 은총이 임함으로 한 가정 한 가정이 진리와 더불어 사는 에덴동산으로 바뀝니다. 하나님의 은총이 임하지 않을 때 일터는 하루하루 지나면 지날수록 부정과 불의를 쌓는 덫이 되어 버립니다. 그러나 하나님의 은혜가 임함으로 일터가 새로워지고 사람과 더불어 사는 생명의 통로로 바뀝니다. 하나님의 은총이 임하지 않으면 인간의 등이 굽을 수밖에 없다고 했습니다. 땅에 대한 관심에서 벗어날 수 없기 때문에 그렇습니다. 남녀노소, 지식 유무에 관계없이 땅의 소산만을 위해 살아가는 사람

은 몸도 마음도 굽을 수밖에 없습니다.

모 시사 잡지사에서 여러 계층의 사람들에게 조사를 했습니다. 질문 내용은 재벌 총수 중에 가장 탁월하다고 생각되는 지도자가 누구냐는 것이었습니다. 응답자의 70퍼센트 이상이 삼성그룹의 이건희 회장을 꼽았습니다. 그런데 이건희 회장이 다른 잡지와 인터뷰한 내용을 보니 하루에 한 끼밖에 못 먹는다고 했습니다. 그리고 하루에 잠을 세 시간밖에 못 잔다고 했습니다. 만일 그분이 대한민국 경제를 위해, 국민을 위해, 또 함께 일하고 있는 직원들의 삶과 복리증진을 위해 하루에 한 끼 먹고 세 시간을 자며 일하는 것이라면, 그분은 성직자보다 더 거룩한 삶을 사는 것입니다. 그러나 보통 사람들과 마찬가지로 더 많이 가지고 싶고, 더 높아지고 싶고, 더 커다란 것을 확보하기 위한 욕망으로 그렇게 일하는 것이라면, 그분은 대한민국에서 제일 가여운 사람입니다. 제대로 먹지도 못하고 잠도 못 자고 땅만 보며 평생을 살다가 막상 이 세상을 떠날 때, 무엇을 들고 어디를 갈 수 있겠습니까? 예수님께서 마가복음 8장 36-37절에서 "사람이 만일 온 천하를 얻고도 자기 목숨을 잃으면 무엇이 유익하리요? 사람이 무엇을 주고 자기 목숨과 바꾸겠느냐?"고 말씀하셨습니다. 등이 굽어지도록 일해서 태산과 같은 재산과 명예를 쌓았다 할지라도, 그것이 아무 소용없는 날이 반드시 오게 되어 있습니다.

우리가 땅만 보고 살았던 사람들인데 어떻게 하나님께서 우리 영혼의 등을 펴주셨습니까? 땅만 보던 그 시선을 어떻게 위를 향하게 해주셨습니까? 생각하면 할수록 하나님의 은총은 위대합니다. 하나님의 은총으로 내 눈이 새로워졌고, 하나님의 은총으로 내 귀가 열렸고, 하나님의 은총으로 내 밥상의 의미가 달라졌고, 하나님의 은총으로 내 가정과 일터, 내 인생이 새로워졌습니다. 우리가 밤낮 주님을 부르고 찬양을 올려도 늘 아쉬운 마음이며 그 은혜에 다 보답할 수 없습니다. 그런데 누구보다 그 은혜를 깨달은 바울은 하나님의 은혜를 혼자 즐기는 것으로 만족하지 않았습니다.

그러므로 내가 말하노니 그들이 넘어지기까지 실족하였느냐 그럴 수 없느니라 그들이 넘어짐으로 구원이 이방인에게 이르러 이스라엘로 시기나게 함이니라(11절)

여기에서 "그들"은 하나님의 말씀과 은혜를 배척하는 이스라엘 사람들을 가리킵니다. "그들이 넘어지기까지 실족하였느냐"라는 구절은 패역한 이스라엘 백성을 하나님께서 버리셨는지 다시 한 번 질문하는 것입니다. 그리고 바울이 자답하기를 그럴 수 없다고 했습니다. "그들이 넘어짐으로 구원이 이방인에게 이르러 이스라엘로 시기나게 함이니라"는 구절은 바울의 삼각관계 신학이라 불리는 내용입니다. 다른 말로 표현하면, 하나님의 삼각관계 사랑이라 할 수 있습니다. 이스라엘 백성이 패역하여 하나님의 말씀을 버림으로 그 말씀의 은총이 이방인에게로 갔습니다. 그러면 하나님께서 이스라엘 백성을 제치신 것입니까? 아닙니다. 이스라엘의 불순종으로 이방인을 구원하시고, 이방인의 구원이 곧 이스라엘로 하여금 질투를 일으켜 그 구원을 받아들이도록 역사하고 계신 것입니다. 우리는 여기에서 바울의 놀라운 통찰력을 확인할 수 있습니다. 엄마가 아이에게 젖을 먹입니다. 그런데 아이가 젖을 먹지 않습니다. 그때 마침 옆집 아이가 있어 엄마가 옆집 아이에게 젖을 먹입니다. 그러면 젖을 먹지 않던 아이가 울며불며 엄마에게 매달리게 되는 것과 같습니다.

그들의 넘어짐이 세상의 풍성함이 되며 그들의 실패가 이방인의 풍성함이 되거든 하물며 그들의 충만함이리요(12절)

　이스라엘이 패역하게 됨으로 말미암아 이방 모든 사람이 주님의 풍요한 은총을 누렸다고 하면, 하나님께서 이스라엘 백성을 구원하실 때 그 구원의 역사는 얼마나 크고 충만하겠습니까?

내가 이방인인 너희에게 말하노라 내가 이방인의 사도인 만큼 내 직분을 영광스럽게 여기노니 이는 혹 내 골육을 아무쪼록 시기하게 하여 그들 중에서 얼마를 구원하려 함이라(13-14절)

　여기에서 "얼마"라는 말은 하나님께서 구원하려고 작정하신 이스라엘 사람을 의미합니다. 바울은 그 이스라엘 사람을 위해 이방으로 나아간다고 하는 것입니다. 이스라엘 사람들이 자신을 욕하고 핍박하지만 그들을 포기하고 버리는 것이 아니라 오히려 구원의 은총을 누리도록 하기 위해 이방으로 나아간다는 것입니다.

　바울은 예수 믿는 사람들을 탄압하는 완악한 심령, 마비된 심령, 혼수상태에 빠진 양심의 소유자였는데, 하나님의 은총으로 새 삶을 살게 되었습니다. 바울의 위대함은 그 하나님의 은총을 사유화하지 않았다는 데 있습니다. 사람들은 자신이 받은 은총을 사유화하고 자신만을 위해 쓰기를 원합니다. 그런데 바울은 그 은총을, 사람을 살리고 구원하는 도구로 승화시켰습니다. 바울이 그렇게 한 이유는 하나입니다. 이스라엘 백성을 사랑하는 하나님의 사랑을 알기 때문이었습니다. 하나님께서 저 이스라엘 백성을 지극히 사랑하신다고 바울은 확신했습니다.

그러면 그렇게 패역한 이스라엘 백성을 하나님께서 사랑하신다는 것을 바울이 어떻게 알았습니까? 하나님을 사랑함으로 알았습니다. 바울이 하나님을 진정으로 사랑했기 때문에 알 수 있었습니다. 사랑은 쉽게 말하면, 상대의 입장에 서는 것입니다. 바울은 하나님을 사랑했습니다. 그래서 하나님의 은총을 얻은 순간부터 하나님의 입장에 서서 생각했습니다. 하나님께서 자신의 독생자 예수 그리스도를 십자가에서 죽이면서까지 나를 구원하셨다는 사실을 내 입장에서만 보면, 나만 최고가 됩니다. 그런데 하나님의 입장에 서서 보면, 하나님께서 나 하나만 구원하시려고 예수님을 죽이신 것입니까? 아닙니다. 내 입장에서 보면 나를 죽이려고 하는 이스라엘 백성이 원수인데, 하나님의 입장에서 보면 이스라엘 백성은 하나님의 선민입니다. 하나님께서 사랑하시고 약속을 맺어 주신 아브라함의 후손입니다. 그렇다면 자신이 하나님의 도구가 되지 않을 수 없다고 바울은 생각한 것입니다. 그런 바울을 통해 하나님의 위대한 구원의 역사, 사랑의 기적은 계속 이어졌습니다.

사람을 사랑하는 것이 무엇입니까? 그 사람의 입장에 서는 것입니다. 내가 아내를 사랑한다는 것은 내가 아내의 입장에 서는 것입니다. 남편을 사랑하는 것도 마찬가지입니다. 그렇게 상대의 입장에 설 때 상대가 수용되고 포용되는 것입니다. 하나님의 은총으로 말미암아 우리의 밥상의 의미가 달라졌고 가정과 일터의 의미가 새로워졌으며 우리 영혼의 등이 펴져 주님을 바라보게 되었다는 사실을 진정으로 깨닫고 계십니까? 하나님께서 그 은총으로 오늘도 우리를 불러 주시고 우리를 품고 계시다는 사실을 진정으로 믿으십

니까? 그렇다면 우리는 그 은총으로 하나님의 입장에 서는 그리스
도인들이 되어야 합니다. 우리가 미워할 수밖에 없는 사람의 입장
에 서는 그리스도인이 되어야 합니다. 그때 바울과 함께하셨던 하
나님의 능력이 우리를 통해 역사하심으로 삶 가운데 생명과 구원의
기적이 펼쳐질 것입니다.

17
영광스럽게 여기노니

로마서 11장 13-16절

내가 이방인인 너희에게 말하노라 내가 이방인의 사도인 만큼 내 직분을 **영광스럽게 여기노니** 이는 혹 내 골육을 아무쪼록 시기하게 하여 그들 중에서 얼마를 구원하려 함이라 그들을 버리는 것이 세상의 화목이 되거든 그 받아들이는 것이 죽은 자 가운데서 살아나는 것이 아니면 무엇이리요 제사하는 처음 익은 곡식 가루가 거룩한즉 떡덩이도 그러하고 뿌리가 거룩한즉 가지도 그러하니라

하나님께서는 이방인도 구원하시고 이스라엘도 구원하시어 하나님의 역사가 모두에게 이루어지리라는 것이 바울의 믿음이었습니다. 이방인들이 하나님과의 사이에서 부요한 은총을 누린다면, 이스라엘 백성이 하나님의 말씀을 받아들일 때는 두말할 것도 없이 멋진 역사가 일어나리라고 보았습니다. 바울은 이 비전 속에서 살아갔습니다.

본문 13절은 이렇게 시작하고 있습니다.

내가 이방인인 너희에게 말하노라 내가 이방인의 사도인 만큼 내 직분을 영
광스럽게 여기노니

　　여기에서 "직분"에 해당하는 헬라어 '디아코니아*διακονία*'는 '봉
사', '직분', '일'이라는 의미를 지닌 단어입니다. 세속적인 의미로
번역한다면 '직업'이라고 할 수도 있습니다. 이방인들에게 복음을
전하는 것이 바울의 일이고, 업이었습니다. 바울은 이 업이 영광스
럽다고 했습니다. 이 업이 자랑스럽고 그것에 긍지를 느끼고 있다
는 것입니다. 우리는 현재 우리가 하고 있는 일에 대해 영광스럽게
생각하고 있습니까? 세상 사람들은 어떤 경우에 자기가 하는 일을
영광스러워합니까? 그 일을 통해 많은 돈을 벌거나 자기 명예가 높
아지거나 권력을 얻게 되면 굉장한 긍지를 가질 것입니다. 그런데
바울이 영광스러워한 일로 그에게 부귀영화가 주어졌습니까? 바울
은 이스라엘 사람들이 아닌 이방 사람들에게 복음 전하는 것을 업
으로 삼아 오히려 자기 민족으로부터 배신자로 매도당했습니다. 바
울을 죽이려 한 사람은 다름 아닌 유대인들이었습니다. 그토록 사
람들에게 핍박받고 조롱당하고 말할 수 없는 고난을 겪으면서도 바
울이 자기 업에 대해 긍지를 느낀다고 한 이유가 무엇입니까? 14절
이 그 이유를 밝혀 주고 있습니다.

이는 혹 내 골육을 아무쪼록 시기하게 하여 그들 중에서 얼마를 구원하려
함이라

　　그 일을 통해 자신의 민족 중에서 누군가가 구원을 얻을 것이기
때문에 긍지를 가진 것입니다. 바울은 그 누군가가 누구인지, 어디

에 살고 있는지, 몇 사람이나 되는지 모르지만, 분명히 하나님께서 구원하려 작정하신 사람이 있을 것이라고 믿었습니다. 그리고 이방에 가서 복음을 전할 때 이스라엘 가운데서 질투를 느끼고 하나님께 돌아올 사람이 있을 것이라고 믿었습니다. 즉, 이방인 전도는 자신을 매도하고 조롱하는 이스라엘 백성에 대한 보복이나 버림이 아니라 오히려 그들을 사랑하기 위함이었습니다.

바울이 이방 전도를 위해 얼마나 핍박을 당했습니까? 돌에 맞아 죽을 뻔했고, 배가 파선되어 죽을 뻔했고, 수차례 투옥을 당했는데, 그토록 고난당한 이유는 민족 사랑, 민족 구원에 있었습니다. 이것이 자기 업에 대해 영광스럽게 여기는 이유였습니다. 이 지점에서 우리는 바울 앞에 또 한 번 머리를 숙이지 않을 수 없습니다. 바울이 자기 민족을 사랑하는 사랑으로 이방인을 전도했기 때문에, 이방인을 향한 사랑도 참된 사랑일 수 있었습니다. 한번 생각해 보십시다. 내가 내 민족을 사랑하지 않고, 내 민족 때문에 터지는 가슴을 느껴 보지 않은 채 이방인을 사랑하고 전도한다는 것은 자기 허영이요, 자기 기만입니다. 바울은 민족을 사랑하는 사랑 때문에 이방인을 진정으로 사랑할 수 있었고, 이방인을 진정으로 사랑할 수 있었기 때문에 또한 자기 민족을 진정으로 사랑할 수 있었습니다. 이것이 땅 끝까지 이르러서 내 증인이 되라고 하신 예수님의 유언에 담긴 뜻입니다.

예수님께서 제자들을 부르신 뒤 처음으로 그들을 전도 현장에 내보내시면서 "이방인의 길로도 가지 말고 사마리아인의 고을에도 들어가지 말고 오히려 이스라엘 집의 잃어버린 양에게로 가라"(마 10:5-6)고 하셨습니다. 이것이 무슨 의미입니까? 내 민족을 사랑하지 않으면, 내 민족을 위해 울어 보지 않으면, 내 민족을 위해 희생하지 않으면, 세계를 포용하는 세계인이 결코 될 수 없다는 의미입니다. 내 민족을 사랑할 때만 그 사랑으로 세계를 포용할 수 있습니다. 이런 의미에서 모든 그리스도인은 애국자여야 합니다. 이 땅에는 160여 개의 나라가 있는데, 이 많은 나라 가운데 하나님께서 우리를 대한민국 땅에 태어나게 하셨다는 것은 하나님의 신비스러운 섭리하심이 있었기 때문입니다. 그런데 내가 대한민국을 사랑해 보지 않고, 우리 민족을 사랑해 보지 않고, 나를 이 땅에 태어나게 하신 하나님의 원대한 섭리하심에 어떻게 동참할 수 있겠습니까? 무슨 일을 하든지 그 일이 내 나라, 내 민족과 어떤 관련이 있는지 한 번쯤 생각해 보아야 합니다. 우리 각자가 하는 일이 우리 민족에 어떤 기여를 하고 있습니까? 천만 그리스도인들이 이렇게 생각하며 일해 나간다면, 이 나라는 밝아질 것입니다. 그런데 대부분의 경우 어떠합니까? 예수님 믿고 나만 잘되면 된다는 식입니다. 그러니 예수 믿는 사람은 많아져도 나라는 더 오염되어 가는 것입니다.

어떤 크리스천 의류업자가 하는 말을 듣고 감동을 받은 적이 있습니다. 그가 의류업을 하는 이유는 대한민국 옷값이 너무 비싸기 때문이라고 했습니다. 그래서 대한민국 국민들에게 질 좋고 예쁘면서도 저렴한 옷을 입게 해주기 위함이라고 했습니다. 하나님께서 죄를 지은 아담에게 가죽옷을 입혀 주셨는데, 자신도 그 마음으로 내 민족에게 좋은 옷을 좋은 조건으로 입히겠다는 것이었습니다. 가령 내가 식당을 한다고 하십시다. 단지 돈 벌기 위해 식당을 운영한다면 믿지 않는 사람과 무슨 차이가 있겠습니까? 그 수익의 일부로 교회에 십일조 하는 것 외에 믿지 않는 사람과 무슨 차이가 있겠습니까? 내가 정말 동네 사람들에게, 나아가 이 민족에 오염되지 않은 깨끗한 음식으로 공궤供饋하기 위해서라고 한다면 얼마나 아름다운 일이 되겠습니까? 우리가 이와 같은 의식 속에서 일해 나가고 살아갈 때 대한민국에 태어난 대한민국 국민으로서 하나님이 원하시는 몫을 감당하게 됩니다.

이것은 우리 가정에도 그대로 적용되는 내용입니다. 내가 우리 집안 사람들, 나와 한지붕 밑에서 살고 있는 가장 가까운 사람들을 사랑하지 못하고, 밖으로 나가 이웃을 사랑하겠다고 하는 것은 거짓말입니다. 이런 사랑은 절대로 참된 사랑일 수 없습니다. 이런 사랑은 자기 만족에 지나지 않습니다. 내가 정말 나와 함께하는 사람을 사랑할 때, 그 사랑으로 이웃을 사랑하고 포용할 수 있게 됩니다. 눈에 보이는 사람, 가까운 사람을 사랑하기 시작함으로 우리는 참된 그리스도인이 될 수 있습니다. 내가 만약 밖으로 나가 이웃에게 복음을 증거하고자 한다면, 나와 한울타리에서 함께 살아가는 사람에 대한 소망이 끊어져 그 사람들을 버리고픈 마음이 아니라 가족에 대한 참된 사랑이 동기가 되어야 합니다. 그때 가정 안에서 이루어지는 섬김과 밖에서 이루어지는 섬김 둘 다 진짜가 됩니다.

그러면 우리가 어떻게 해야 곁에 있는 사람을 사랑할 수 있습니까? 바울은 하나님께서 이스라엘 백성을 버리지 않고 반드시 구원하시리라 믿었기에 이방으로 나아갈 수 있었습니다. 그리고 이방인에게 전하는 사랑이 자기 민족에게로 되돌아오리라 믿었습니다. 그러면서 하나님께서 이스라엘 백성을 반드시 구원해 주시리라는 근거로 세 가지를 들었습니다. 15절에 나타난 첫 번째 근거를 함께 보시겠습니다.

그들을 버리는 것이 세상의 화목이 되거든 그 받아들이는 것이 죽은 자 가운데서 살아나는 것이 아니면 무엇이리요 하나님께서 이스라엘 백성을 버리심이 세상의 이방인들과 화해를 이루는 것이라면, 그들을 받아들이심은 죽은 사람들 가운데서 살아나는 삶을 주심이 아니고 무엇이겠느냐는 것입니다. 이 말을 하면서 바울은 사실 자신의 이야기를 하고 있는 것입니다. 나같이 패역한 사람이 하나님께 받아들여져 새 생명을 얻었다는 것입니다. 그런데 그런 하나님께서 왜 이스라엘 백성을 죽음 가운데서 살려 주시지 않겠느냐는 것입니다. 바울이 이스라엘 안에서 구원받았다는 것은 하나님의 구원이 이스라엘 안에 임하셨음을 의미합니다. 주위 사람들은 아무도 믿지 않는데 자기 혼자만 하나님을 믿는 경우가 있습니다. 이럴 때 절망에 빠지기 쉽습니다. 낙담하기 쉽습니다. 그러나 전혀 절망하고 낙담할 것이 없습니다. 하나님께서 나의 가족 중에서 나를 구원해 주셨다는 사실은 하나님의 구원이 내 가정에 임했다는 것을 의미하기 때문입니다. 하나님께서 나를 받아 주셨는데, 내 남편, 내 아내, 내 부모, 내 형제를 왜 받아 주시지 않겠습니까? 이 세상이 악하고 불의할수록 사람들은 더욱 절망합니다. 그런데 나 같은 사람이 구원받았다는 사실은 이미 하나님의 구원이 이 사회에 임했다는 증거입니다. 그러므로 절망할 것이 없습니다. 내가 복음을 전하는 통로가 되면, 하나님께서 구원해 주시리라는 것이 바로 바울의 믿음이었습니다. 누누이 말씀드리지만, 저 같은 사람이 구원을 받고 하나님의 말씀을 전하는 자리에 서 있습니다. 저 같은 사람이 구원을 받았는데 이 세상에 누구인들 구원받지 못하겠습니까?

16절 상반절에 나타난 두 번째 근거를 보십시다.

제사하는 처음 익은 곡식 가루가 거룩한즉 떡덩이도 그러하고

구약시대에 제사를 드릴 때는 처음 익은 곡식 가루로 하나님께 바쳤습니다. 출애굽기 23장을 보면, "네 토지에서 처음 거둔 열매의 가장 좋은 것을 가져다가 너의 하나님 여호와의 전에 드릴지니라"고 명령하셨습니다. 첫째 것은 제일 귀중하고 소중한 것입니다. 그것을 하나님께 바침으로써 나머지 전부가 거룩해진다는 것이 제사의 의미입니다. 하나님께 바치는 제물만 거룩해지는 것이 아니라 그 땅에서 얻은 소산 전체가 첫 것을 드림으로 해서 하나님의 것이 되고 거룩한 것으로 화한다는 것입니다. 제사드리는 처음 익은 곡식 가루가 거룩하므로 그 곡식으로 만들어 먹은 떡덩이도 거룩합니다. 창고에 쌓인 곡식도 거룩합니다. 첫 것을 하나님께서 받으셨기 때문입니다.

지금 바울이 무엇을 말하고 싶은 것입니까? 아브라함이 모리아 산에서 하나님께 이삭을 바쳤습니다. 그런데 아브라함이 하나님의 명령에 의해 이삭을 바칠 때, 이삭 한 명만 바치는 것이 아니었습니다. 하나님께서 분명 이삭을 통해 하늘의 별보다, 바다의 모래보다 많은 자손을 주신다고 약속하셨습니다. 따라서 그 이삭을 하나님께 바친다는 것은 앞으로 이삭을 통해 태어날 수많은 자손의 첫 것을 바치는 것입니다. 아브라함이 이삭을 바치려는 순간 하나님께서 어떻게 말씀하셨습니까? "그 아이에게 네 손을 대지 말라. 그에게 아무 일도 하지 말라. 네가 네 아들 네 독자까지도 내게 아끼지 아니하였으니 내가 이제야 네가 하나님을 경외하는 줄을 아노라"(창 22:12)고 하셨습니다. 첫 것을 미련 없이 바치고자 하는 아브라함의 중심을 하나님께서 받으시고는 이삭을 살려 주셨습니다. 이삭만 살려 주신 것이 아닙니다. 창세기 22장 16-17절에서 하나님께서 말씀하시기를 "내가 나를 가리켜 맹세하노니 네가 이같이 행하여 네 아들 네 독자도 아끼지 아니하였은즉, 내가 네게 큰 복을 주고 네 씨가 크게 번성하여 하늘의 별과 같고 바닷가의 모래와 같게 하리니, 네 씨가 그 대적의 성문을 차지하리라"고 하셨습니다. 아브라함이 첫 것을 바쳤으므로 이후에 태어날 그의 모든 후손에게까지 하나님께서 복을 내려 주시겠다는 것입니다. 여기에서 바울이 하고 싶은 말이 무엇입니까? 하나님께서 아브라함의 계보를 통해 나온 이스라엘의 모든 백성을 거룩하게 구별해 주셔서 결국 하나님의 백성으로 세워 주시리라는 것입니다.

이 말로도 바울은 성이 차지 않았습니다. 16절 하반절에 나타난 세 번째 근거를 보십시다.

뿌리가 거룩한즉 가지도 그러하니라

감나무는 어디에다 심어도 감나무입니다. 반대로 가시나무는 어디에 심어도 가시나무입니다. 감나무든 가시나무든 처음 싹이 나올 때는 잘 구별되지 않습니다. 그러나 뿌리가 감나무 뿌리이면 그 줄기와 가지는 감나무가 되고, 뿌리가 가시나무 뿌리이면 가시나무가 됩니다. 중요한 것은 뿌리요, 종자요, 씨입니다. 이스라엘 백성의 뿌리가 무엇입니까? 의인인 노아와 믿음의 조상 아브라함입니다. 여기서부터 이스라엘이라는 가지들이 무성하게 뻗어 나온 것입니다. 그런데 그 가지 중에 어떤 가지는 꼭 가시나무 가지처럼 보였습니다. 다시 말해, 어떤 가지는 이방인처럼 보였고, 어떤 가지는 이방인보다 더 못해 보였습니다. 그러나 그 뿌리가 노아요 아브라함인 이상, 그 가지는 이스라엘일 수밖에 없습니다. 그래서 바울은 하나님께서 반드시 당신의 백성을 구원해 주시리라 믿은 것입니다.

바울은 철저하게 하나님을 사랑하고 사람을 사랑하되, 자기 입장에서가 아니라 하나님의 입장에서, 상대방의 입장에서 사랑했다는 사실을 우리가 발견합니다. 어떤 교인분이 저에게 질문했습니다. 자기를 부인하는 것이 구체적으로 무엇을 의미하느냐는 것이었습니다. 그래서 자기 입장을 떠나 상대의 입장에 서는 것이라고 답했습니다. 하나님 앞에서 내가 나를 부인한다는 것은 하나님의 말씀을 통해 하나님의 입장에 서는 것입니다. 흑인을 만드신 하나님, 백인을 만드신 하나님, 황인을 만드신 하나님, 나에게 해를 끼치는 사람을 만드신 하나님, 이 모두를 만드신 하나님의 위치에 서서 세상을 내려다보면, 각기 다른 입장이 있음을 이해하게 됩니다. 우리는 너무도 자주 내 위치에서만 생각하고 하나님을 내 편이라고만 생각합니다. 그러니 하나님을 열심히 믿는 것 같은데도 이기심에서 벗어날 수 없는 것입니다.

사람과 사람 사이에서 자기를 부인한다는 것은 상대방의 입장에 서서 생각하는 것입니다. 상대방의 입장에 서지 않는 것은 곧 자기중심이라는 자리에 서 있는 것이고, 자기중심의 자리에 서 있어서는 절대로 이기심에서 벗어날 수 없습니다. 그렇게 되면 사랑이 불가능합니다. 바울은 철저하게 말씀을 통해 하나님의 입장에 섬으로써 하나님께서 자기만 사랑할 리가 없다고 판단했습니다. 나를 사랑하신 고로 이스라엘을 사랑하신다고 확신할 수 있었습니다. 또한 바울은 철저하게 이스라엘 백성의 입장에 섰기 때문에 저들의 뿌리가 거룩하므로 저들도 하나님께서 사랑하시는 거룩한 존재라고 믿었습니다. 그래서 그들을 끝까지 사랑하고 포용했습니다.

상대방의 입장에 서면 상대가 이해되고, 이해가 되면 사랑할 수 있습니다. 모 시사잡지에서 김대중 선생을 인터뷰한 내용을 보았습니다. 기자가 묻기를 북한 핵 문제를 어떻게 다루어야 하느냐고 했더니 그가 이렇게 대답했습니다. "한번 입장을 바꾸어 생각해 보았으면 합니다. 미국도, 일본도, 대만도 다 공산주의 국가가 되고 남은 나라가 우리밖에 없다고 합시다. 그런데 북한이 소련과 중국과 군사동맹을 맺어 1년에 몇 번씩 동해, 서해에서 팀스피리트 훈련을 한다고 합시다. 우리 입장은 죽기 아니면 살기 아니겠습니까. 도와줄 사람이 아무도 없으니 핵무기라도 만들어야 합니다." 우리 입장에서 생각하면 북한이 참 나쁜데, 저들의 입장에서 보면 저들의 처지가 이해가 가는 말입니다. 이해가 가는 것이 중요합니다. 이해가 가면 해법이 나오게 되어 있습니다. 우리가 통일을 원한다면 한민족인 북한을 사랑해야 합니다. 북한의 입장에 서지 않는 한 통일은 어렵습니다.

오래전 사업할 때의 일입니다. 거래하던 회사의 직원이 쌀 한 가마니를 전해 주어 집에 있는 쌀뒤주에 넣어 두었습니다. 그리고 수고해 준 동료에게 한 동이 퍼 담아 주었습니다. 그리고 이 사실을 어머님께 나중에 말씀드렸는데, 어른의 허락도 없이 쌀을 주었다고 야단을 맞았습니다. 분명히 쌀이 더 많아졌는데도 야단을 맞았습니다. 시간이 지나서 국문학자인 김열규 선생과 이런저런 이야기를 나누면서 신세대와 구세대의 사고방식의 차이에 대해 이야기하다가 우연히 이 일이 생각나 말을 꺼냈습니다. 어머님으로부터 혼이 난 것이 아직도 잘 이해가 안 간다고 했습니다. 그랬더니 그분의 말이, 이것은 당신이 몰라서 그렇다는 것이었습니다. 우리나라 안방마님들이 하던 일 중에 제일 큰일이 쌀뒤주를 지키는 일이라고 하였습니다. 그만큼 생활이 어려웠기 때문입니다. 세계에서 쌀뒤주에 자물통을 걸어 놓은 나라는 우리나라밖에 없다고 합니다. 시어머니가 돌아가실 때 며느리에게 넘겨주는 것 중에 가장 중요하게 여겨진 것이 창고와 뒤주 열쇠였습니다. 뒤주에 누가 쌀을 넣어놓는 것은 상관이 없습니다. 그러나 임의로 퍼가는 것은 있을 수 없는 일이었습니다. 그렇게 살아오셨다면 그럴 수밖에 없으시겠다는 것을 저는 알았습니다.

일본에 사는 재일동포로부터 들은 이야기입니다. 재일동포들치고 2차 세계대전 직전에 도둑질을 하지 않은 사람은 거의 없다는 것이었습니다. 한국인들에게 그토록 먹을 것이 없었다는 것입니다. 도둑질했다고 해서 남의 집에 들어가 몰래 가져온 것이 아니라, 일본 사람들이 거래하는 시장에 들어가 그다음 날 먹을 양식을 조금 훔쳐 가지고 나와 아이들과 함께 먹었다고 합니다. 어려웠던 시절 부모들이 이렇게 자식들을 키워 지금 우리가 살아가고 있는 것입니다. 그런데 그 모든 상황을 제쳐놓고 부모님의 잘못을 들어 그분들의 인생을 깎아내릴 수 있습니까? 그분들이 살아오신 입장에서 생각해 보면 효도 못할 것 하나도 없습니다. 시부모님 역시 사랑하지 않을 수 없습니다.

교회에 교인이 많아지면 목사가 가정에 소홀하게 됩니다. 그런데 아내가 목사 남편의 입장에서 이해해 주면 그 가정에 문제가 없습니다. 목사 남편도 아내 입장에 서면 바쁜 가운데서도 방법을 찾아 가정의 화목을 이룹니다. 각각 다른 환경에서 살아온 사람들이기 때문에 상대의 입장에 서지 않으면 누구에게나 문제가 생기기 마련입니다.

옛날 어른들은 밖에 나갔다가 들어오면 어머니들이 옷을 받아 걸고, 밥 먹고 치우는 것은 물론이고, 밤에 이부자리까지 봐주셨습니다. 제 나이대의 남자들은 대부분 그것을 보고 자랐습니다. 저도 결혼해서 처음에는 그렇게 살았습니다. 남자가 그런 일을 하면 큰일 나는 줄로 알았습니다. 그런데 바뀌게 되었습니다. 과거와 비교해 본다면 가히 180도 바뀌었다고 할 수 있습니다. 그리고 어느 날 제처가 잡지사와 인터뷰한 것을 읽어 보니, 남편이 자신을 도와주지 않는다고 했습니다. 그리고 앞으로 가정에서 도움을 받으리라 그닥 기대하지 않는다고 했습니다. 그날 밤 저는 곰곰이 생각했습니다. '나는 지금 상당히 도와주고 있다고 생각하는데 만약 아내가 정말 그 말을 했다면, 기자가 임의로 덧붙인 말이 아니라면, 왜 아내의 생각이 나와 다른 것일까?' 제 처의 입장에 서서 깊이 생각해 보았습니다. 네 아이의 엄마요, 80세 시어머니를 모시고 있고, 남편은 목사이고, 홍성사 일을 해야 하고, 새벽에 일어나 단 한 번도 편히 앉아 쉬지 못했습니다. 그 입장에서 생각해 보니 저는 아내를 도와주고 있는 것이 아님을 깨닫게 되었습니다. 아내를 도와주는 것이 아니라 그저 내 일을 하고 있는 것이었습니다. 아내가 하고 있는 일을 도와주는 것이 정말 아내를 도와주는 것이었습니다.

무엇을 하든지 상대의 입장에서 생각해 보십시다. 이것이 생활 속에서 습관이 되도록 하십시다. 남이 내 이야기를 할 때 순간적으로 대응하기 전에 그 사람의 입장에서 한 번만이라도 생각해 보면 문제를 방지할 수 있습니다. 물건을 만드는 사람은 물건을 사는 사람의 입장에서, 물건을 사는 사람은 물건을 만든 사람의 입장에서, 공직자는 국민의 입장에서, 국민은 공직자의 입장에서, 그리스도인은 하나님의 입장에서 생각하는 연습을 해나가야 합니다. 하나님께서 우리의 입장에 서주셨기 때문에 당신의 독생자를 죽이시면서까지 구원의 길을 열어 주셨습니다. 우리가 하나님의 입장에 서서 그분의 뜻을 헤아려 나간다면, 우리에게 맡겨진 일을 바울처럼

영광스러워할 수 있습니다. 하나님께서 그와 같은 사람과 함께하
시고 그를 통해 역사를 이루시기 때문입니다.

18
높은 마음을 품지 말고

로마서 11장 17-24절

또한 가지 얼마가 꺾이었는데 돌감람나무인 네가 그들 중에 접붙임이 되어 참감람나무 뿌리의 진액을 함께 받는 자가 되었은즉 그 가지들을 향하여 자랑하지 말라 자랑할지라도 네가 뿌리를 보전하는 것이 아니요 뿌리가 너를 보전하는 것이니라 그러면 네 말이 가지들이 꺾인 것은 나로 접붙임을 받게 하려 함이라 하리니 옳도다 그들은 믿지 아니하므로 꺾이고 너는 믿으므로 섰느니라 **높은 마음을 품지 말고** 도리어 두려워하라 하나님이 원 가지들도 아끼지 아니하셨은즉 너도 아끼지 아니하시리라 그러므로 하나님의 인자하심과 준엄하심을 보라 넘어지는 자들에게는 준엄하심이 있으니 너희가 만일 하나님의 인자하심에 머물러 있으면 그 인자가 너희에게 있으리라 그렇지 않으면 너도 찍히는 바 되리라 그들도 믿지 아니하는 데 머무르지 아니하면 접붙임을 받으리니 이는 그들을 접붙이실 능력이 하나님께 있음이라 네가 원 돌감람나무에서 찍힘을 받고 본성을 거슬러 좋은 감람나무에 접붙임을 받았으니 원 가지인 이 사람들이야 얼마나 더 자기 감람나무에 접붙이심을 받으랴 우리는 지난 시간에 사랑이라는 것은 상대방의 입장에 서는 것임을 배웠습니다. 사람과의 관계에서 자기 부인이라는 것이 상대방의 입장에서 생각하는 것입니다. 언제나 내 입장에서, 내 중심으로 생각하려 하기 때문에 이기심과 이기심이 부딪치고 갈등과 다툼이 생기는 것입니다.

오늘 본문은 다음과 같이 시작하고 있습니다.

또한 가지 얼마가 꺾이었는데 돌감람나무인 네가 그들 중에 접붙임이 되어 참감람나무 뿌리의 진액을 함께 받는 자가 되었은즉(17절)

여기에서 꺾어진 가지란 무엇입니까? 하나님 아버지를 대적함으로 구원에서 벗어나 있는 이스라엘 백성을 가리킵니다. "돌감람나무"는 로마서를 받게 되는 그리스도인들입니다. 즉 선민인 이스라엘 백성이 아님에도 하나님의 은총에 의해 구원받은 이방인들, 다시 말해 우리 자신을 가리킵니다. 우리는 본래 하나님의 선민이 아니었음에도 예수 그리스도 안에서 아브라함의 믿음의 자손이 되었습니다. 그런데 그런 우리가 이스라엘을 업신여길 수 있습니까? 믿지 않는 사람들을 경멸할 수 있습니까?

감람나무는 생명을 상징합니다. 감람나무 열매가 이스라엘 백성의 주식이 되기도 했습니다. 또 감람나무 기름은 등을 밝히는 데 쓰였기에 감람나무가 빛을 상징하기도 합니다. 그런데 돌감람나무는 열매를 맺지 못합니다. 그러니 감람나무로서의 가치가 전혀 없습니다. 땅 속 양분을 다 빨아먹으면서 열매는 맺지 못하니 다른 나무가 자라는 데 방해만 되는 나무입니다. 차라리 없으면 다른 나무가 양분을 취해 좋은 열매를 맺을 것입니다. 우리가 바로 그런 돌감람나무 같은 존재라는 것입니다. 우리가 그리스도의 은총으로 이 자리에 앉아 있기까지 남에게 얼마나 도움이 되는 삶을 살았습니까? 오히려 돌감람나무가 되어 남이 가져야 할 것을 빼앗고 그러고도 열매는 하나도 맺지 않는, 방해만 되는 존재가 아니었습니까? 나무는 자기가 먹기 위해 열매를 맺지 않습니다. 남에게 주기 위해 맺습니다. 그런데 남을 위한 열매는 하나도 맺지 않고 오히려 남의 생명을 옥죄기만 했던 것이 우리의 삶이 아니었습니까?

그런데 그 돌감람나무가 참감람나무에 접붙임되었습니다. 그러자 어떻게 되었습니까? 참감람나무의 뿌리에서 올라오는 양분을 함께 받게 되었습니다. "함께 받는 자가 되었은즉"이라고 현재형으로 되어 있는 것은, 접붙임을 통해 한 번 양분을 받고 마는 것이 아니라 접붙여져 있는 한, 그리고 본체가 죽지 않고 살아 있는 한 계속해서 양분을 받는 것을 의미합니다. 그러므로 열매가 맺어질 수밖에 없습니다.

그 가지들을 향하여 자랑하지 말라 자랑할지라도 네가 뿌리를 보전하는 것이 아니요 뿌리가 너를 보전하는 것이니라(18절)

여기에서 말하는 "가지들"이란 꺾어진 가지들입니다. 참감람나무에 접붙여지려면 어떤 가지든 꺾어져야 합니다. 돌감람나무가 참감람나무 가지가 꺾어진 그 자리에 접붙임받았는데, 그 자리에서 꺾어져 떨어진 가지를 보고서 "너 참 형편없구나. 어쩌다 그런 신세가 되었니?"라고 말하며 우쭐댈 수 있습니까? 그래서는 안 된다는 것입니다. 18절 하반절에서 '보전한다'는 말은 '붙든다'는 의미입니다. 내가 참감람나무에 접붙임받았을 때, 내가 그 나무를 붙듦으로 그 나무가 생명을 유지하는 것이 아니라, 참감람나무가 접붙여진 나를 붙들어 줌으로 나를 보호하고 성장시켜 열매를 맺게 하는 것입니다. 그러므로 내가 자랑할 만한 것은 아무것도 없습니다. 이것을 알고 나면 무엇을 깨달을 수 있습니까?

그러면 네 말이 가지들이 꺾인 것은 나로 접붙임을 받게 하려 함이라 하리니 (19절)

농부가 저 가지를 꺾은 것은 나를 접붙이기 위함이며, 저 가지가 꺾어지지 않았다면 나는 양분을 받을 수 없을뿐더러 참감람나무가 될 수 없다는 사실을 깨닫게 됩니다.

참감람나무는 바로 예수 그리스도이십니다. 우리가 형편없는 돌감람나무였는데 예수 그리스도라는 참감람나무에 접붙임받음으로 비로소 생명의 열매를 맺는 그리스도인이 되었습니다. 우리가 예수 그리스도께 접붙임받을 수 있었던 것은 이스라엘이라는 가지가 꺾였기 때문입니다. 만약 예수님이 돌아가셨을 때 이스라엘 백성 모두가 복음을 영접했다면, 그들은 철저한 선민의식에 사로잡혀 오직 자신들만 구원받았다고 확신하는 사람들이었으므로 복음이 밖으로 전해지지 않았을 것입니다. 그런데 이스라엘이라는 가지가 주님을 대적하다 꺾임으로 복음이 온 사방으로 퍼져나가, 꺾인 바로 그 자리에 우리가 접붙임받게 되었습니다. 이것을 깨닫는다면, 꺾어진 가지를 겸손히 사랑하고 포용해 주어야 합니다.

옳도다 그들은 믿지 아니하므로 꺾이고 너는 믿으므로 섰느니라 높은 마음을 품지 말고 도리어 두려워하라(20절)

"높은 마음"이란 교만을 말합니다. 구원받은 것에 대해 늘 하나님께 감사하는 마음을 갖되, 절대로 교만하지 말라는 것입니다. 바울은 교만해서는 안 된다는 것이 어떤 의미인지 잘 설명해 줍니다. 내가 주님 앞에서 겸손하려면 주님을 두려워하는 마음을 가져야 합니다. 주님을 두려워하는 마음을 가지는 것이 겸손한 마음의 시작입니다.

보통 아이들은 자기를 한없이 귀여워해 주시는 할아버지를 좋아합니다. 그런데 좋아하기만 하고 두려워하지 않으면 할아버지의 상투를 쥐고 흔들게 됩니다. 우리가 하나님 앞에서 예의를 다하려면, 하나님을 두려워할 줄 알아야 합니다. 두려워하는 마음을 갖지 않으면, 하나님의 상투를 쥐고 흔들게 됩니다. 내 마음대로 하나님께 명령하고 하나님을 나의 도구로 부리게 됩니다. 고린도후서 7장 1절도 동일한 가르침을 전해 줍니다.

그런즉 사랑하는 자들아 이 약속을 가진 우리는 하나님을 두려워하는 가운데서 거룩함을 온전히 이루어 육과 영의 온갖 더러운 것에서 자신을 깨끗하게 하자

우리가 하나님 앞에서 겸손하게 거룩한 삶을 살아야 하는데, 어떤 마음을 가져야 이것이 가능합니까? 하나님을 두려워하는 마음이라야 가능하다는 것입니다.

벨릭스 총독이 감옥에 있는 바울을 불러 놓고 바울이 믿는 예수교의 도를 설명하라고 했습니다(행 23:24-24:27 참조). 그때 바울이 세 가지를 짚어 이야기했습니다. '심판', '절제', '의'였습니다. 하나님의 심판을 믿고 심판하시는 하나님을 두려워하는 사람만이 절제

할 수 있습니다. 그래야 내 삶 가운데 끊어내야 할 것을 끊을 수 있습니다. 하나님의 심판을 의식하지 않는 사람은 절제가 불가능합니다. 성경에서 말하는 절제는 포기입니다. 철저하게 포기하는 것을 말합니다. 달리 표현하면, 단념하는 것입니다. 심판을 믿는 사람만 단념할 것을 단념합니다. 그럴 때 비로소 의가 세워집니다. 이 의는 하나님과 바른 관계 맺음을 의미합니다.

두려워하는 마음을 갖는 것이 하나님 앞에서 겸손한 마음을 가질 수 있는 첫 번째 단계입니다. 그러나 이 두려워하는 마음만 가지고는 불충분합니다. 심판이 두려워 하나님을 믿는 믿음은 소극적입니다. 어느 경지 이상으로는 절대로 진입할 수 없습니다. 보통 학생들은 시험이 있기 때문에 공부를 합니다. 그런데 '왜 어른들이 우리에게 시험이라는 제도를 주었을까? 이 제도를 통해 우리가 일평생 필요한 것을 배우도록 하기 위함이구나. 우리를 위한 사랑 때문이구나' 하고 깨달은 학생만이 시험과 관계없이 일평생 즐겁게 공부하는 사람이 됩니다.

그러므로 하나님의 인자하심과 준엄하심을 보라 넘어지는 자들에게는 준엄하심이 있으니 너희가 만일 하나님의 인자하심에 머물러 있으면 그 인자가 너희에게 있으리라 그렇지 않으면 너도 찍히는 바 되리라(22절)

하나님의 심판이 왜 있는 것입니까? 하나님께서 우리를 사랑하시는 고로 우리를 바로 세우시기 위함이며, 이러한 주님의 인자하심과 엄위하심을 함께 볼 수 있는 사람만이 겸손하면서도 적극적인 자세로 하나님을 섬기고 경외하는 삶을 살아갈 수 있습니다. 시작은 하나님의 엄위하심만 보고 할 수 있지만, 그러나 더 성숙해지기 위해서는 하나님의 인자하심과 엄위하심을 동시에 볼 수 있어야 합니다.

주님께서 나를 사랑하셨기에 나 역시 주님을 위해 헌신하는 삶을 살아가는 것입니다. 그렇게 겸손히 주님의 길을 따라 살면, 주님께서는 반드시 열매를 맺게 해주십니다. 그런데 열매가 맺히면 인간은 교만에 빠집니다. 그 열매를 내가 잘해서 맺은 것처럼 여깁니다. 이때 하나님의 엄위를 볼 수 있어야 하는 것입니다. 그럼으로써 내 자리를 찾을 수 있습니다. 내 자리를 찾으면 하나님의 인자하심을 보게 됩니다. 결국 하나님의 인자하심과 엄위하심을 함께 바라보며 겸손한 자리를 지켜 나가는 것이 겸손한 삶의 자세라할 수 있습니다.

그런데 여기에 한 가지가 더 있어야 진정으로 겸손할 수 있습니다. 내가 주님을 섬기는 겸손한 그리스도인이라면 그것이 어떤 증거로 드러나야 합니까?

그들도 믿지 아니하는 데 머무르지 아니하면 접붙임을 받으리니 이는 그들을 접붙이실 능력이 하나님께 있음이라 네가 원 돌감람나무에서 찍힘을 받고 본성을 거슬러 좋은 감람나무에 접붙임을 받았으니 원 가지인 이 사람들이야 얼마나 더 자기 감람나무에 접붙이심을 받으랴(23-24절)

첫 단어로 나오는 "그들"은 꺾어진 이스라엘을 말합니다. 믿지 않았던 탓으로 꺾어진 가지들이 믿게 되면 그 가지들도 접붙임을 받게 될 것인데, 하나님께서 나 같은 돌감람나무도 접붙이셨으니 그들을 다시 접붙이실 능력이 왜 없으시겠느냐는 것입니다. 그리고 본래 붙어 있던 가지들이 제 나무에 다시 접붙임받는 것이 얼마나 더 쉬운 일이겠느냐는 것입니다. 그러므로 나를 핍박하는 이들을 사랑하고 수용하고 그들을 위한 주님의 도구가 되어 행하는 모습이 내 삶에서 드러날 수 있어야 하며, 이것이 바로 참된 겸손의 증거인 것입니다.

어떤 부인이 저에게 전화를 하여 남편이 술을 먹고 들어와 아이들을 때리고 집안을 엉망으로 만들어 놓아 견딜 수가 없다고 하였습니다. 전화 통화를 하면서 여러 이야기를 나누다가 제가 그분에게 이런 말을 했습니다. "과거에 제가 어떤 삶을 살았는지 혹시 아시는지 모르겠습니다. 저 같은 사람도 주님께서 이렇게 바꾸어 주셨는데, 왜 남편분을 바꿔 주시지 않겠습니까? 추상적으로 주님을 믿지 말고 정말 철저하게 믿어 보십시다. 의지해 보십시다. 그러면 주님께서 반드시 해결해 주실 것입니다."

본문에서 바울이 한 말을 한마디로 표현하면, 겸손은 사랑으로 나타날 수 있어야 하고, 사랑은 사람을 수용하는 것으로 드러나야 한다는 것입니다. 상대의 있는 그대로를 수용하는 것입니다. '내가 동의되지 않고 이해되지 않더라도 저 사람을 수용할 때, 나를 접붙이신 하나님께서 저 사람 역시 반드시 접붙여 주실 것이다'라고 생각하는 것입니다.

오늘 본문을 통해 세 가지를 마음에 새겨야 합니다. 첫째, 접붙임의 중요성을 잊어서는 안 된다는 것입니다. 인생은 우리가 의식하든 의식하지 않든 접붙임하거나 접붙임받는 연속의 과정입니다. 인생은 접붙임의 역사입니다. 중요한 것은 어디에 접붙임받으며 사느냐 하는 것입니다. 어디에 접붙임받느냐에 따라 인생의 결과가 판이하게 달라지기 때문입니다.

부모자식 간에 바른 접붙임이 이루어져야 하는 것은 두말할 나위가 없습니다. 어떤 창녀에게 두 딸이 있었습니다. 어느 심리학자가 그 아이들이 어떻게 자라는지 추적했습니다. 그런데 첫째 딸이 자란 뒤 엄마와 똑같이 창녀가 되어 있었습니다. 그래서 어떻게 이런 생활을 하고 있는지 물었더니 딸이 대답하기를, "어머니 밑에서 자랐는데 어떻게 지금과 다르게 될 수 있었겠어요?"라고 했습니다. 그런데 둘째 딸은 목사의 아내가 되어 있었습니다. 첫째 딸과는 전혀 다른 삶을 살고 있었습니다. 똑같은 질문에 둘째 딸 역시 "어머니 밑에서 자랐는데 어떻게 지금과 다르게 될 수 있었겠어요?"라고 대답했습니다. 같은 어머니 밑에서 자랐는데 자신을 어디에 접붙이느냐에 따라 결과가 달라진 것입니다. 지금 우리는 어디에 접붙이며 살아가고 있는지 곰곰이 생각해 보아야 합니다.

이장호 감독이 노트를 하나 보내 주며 읽어 보라고 해서 봤더니 어느 창녀가 쓴 일기였습니다. 거기에는 참으로 눈물겨운 내용이 담겨 있었습니다. 그 여인은 시골에서 아주 유복한 집안의 딸로 태어났습니다. 그런데 고등학교 때 짝꿍인 친구가 인기 가수가 그날 밤 동네 유흥업소에 와서 공연을 하니 보러 가자고 했습니다. 그래서 그녀는 언니 옷을 입고 그곳에 갔습니다. 그런데 그곳에서 훈육 주임 선생님을 만났습니다. 선생님은 내일 교무실로 오라고 하였고, 그녀는 겁이 나 그날 밤 집에 들어가지 않았습니다. 그렇게 방황하며 이리저리 헤매다 서울역에 이르러 누군가를 만나 창녀가 되고 말았습니다.

그런데 그 일기장을 받아보던 당일, 영락중학교 교목을 만나는 일이 있었습니다. 그 목사님과 이런저런 이야기를 나누다가 어떻게 목사가 되었는지 물었습니다. 그분 말이 자기 집에 친구가 놀러왔

는데 교회에서 여름성경학교를 하니 함께 가서 놀자고 했다는 것
이었습니다. 자신은 가기 싫다고 했는데 친구가 사탕도 주고 과자
도 주며 같이 가자고 졸랐습니다. 그래서 교회에 갔고 이후 한 번
도 목회자의 길에서 벗어남 없이 오늘까지 이르게 되었다고 했습니
다. 같은 날 두 가지 이야기를 들었는데, 두 사람의 인생이 다 친구
때문에 바뀌었습니다. 한 사람은 교회에 가자는 한마디 때문에 목
사가 되었고, 한 사람은 술집에 가서 노래를 듣자는 한마디 때문에
창녀가 되었습니다. 그렇다면 우리는 친구와의 접붙임이 바르게 되
어 있는지 점검해 보아야 합니다. 궁극적으로 우리의 모든 접붙임
이 바르게 되기 위해서는, 예수 그리스도와의 접붙임이 바르게 되
어 있어야 합니다.

　가지가 나무에 제대로 접붙임되어 있다면, 나무가 주는 양분을
잘 받고 있어야 합니다. 나무의 의무는 가지에게 아낌없이 양분을
공급해 주는 것입니다. 그러나 나무가 아낌없이 주는 양분을 받아
들이는 것은 가지의 책임입니다. 죽은 가지를 접붙이면 나무가 열
매 맺지 못합니다. 나무가 아무리 양분을 주어도 죽은 가지는 그것
을 받아들이지 못하기 때문입니다. 내가 정말 그리스도께 접붙여진
은총 속에 있다면, 주님께서 시마다 때마다 주시는 진리를 먹고 삼
킬 수 있어야 합니다. 그때 내 삶 속에서 진리의 열매가 맺어지고,
그때 모든 사람과의 관계도 바르게 정립되는 것입니다.

　내가 다른 사람에게 바르게 접붙임되어 있는지 살피는 것도 중요
하지만, 내가 만나는 누군가가 나에게 바르게 접붙임되어 있는지
살피는 것도 중요합니다. 혹여 상대가 나로 인해 실족하고 있는 것
은 아닌지 살펴보아야 합니다. 저는 가끔 옛날에 같이 술 마시던 친
구들에게 전화를 받습니다. 그런데 그 친구들이 지금도 그렇게 살

고 있다는 말을 들으면 말할 수 없이 양심의 가책을 받습니다. 그리고 아픈 마음으로 그들을 위해 기도합니다. 혹 그때 그들이 나와의 만남으로 인해 그런 삶을 살고 있는 것은 아닌지 돌아봅니다. 내가 그리스도와 바르게 접붙임되어 있을 때, 내 아내, 내 남편, 내 자식, 내 친구와 바르게 접붙임될 수 있습니다. 내가 다른 사람을 구원하는 역할은 하지 못한다 하더라도, 나도 모르는 사이에 상대를 실족시키는 죄는 범치 않을 수 있습니다.

둘째, 오늘의 내가 있기까지는 수많은 사람들의 희생이 있었다는 사실을 잊어서는 안 됩니다. 이스라엘의 꺾어짐이 없었으면 우리는 절대 구원을 얻지 못했습니다. '희생'이라는 단어를 보면 가장 먼저 부모님을 떠올리게 됩니다. 대부분 어릴 때는 부모님에 대해 불만이나 원망을 갖습니다. 그런데 나이가 들면서 부모님을 생각하면, 뜨거운 것이 복받쳐 옵니다. 한국의 성도들이 오늘날 이렇게 신앙생활을 영위할 수 있는 이유는 무엇입니까? 수많은 선교사들이 이 땅에 와서 젊음을 희생했기 때문입니다. 우리가 구원받는 것이 마치 그들 자신의 일인 것처럼 자신을 희생하며 사랑을 베풀어 준 것입니다.

공기도 우리를 위해 희생해 줍니다. 세상의 식물도, 동물도 우리를 위해 희생해 줍니다. 공기가 내 속에서 희생되기를 거부하면 우리는 죽고 맙니다. 그 무엇보다 예수 그리스도께서 우리를 위해 희생해 주셨습니다. 그 희생 위에 우리가 접붙임의 삶을 살게 되었습니다. 모든 이들의 희생 위에서 우리가 참생명을 얻었다는 사실을 깨닫는다면, 절대로 높은 마음을 가질 수 없습니다.

셋째, 다른 사람들의 희생 위에서 내가 존재하므로 나 또한 다른 사람들을 위해 희생할 수 있어야 한다는 것입니다. 희생이 무엇입니까? 대가를 요구하지 않는 행위입니다. 그래서 사랑은 희생입니다. 사랑은 대가를 요구하지 않습니다. 부모가 자식에게 사랑을 베풉니다. 그런데 부모가 그 사랑에 대한 대가를 요구한다면, 그때부터 문제가 발생합니다. 그때부터는 이미 사랑이 아니기 때문입니다. 그때부터 그것은 사랑이 아니라 투자입니다. 투자로 하는 것에는 언제나 갈등이 있을 수밖에 없습니다. 남녀가 만나서 사랑한다고는 하지만 왜 갈등이 생기고 다툼이 생깁니까? 희생하는 사랑이 아니기 때문입니다. 희생하지 않는 사랑은 이기심입니다.

그러면 우리가 성자가 아닌데, 예수님이 아닌데, 어떻게 일방적으로 희생하며 살아갈 수 있습니까? 참 어렵습니다. 불가능합니다. 내가 누군가를 위해 희생한다고 하면서 그 사람이나 혹은 그 곁에 있는 친척이나 주위 사람에게 대가를 요구하면 그것은 희생이 아니지만, 옆으로부터 오는 대가를 요구하지 않고 위로부터 주님께서 대가를 치러 주신다는 것을 믿으면 희생할 수 있습니다. 주님께로부터 오는 것을 간청하는 것은 절대로 투자가 아닙니다. 그것이 오히려 겸손함입니다. 주님의 은총 속에서 사람들이 나를 위해 희생해 주었기에, 주님의 은총 속에서 내가 사람들을 위해 희생해 나갈 때, 주님의 은총이 나를 더 에워싸며 바로 세워 주신다는 것을 믿는 믿음이 바로 겸손함입니다. 이 믿음이 나와 주님을 바른 관계로 맺게 해줍니다.

주님께서 말씀하시기를 "한 알의 밀이 땅에 떨어져 죽지 아니하면 한 알 그대로 있고, 죽으면 많은 열매를 맺느니라"(요 12:24)고 하셨습니다. 여기에서 죽는다는 것이 희생을 뜻하는 것입니다. 죽으면 많은 열매를 맺게 됩니다. 희생을 하면 무엇이 생깁니까? 그 자리에 뿌리가 나고, 줄기가 나고, 가지가 나고 열매를 맺습니다.

씨가 땅속에 들어가 희생할 때 위로부터 하나님의 역사가 일어나고, 하나님의 능력이 일어나는 것입니다. 내가 겸손한 마음으로 사람들을 위해 희생할 때 위로부터 주어지는 하나님의 열매가 삶 속에 맺히게 되고, 그 열매를 사모하는 마음으로 살아갈 때 겸손함을 잃지 않고 주님의 도구가 될 수 있습니다. 내가 희생하기를 거부함으로 한 알의 씨앗 그대로 있을 것인가, 아니면 희생함으로 많은 열매를 맺을 것인가는 전적으로 나의 선택이자, 나의 자유입니다. 중요한 사실은, 내가 희생하기를 거부하고 한 알의 씨앗 그대로 남아 있기를 원하면, 그 한 알은 언제나 돌감람나무로 존재할 수밖에 없다는 것입니다.

19
이 신비를

로마서 11장 25-32절

형제들아 너희가 스스로 지혜 있다 하면서 **이 신비를** 너희가 모르기를 내가 원하지 아니하노니 이 신비는 이방인의 충만한 수가 들어오기까지 이스라엘의 더러는 우둔하게 된 것이라 그리하여 온 이스라엘이 구원을 받으리라 기록된 바 구원자가 시온에서 오사 야곱에게서 경건하지 않은 것을 돌이키시겠고 내가 그들의 죄를 없이 할 때에 그들에게 이루어질 내 언약이 이것이라 함과 같으니라 복음으로 하면 그들이 너희로 말미암아 원수 된 자요 택하심으로 하면 조상들로 말미암아 사랑을 입은 자라 하나님의 은사와 부르심에는 후회하심이 없느니라 너희가 전에는 하나님께 순종하지 아니하더니 이스라엘이 순종하지 아니함으로 이제 긍휼을 입었는지라 이와 같이 이 사람들이 순종하지 아니하니 이는 너희에게 베푸시는 긍휼로 이제 그들도 긍휼을 얻게 하려 하심이라 하나님이 모든 사람을 순종하지 아니하는 가운데 가두어 두심은 모든 사람에게 긍휼을 베풀려 하심이로다

본문 25절이 다음과 같이 전하고 있습니다.

형제들아 너희가 스스로 지혜 있다 하면서 이 신비를 너희가 모르기를 내가
원하지 아니하노니 이 신비는 이방인의 충만한 수가 들어오기까지 이스라엘
의 더러는 우둔하게 된 것이라

절대로 지혜 있거나 현명하지 않은데 스스로 지혜 있거나 현명하
다고 생각하는 것이 교만입니다. 바울은 형제자매들이 스스로 현
명한 사람들이라고 착각하는 교만에 빠지지 않게 하기 위해 신비를
알아야 한다고 말하고 있습니다. 그 신비란 이방 사람의 수가 다 찰
때까지 이스라엘 사람들 중 일부가 우둔해진 대로 있으리라는 것입
니다. 만약 하나님께서 이방인을 충만하게 구원하시지 않았다면,
우리 역시 구원받지 못했을 것입니다. 이방인을 충만하게 구원하셨
기 때문에 우리도 그 속에 포함된 것입니다. 그런데 그 구원이 내가
잘나서, 지혜로워서, 대단한 공적을 쌓아서가 아니라, 이스라엘의
완악함 때문에 얻게 되었다는 것입니다.

이것은 17절을 다시 강조하는 말씀입니다. 예수 그리스도의 양분
을 얻게 된 것은 나의 공로로 인함이 절대 아닙니다. 주님의 능력,
주님의 신비스러운 은총이 우리의 구원을 가능케 한 것입니다. 이
것을 알고 있다면 우리가 겸손할 수밖에 더 있겠습니까? 지난 시간
에 상고했듯이 절대로 높은 마음을 품을 수 없는 것입니다.

구원은 참으로 신비스럽습니다. 구원을 체험한 사람은 그 신비가
가슴에 와 닿습니다. 우리가 이 자리에 와 앉아 있기까지 신비스러
운 은총이 없었다면, 절대 이 자리에 앉아 있을 사람이 아니라는 것
을 우리 자신이 잘 알고 있습니다. 이 자리에 오지 않을 수 없도록
주님께서 많은 신비스러운 사건들을 연출하셨습니다. 이 자리에 오
지 않을 수 없도록 신비스러운 만남을 우리 앞에 계속 펼쳐 주셨습

니다. 그래서 우리가 여기에 앉아 있습니다.

왜 구원이 신비스럽습니까? 주님께서 이루시는 일이기 때문입니다. 왜 주님께서 하시는 일이 신비스럽습니까? 주님께서는 무한한 존재이시기 때문입니다. 왜 우리 인간이 주님과 주님께서 하시는 일에 신비스러움을 느낄 수밖에 없습니까? 우리는 유한한 존재이기 때문에 그렇습니다. 내가 주님처럼 전지전능하다면 신비스러울 것이 하나도 없습니다. 그런데 유한한 나의 차원에서 볼 때 상상할 수도 없는 일, 측량할 수도 없는 일이 그분을 통해 이루어지는 것입니다. 그러므로 신비스러운 주님을 깨닫고 인식하는 것이 주님 앞에서의 겸손함이요, 주님에 대한 믿음입니다. 나의 유한함과 주님의 신비스러움을 깨닫는 사람만 신비스러운 주님의 능력에 삶을 전부 의탁할 수 있습니다.

바울은 이 신비를 우리가 반드시 알기를 원했습니다. 이 신비는 신비주의와는 다릅니다. 신비주의라는 것은 주님을 목적으로 하는 것이 아니라 신비로움 자체를 목적으로 합니다. 그래서 주관적인 체험이나 신비스러운 분위기를 절대시합니다. 우리가 주님을 믿는 것은 신비스러운 주님의 능력을 힘입어 바른 삶을 사는 데 그 목적이 있습니다. 만약 신비스러움이 목적이 될 만큼 절대적인 것이라면, 인간의 이성이 만들어 낸 문자로 이루어진 성경을 주님께서 우리에게 주시지 않았을 것입니다. 또한 주님께서 우리로 하여금 매일 박수치며 기도하고, 밤새 기도 하면서 환상에 의지하고, 꿈을 절대시하고, 서로 만나서 당신은 무슨 꿈 꾸었느냐, 무슨 소리 들었느냐 하는 것만 이야기하고 자랑하며 살게 하셨을 것입니다.

주님께서 우리에게 문자로 기록된 성경을 주시고, 성경을 통해 주님을 알고 만나게 해주셨다는 사실이 무척 중요합니다. 우리는 맑은 정신과 이성으로 성경을 통해 신비스러운 주님을 만나고 여러 신비스러운 체험을 할 수 있습니다. 이처럼 맑은 이성으로 성경을 통해 경험한 신비스러움은 우리를 혼돈 속에 빠뜨리지 않습니다. 주님의 신비스러움은 체험하면 체험할수록 우리의 삶을 더 맑게 하고 더 분명하게 합니다. 주님께서 신비스러운 능력으로 우리로 하여금 바른 것을 깨우치게 해주시고, 날마다 우리를 바른 길로 인도하시기 때문입니다.

반면에 신비주의에 빠지면 신비스러움을 경험하면 경험할수록 더 혼돈에 빠집니다. 신비주의에 빠진 사람치고 자신의 삶이나 가정이 파탄에 빠지지 않은 경우가 없습니다. 신비주의에 빠지면 남는 것이라고는 주님의 말씀이 아닌 병적인 인간의 감정이기 때문입니다. 뭔가를 부르짖고 꿈도 꾸고 환상도 본 것 같은데 제 자리로 돌아와 보면 어디로 가야 할지 전연 모릅니다. 오늘 여기까지 온 것이 주님의 신비스러운 역사하심으로 인함임을 믿는다면, 그리고 교만에 빠지지 않고 겸손한 삶을 살 수 있는 방법은 주님의 신비스러운 능력에 힘입는 것밖에 없다는 사실을 믿는다면, 지금부터 우리의 이성과 지성과 정신을 다해 말씀 속에서 신비스러운 주님과 인격적인 사귐을 깊이 있게 해나가야 합니다.

25절에서 우리는 또 하나의 사실을 발견하게 됩니다. "이스라엘의 더러는 우둔하게 된 것이라"는 구절에서 '더러는'은 '부분적으로'라는 의미입니다. 이스라엘 전체를 볼 때 일부 사람들을 뜻할 수도 있고, 한 사람을 두고 볼 때는 그 사람의 어느 한 부분, 한 면을 뜻할 수도 있습니다. 어느 쪽이든지 이 표현은 실로 놀라운 표현이 아닐 수 없습니다. 이스라엘 백성을 놓고 볼 때 대부분은 우둔하지 않은데 그중 일부 사람들이 우둔해진다는 것입니다. 그런데 실제로 이스라엘 백성이 일부분만 우둔해졌습니까? 그렇지 않습니다. 바울을 만난 사람 중에서 지극히 일부분을 제외하고 대부분의 이스라엘 백성이 우둔했습니다. 이스라엘 백성 한 개인을 놓고 본다면, 성품이 다 좋은데 한두 가지만 좋지 않았겠습니까? 그렇지 않습니다. 바울을 만났던 사람은 대부분 바울을 돌로 쳐 죽이려 했던, 개인적으로도 마음이 완악한 사람들이었습니다. 그런데 바울은 그들의 완악함이 지극히 작은 부분이었다고 말하고 있습니다. 그러므로 이스라엘 백성이든 한 개인이든 완악함보다는 완악하지 않은 면, 부정적인 면보다는 긍정적으로 평가할 수 있는 가능성의 공간을 훨씬 남겨 두고 있다는 데 바울의 위대함이 있습니다.

우리가 바울이 처한 상황에 있었다면, 이스라엘 사람들은 다 틀리고 끝장 난 사람들이라고 표현했을 것입니다. 바울이 가능성의 공간을 더 크게 보았던 이유는 바로 신비로운 능력을 믿었기 때문이었습니다. 신비로운 능력을 믿을 때, 부정적인 면이 작게 보이고 신비로운 능력이 역사할 공간이 크게 보이게 됩니다.

그리하여 온 이스라엘이 구원을 받으리라 기록된 바 구원자가 시온에서 오사 야곱에게서 경건하지 않은 것을 돌이키시겠고 내가 그들의 죄를 없이 할 때에 그들에게 이루어질 내 언약이 이것이라 함과 같으니라(26-27절)

이스라엘 백성이 완악하다 할지라도 그들을 매도할 수 없는 이유는, 바울 자신을 구원해 주신 신비로운 능력이 저들도 구원해 주리라 확신했기 때문입니다. 주님께서 말씀하시기를 구원이 이스라엘에게 임할 것이고 그들의 죄가 씻길 것이라 하였습니다. 바울의 확신은 이러한 주님의 언약의 말씀을 토대로 한 확신이었습니다.

우리가 주님의 신비스러운 능력을 어떻게 경험할 수 있습니까? 주님의 말씀 위에 서 있음으로 경험할 수 있습니다. 바울은 주님의 말씀을 믿는 것으로 그치지 않았습니다. 말씀을 이스라엘 백성에게 적용했습니다.

복음으로 하면 그들이 너희로 말미암아 원수 된 자요 택하심으로 하면 조상들로 말미암아 사랑을 입은 자라(28절)

복음의 관점으로 볼 때 저들은 당신들로 인해 원수 된 사람들이지만, 택하심의 관점으로 보면 조상들로 인해 사랑을 입은 사람들이라는 것입니다. 저들의 뿌리는 믿음의 조상이며, 저들은 믿음의 조상에서 나온 열매들이었습니다. 이처럼 바울은 자신이 믿는 말씀을 이스라엘 백성에게 적용했습니다. 그럼으로써 저들을 사랑하고 포용하는 실천력을 얻었습니다.

하나님의 은사와 부르심에는 후회하심이 없느니라(29절)

후회하심이 없다는 말은 철회하심이 없다는 말입니다. 하나님께서 한번 부르셨다고 하면 절대 철회하지 않으신다는 것입니다. 하나님께서 아브라함을 부르실 때 아브라함 개인을 부르신 것이 아닙니다. 하나님께서 아브라함에게 그로 하여금 큰 민족을 이루게 하리라고 말씀하셨습니다. 즉, 아브라함에게서 비롯되는 민족 전체를 불러 주신 것입니다. 아브라함이라는 뿌리에서 나온 것이 이스라엘이었습니다. 그런데 하나님께서 어찌 이스라엘에 대한 부르심을 철회하시겠습니까? 주님께서 절대 철회하지 않으신다고 바울은 확신하고 있습니다.

　바울과 우리의 차이가 무엇입니까? 우리는 마음에 안 드는 사람이 있으면 저 사람은 근본이 틀렸다고 생각합니다. 근본은 뿌리입니다. 바울은 우리의 기준으로 볼 때 근본이 틀려서 완악하기 짝이 없는 사람을 향해 뿌리가 좋다고 말하는 것입니다. 조금의 부분만 완악하다고 말하는 것입니다. 가능성이 훨씬 크다고 말하는 것입니다.

너희가 전에는 하나님께 순종하지 아니하더니 이스라엘이 순종하지 아니함으로 이제 긍휼을 입었는지라 이와 같이 이 사람들이 순종하지 아니하니 이는 너희에게 베푸시는 긍휼로 이제 그들도 긍휼을 얻게 하려 하심이라 (30-31절)

　과거에 하나님께 순종하지 않던 여러분이 이스라엘 백성의 불순종으로 인해 하나님의 긍휼을 입게 되었는데, 이와 마찬가지로 지금 순종하지 않고 있는 이스라엘 백성도 결국 긍휼을 입게 되리라는 것입니다. 로마서 10장, 11장을 거쳐 오면서 바울이 이 이야기를 거듭 강조하고 있습니다. 바울의 집념이 드러나 있는 것입니다. 사람은 누구나 집념을 가지고 있습니다. 그런데 대부분 그 집념이라는 것은 자기 욕심과 관련 있습니다. 그래서 물질, 권력, 명예를 향해 있습니다. 지금 바울이 가진 끈질긴 집념은 물질, 권력, 명예에 대한 것이 아니라 사랑에 대한 집념입니다. 이것이 하나님께로부터 신뢰받고, 하나님의 도구로 쓰임 받을 수밖에 없는 이유입니다. 하나님께서 사랑의 집념을 지니신 분이기 때문에 그렇습니다. 어떤 상황에서도 바울은 이스라엘에 대한 사랑의 집념을 포기하지 않았습니다. 바울이 위대한 사랑 장章인 고린도전서 13장을 쓸 수 있었던 것도 이 사랑의 집념을 가지고 있었기 때문입니다. 우리가 오늘을 살아가면서 가장 가질 만한 집념, 가장 가져야 할 집념은 사랑의 집념입니다.

하나님이 모든 사람을 순종하지 아니하는 가운데 가두어 두심은 모든 사람에게 긍휼을 베풀려 하심이로다(32절)

하나님께서 모든 사람에게 긍휼을 베푸시기 위해 그들을 불순종의 상태에 가두어 두셨습니다. 참으로 놀라운 바울의 통찰입니다. 바울이 신비스러운 구원의 능력 안에 있었기 때문에 가능할 수 있었던 통찰입니다. 불순종이 순종을 이루고, 또 순종이 불순종을 이루고, 그 불순종이 뒤바뀌어 또다시 순종을 이루는 구원의 역사가 계속해서 일어나고 있다는 것입니다. 내 주위에 주님을 믿지 않고 내 속을 상하게 하는 사람이 있을 수 있습니다. 그 사람을 내가 미워만 할 수 있습니까? 만약 그 사람이 내 속을 상하게 하지 않았다면 내가 지금처럼 주님을 바라볼 수 없을 것입니다. 그 사람의 불순종으로 인해, 그 사람이 내 속을 상하게 하는 것 때문에, 내 속이 말할 수 없는 고통을 당하게 되어 내가 주님 앞에 나아가게 되고, 순종하게 되고, 주님의 은총을 얻는 자리에 있게 된 것입니다. 내 속을 상하게 하는 그 사람이야말로 나의 구원을 이루어 주기 위해 자기도 모르는 십자가를 지고 있는 사람입니다. 그러므로 그 사람은 내가 미워할 대상이 아닙니다. 나도 그를 위해 구원의 십자가를 져야 합니다. 내가 그를 위해 구원의 통로가 되어 주어야 합니다. 그 사람의 불순종이 나를 신비스러운 자리에 앉게 해준 은총의 손길이 되었기 때문입니다.

또한 우리가 어떻게 구원의 은총을 사모하는 사람이 되었습니까? 예전에 우리가 죄 가운데 있었기 때문입니다. 예전에 우리가 불순종하는 삶을 살았기 때문입니다. 하나님 없는 삶의 어두움과 황폐함이 어떤 것인지 알게 되었기 때문에, 하나님의 신비스러운 사랑이 얼마나 위대하며 그 능력은 또 얼마나 큰지 우리가 비로소 깨닫게 된 것입니다. 당시의 삶은 분명 잘못된 것이었지만, 그러나 하나님께서 신비스러운 능력으로 그 모든 것을 합력해서 구원의 선을 이루신 것입니다.

어떤 분이 교도소에서 주님을 인격적으로 만나 주님께 늘 기도하는 삶을 살았습니다. 그런데 그가 출소하기 전에 아내가 아기를 낳게 되었습니다. 복역하기 전에 잉태되었던 자녀였습니다. 그러니 교도소 안에 있는 사람의 심정이 얼마나 괴롭겠습니까? 그는 감방 마루에 눈물을 쏟으며 하나님께 원망 섞인 기도를 드렸습니다. 그러면서 빨리 자녀를 보게 해달라고 기도했습니다. 그런데 뜨거운 깨달음이 있었습니다. 이런 음성이 그 안에서 올라왔습니다. '태어난 딸을 보지 못해 네 마음이 아픈 것이냐? 태어난 딸을 가슴으로 안아 보지 못해 가슴이 괴로운 것이냐? 너는 복역이 끝나면 그 아이를 얼마든지 볼 수 있고 얼마든지 안아 줄 수 있으나, 나는 내 자식을 너 때문에 십자가에서 죽였다.' 이것을 깨닫는 순간 그가 주님 앞에 그대로 굴복했습니다. 그는 감옥에 있으면서 감옥 밖에 있는 사람은 생각할 수도 없고 경험할 수도 없는 주님의 신비스러운 은총을 눈물겹도록 경험한 것입니다.

그런데 불순종으로 인해 구원의 은총을 경험하게 되는 것이라면, 로마서 6장에서 제기되었던 질문이 다시 제기됩니다. 은혜를 더하기 위해 우리가 죄를 지을 수 있습니까? '은혜를 경험하기 위해 나도 죄짓고 감옥에 한번 가보자.' 이렇게 생각하는 것 자체가 이미 신비스러운 구원의 은총을 깨닫지 못했음을 의미합니다. 신비스러운 구원의 은총을 깨달았다면 내가 이미 지은 죄만으로도 충분합니다. 이미 어둠 속에 있었던 것만으로, 그럼에도 자신이 받은 은혜에 일평생 감격하고도 남습니다.

우리가 앞서 배우기를, 로마서 1-11장은 교리를 다룬다고 했습니다. 즉 무엇을 믿을 것인가, 믿음의 내용이 무엇인가를 다루고 있습니다. 그리고 로마서 12-16장은 그리스도인의 윤리, 즉 주님을 믿는 사람으로서 어떻게 살 것인가를 다루고 있습니다. 그런데 로마서 10장과 11장은 이스라엘의 구원에 대해 이야기하고 있습니다. 그래서 학자에 따라서는 10장과 11장은 로마서에서 빠져도 된다고 주장합니다. 과연 그렇습니까? 이제 우리가 공부하고 보니 10, 11장의 주제가 이스라엘의 구원만입니까? 그렇지 않습니다. 이스라엘의 구원이라는 것은 하나의 보이는 간판이고, 그 간판 속에는 우리를 구원하신 신비로운 주님의 능력이 강조되고 있습니다. 이 신비로운 구원의 능력을 깨닫지 못하는 사람은 로마서 12장부터 시작하는 그리스도인의 윤리, 즉 바른 삶에 대한 지침들을 실천해 나갈 수 없습니다.

로마서 12장 1-2절은 그리스도인의 삶에 대한 세 가지 골격을 언급하고 있습니다.

그러므로 형제들아 내가 하나님의 모든 자비하심으로 너희를 권하노니 너희 몸을 하나님이 기뻐하시는 거룩한 산 제물로 드리라 이는 너희가 드릴 영적 예배니라 너희는 이 세대를 본받지 말고 오직 마음을 새롭게 함으로 변화를 받아 하나님의 선하시고 기뻐하시고 온전하신 뜻이 무엇인지 분별하도록 하라

첫째는 우리 몸을 거룩한 산 제물로 드리는 것, 둘째는 마음을 새롭게 함으로 변화를 받는 것, 셋째는 하나님의 선하시고 기뻐하시고 온전하신 뜻이 무엇인지 분별하는 것입니다. 그러면 어떤 사람이 이 세 가지 골격을 이루며 살 수 있습니까? 하나님의 신비스러운 구원의 능력을 깨달은 사람만이 가능합니다. 내 능력, 내 지혜로 되는 것이 아니라 주님의 능력으로 됨을 확신하는 사람만이 일평생 겸손하게 그 능력을 간구하면서 자신의 몸을 산 제사로 드릴 수 있고, 마음을 새롭게 할 수 있으며, 하나님의 뜻을 분별할 수 있습니다. 신비스러운 능력이 어디에 있습니까? 오늘 우리가 있는 이 자리에 함께하고 있습니다. 이 신비스러운 능력을 우리 마음속 깊이 충만하게 얻고 담는 매일이 되기를 바랍니다. 우리의 삶 자체가 영적 예배가 된다면, 우리의 삶을 통해 주님의 아름다운 역사가 날마다 펼쳐지게 될 것입니다.

20
깊도다

로마서 11장 33-36절

깊도다 하나님의 지혜와 지식의 풍성함이여, 그의 판단은 헤아리지 못할 것이며 그의 길은 찾지 못할 것이로다 누가 주의 마음을 알았느냐 누가 그의 모사가 되었느냐 누가 주께 먼저 드려서 갚으심을 받겠느냐 이는 만물이 주에게서 나오고 주로 말미암고 주에게로 돌아감이라 그에게 영광이 세세에 있을지어다 아멘

믿지 않는 사람들도 제기하고 믿는 사람 가운데서도 제기하는 질문이 있습니다. 가룟 유다가 예수님을 팔았기 때문에 예수님이 십자가에 못박히셨고, 십자가에 못박히셨기 때문에 우리가 구원을 받았다는 것입니다. 그래서 가룟 유다가 없었으면 예수님이 안 돌아가셨을 것이고, 예수님이 안 돌아가셨으면 우리는 영원히 죄 가운데 있으므로, 예수님을 제외한 구원의 일등공신을 꼽으라고 하면 가룟 유다가 아니겠느냐는 것입니다. 그래서 가정에서 혹은 일터에서 사람들을 위해 자신이 가룟 유다 역할을 하고 있다며 자신을 정당화

하는 사람들도 있습니다. 이것이 과연 맞는 말입니까?

가룟 유다가 없었으면 예수님이 십자가에 못박히지 않으셨겠습니까? 그렇지 않습니다. 대제사장들과 그밖의 유대인들은 이미 예수님을 죽일 것을 몇 번씩 굳게 결의했습니다. 가룟 유다가 없었어도 예수님께서는 죽임을 당하셨을 것입니다. 만약 대제사장이나 장로들이 예수님을 죽이려 하지 않았다면 또 다른 누군가가 예수님을 죽이려고 결의했을 것입니다. 단지 가룟 유다는 자기 욕심 때문에 예수 그리스도를 은 30냥에 팔았고, 하나님의 신비스러운 구원의 섭리가 이루어지는 데 그의 죄가 도구로 사용된 것뿐입니다. 그러므로 가룟 유다가 자신의 죄로부터 면책받을 수 있습니까? 면책받을 수 없습니다. 이런 질문들은 인간의 죄와 허물까지 들어서 구원의 역사를 이루시는 하나님의 섭리를 혼돈하는 데서 생기는 것입니다.

이스라엘이 완악하였으므로 복음이 이방으로 들어갔습니다. 그러면 이스라엘이 하나님으로부터 칭찬받아야 합니까? 그렇지 않습니다. 이스라엘이 하나님 앞에서 완악했던 것에 대한 죄의 책임은 그들 스스로 짊어져야 했습니다. 그들은 2천 년 동안 나라 없이 떠돌면서 숱한 고통을 당해야 했습니다. 내 남편의 완악함으로 인해 내가 예수님을 잘 믿는 사람이 되었다면, 내 남편은 하나님께로부터 사랑받아 마땅한 사람입니까? 그런 남편에게 "계속해서 죄된 자리에 머물러 주세요. 그래야 내 믿음이 더 좋아지겠습니다"라고 말해도 되는 것입니까? 그렇지 않습니다. 만약 그렇게 말한다면 남편을 죄의 자리에 방치해 놓는 꼴이 됩니다. 남편이 완악하므로 내가 구원을 받았다면, 남편에 대해 빚진 마음으로 나 역시 남편을 위한 구원의 도구가 되도록 자청하는 것이 그리스도인이 지녀야 할 태도입니다.

　어떤 사람이 살인죄를 저질렀다고 하십시다. 예수를 알지 못하던 사람이었는데 감옥에 들어가 예수님을 만났습니다. 자신이 구원받았음을 깨닫고 참으로 감격스러웠습니다. 그렇다면 그 사람이 살인죄를 저지른 것이 잘한 일입니까? 살인죄를 저지른 데 대한 책임에서 벗어날 수 있습니까? 그렇지 않습니다. 그 사람은 하나님께 용서받을 수 있지만 자신이 뿌린 죄의 보응은 반드시 돌려받게 됩니다. 그는 10년이든 20년이든 감옥살이해야 합니다. 출옥한 다음에는 세상 사람들로부터 거듭났다고 인정받기 전까지 자기가 뿌린 죄의 씨앗을 다 거두어야 합니다. 주님께서는 우리가 당신께 불순종하였음에도 신비스러운 능력으로 구원의 역사를 이루십니다. 우리가 주님 앞에 잘못하고 넘어지고 실족했음에도 주님께서는 그 모든 것을 합력하여 구원의 역사를 세워 나가십니다.

깊도다 하나님의 지혜와 지식의 풍성함이여. 그의 판단은 헤아리지 못할 것이며 그의 길은 찾지 못할 것이로다(33절)

　'깊이'라는 것은 가만히 보면 보일 것 같은데 안 보이는 것, 자세히 보면 알 것 같은데 알지 못하는 것을 뜻합니다. "지혜"는 하나님께서 이 세상을 다스리는 통치 원리를 의미합니다. 그리고 "지식"은 그 원리를 하나님께서 정확하게 구체화시키는 지적 능력을 말합니다. 그러니까 지혜가 총론이라면 지식은 각론이라 할 수 있습니다. 하나님의 지혜와 지식의 풍성함의 깊이는 알 것 같은데 도무지 모르겠다고 바울이 고백하고 있는 것입니다. 사실 우리는 다른 사람의 지혜와 지식도 다 이해하지 못합니다.

이규태 씨가 콩나물에 대해 쓴 칼럼이 있었습니다. 세계에서 콩을 콩나물로 만들어 먹는 민족은 우리 민족밖에 없다고 합니다. 우리 조상들이 해장국을 끓일 때 꼭 콩나물을 넣었습니다. 그런데 그 이유를 아는 사람이 없었습니다. 최근에 서울대 의대에서 콩나물을 분석했는데, 콩나물에는 알코올을 분해시키는 아스파트산이라는 성분이 다량 들어 있음이 드러났습니다. 더 놀라운 것은, 선조들이 콩나물 무침을 할 때는 콩나물 뿌리를 자르고, 해장국을 끓일 때는 뿌리를 자르지 않고 끓였다는 것입니다. 서울대 연구에 의하면 알코올을 용해시키는 아스파트산이 콩나물 머리에는 58퍼센트, 줄기에 70퍼센트, 그리고 뿌리에 87퍼센트가 들어 있었습니다. 옛날 사람들이 어떻게 이것을 알았습니까? 아이를 낳고는 미역국을 먹는 것이 좋다는 사실을 어떻게 알았습니까? 이처럼 사람의 지혜도 우리가 다 알 수 없습니다. 하물며 콩나물을 창조하신 하나님의 지혜와 지식은 두말할 필요가 없습니다. 그 깊이를 알 도리가 없습니다.

하나님의 판단은 측량 자체가 불가능합니다. 판단 능력이 뛰어난 사람의 판단 범위도 측량하기가 어렵습니다. 옛날에 사람들은 지구가 평평하다고 생각했습니다. 그래서 바다에서 배를 타고 가면 결국에는 낭떠러지 아래로 떨어진다고 생각했습니다. 그런데 어떻게 지구가 둥글다고 판단할 수 있었습니까? 이 지구가 우주에 떠 있다고 어떻게 판단할 수 있었습니까? 로켓을 쏘아 달에 갈 수 있다는 것도 사람으로서는 상상하기 어렵습니다. 하물며 이 지구를 창조하시고 달을 창조하시고 우주에 떠 있게 하신 하나님의 판단을 우리가 어떻게 측량할 수 있겠습니까?

사려 깊은 사람이 걸어가는 길 역시 헤아리기 어렵습니다. 서예의 대가가 되기를 원하는 사람이 당대에 대가라 인정받는 서예가를 찾아가 자신을 가르쳐 달라고 했습니다. 그런데 허구한 날 스승은 '한 일一' 자만 쓰게 했습니다. 제자는 도무지 이해가 안 되어 결국 그만두었습니다. 그런데 다른 제자는 그 뜻을 헤아릴 수 없지만 스승을 믿고 계속 연습했습니다. 그리고 나중에야 한 일 자를 바로 쓰는 것이 붓글씨의 기초라는 사실을 알게 되었습니다. 도를 닦겠다고 하는 사람이 고승을 찾아갔습니다. 그런데 득도한 스님이 도를 가르쳐 주기는커녕 매일 나무하고 밥 짓고 빨래하는 것만 시켰습니다. 대부분의 사람들은 그 일을 그만두고 떠났지만, 남은 제자는 다른 사람을 섬기는 마음을 갖추지 못하면 절대 도가 이루어질 수 없다는 사실을 깨닫게 되었습니다. 우리가 이 세상을 살아가면서 사려 깊은 사람이 제시해 주는 조언과 지침을 그 순간에 다 헤아리지 못할 때가 많습니다. 하물며 창조주이신 하나님께서 우리에게 제시해 주신 길을 완전무결하게 헤아리는 것이 가능하겠습니까?

민수기 33장을 보면 출애굽한 이스라엘 백성이 거쳐 간 여정이 나타나 있습니다. 그 여정은 사람이 정한 것이 아니었습니다. 민수기 33장 2절은 "모세가 여호와의 명령대로 그 노정을 따라 그들이 행진한 것을 기록하였으니"라고 증언하고 있습니다. 하나님께서 그 길을 정해 주셨다는 것입니다. 그런데 14절을 보면 "알루스를 떠나 르비딤에 진을 쳤는데 거기는 백성이 마실 물이 없었더라"고 했습니다. 사람이 인도한 길이라면 왜 물이 없는 곳으로 인도했느냐고 따질 수 있을 것입니다. 하나님께서 인도하신 길인데 왜 그곳에 물이 없는 것입니까? 이스라엘 백성은 도무지 이해할 수 없었습니다. 그곳에서 하나님을 원망했습니다. 이스라엘 백성은 모세를 죽이려고까지 했습니다. 그러나 하나님께서 물이 없는 르비딤으로 인도하셨기 때문에, 그들은 반석에서 생수를 내시는 하나님의 능력을 두 눈으로 볼 수 있었습니다. 하나님께서 그들을 신광야로 인도하셨음에도 왜 먹을 것이 하나도 없었습니까? 하늘 위에서 떨어지는 만나를 그들이 날마다 경험하도록 하기 위함이었습니다.

제가 15년 전에 사업을 할 때 사회정의운동을 하던 목사님이 전화를 주셨습니다. 그분은 저와 평소에 지면知面이 있던 분이었습니다. 자신이 누구를 보낼 터인데 보증하겠으니, 그가 원하는 바를 꼭 들어주면 좋겠다고 했습니다. 얼마 뒤 어떤 여자분이 찾아오셨습니다. 남편이 사업을 하다가 돌아가셔서 자신이 사업을 하고 있는데 사정이 어려워, 150만 원을 빌려 달라고 청하였습니다. 저는 두말하지 않고 빌려 주었습니다. 그런데 돈을 빌려 주고 며칠 지나지 않아 그 여자분이 경영하던 기업이 부도가 나고 말았습니다. 그리고 그분은 잠적했습니다. 보증한다던 목사님은 입을 다물고 한 마디도 없었습니다. 한 10년이 지나 제가 경영하던 회사가 부도가 났습니다. 부도가 난 저녁에 200만 원을 주어야 할 곳이 있었습니다. 그런데 어디서도 돈이 나올 구멍이 없었습니다. 그런데 10년 전 제 돈을 빌려가고 잠적했던 그분이 느닷없이 200만 원을 들고 저를 찾아왔습니다. 물론 10년 전의 150만 원이 더 가치가 크지만 나름대로 이자까지 쳐서 200만 원을 가지고 온 것이었습니다. 우리 삶 속에 일어나는 이런 일을 우리가 어떻게 헤아릴 수 있습니까? 이런 일을 보면서, 오묘하신 하나님의 길을 어떻게 알 수 있다고 말할 수 있겠습니까?

이처럼 측량할 수도, 판단할 수도, 헤아릴 수도 없는 깊고도 깊은 하나님의 신비한 능력이 우리를 오늘 이 자리에 앉아 있게 하신 것입니다. 그러므로 우리는 교만할 수가 없습니다. 내 지혜로, 내 능력으로 오늘 이 자리에 있다고 착각하지 않도록 우리가 신비한 능력을 알고 깨닫는 것이 바울이 바라는 바였습니다.

우리를 살리신 주님의 신비한 능력을 믿는다면, 주님 앞에서 어떤 마음가짐을 지녀야 합니까? 바울은 네 가지로 설명하고 있습니다.

첫 번째는, 주님을 알고자 하는 마음을 지녀야 합니다.

누가 주의 마음을 알았느냐(34절 상반절)

깊고도 깊은 주님의 마음을 알 사람이 아무도 없으므로, 주님을 다 안다고 과신해서는 안 됩니다. 부부가 같이 살면서 '나는 내 아내를 다 알아', '나는 내 남편을 다 알아'라고 생각하면 그 순간부터 그 부부는 갈등에 직면하게 됩니다. 왜냐하면 내가 다 안다고 속단하는 것 때문에 내가 알지 못하는 더 많은 부분 앞에서 장님이 되어 버리기 때문입니다. 인간이 하나님을 다 안다고 속단하는 순간부터, 실은 인간이 하나님과 무관한 존재가 되고 맙니다. 인간은 절대 하나님을 다 알 수 없습니다. 그런데 우리는 자신이 체험한 것을 절대화해서 하나님을 완전히 다 아는 양 잘못 행동하고 판단할 때가 너무도 많습니다. 병이 들었다가 기도를 통해 병이 나은 사람이 있습니다. 그런데 이런 사람 중에 하나님의 신유의 은혜를 얻기 위해서는 절대로 약을 먹어서는 안 된다고 하는 사람이 있습니다. 하나님께서는 기도를 통해서, 약을 통해서, 음식을 통해서, 의사의 손길을 통해서 역사하시는 방법이 무궁무진합니다.

내가 기도한 것을 응답받으려면 꼭 금식을 해야 한다고 말할 수 있습니까? 그렇지 않습니다. 마가복음 5장에서 귀신 들린 사람이 나오는데, 그가 주님께 기도해서 귀신이 나갔습니까? 귀신 들린 사

람이 어떻게 기도할 수 있습니까? 그 사람은 기도하지 않았음에도
주님께서 귀신을 쫓아내 주셨습니다. 야이로의 딸이 죽었을 때 주
님께서는 그 아이가 죽은 것이 아니라 자는 것이라고 말씀하셨습니
다. 그때 사람들이 주님의 말씀을 믿지 않고 비웃었습니다. 그럼에
도 주님께서 야이로의 딸을 살려 주셨습니다. 반드시 금식해야 응
답되는 것이 아닙니다. 내가 무언가를 경험하고 안다고 해서 그것
을 절대화해 버리면, 하나님을 믿는 것이 아니라 내가 조각한 우상
을 섬기는 것이 됩니다.

두 번째는, 주님의 뜻에 따르는 마음을 지녀야 합니다.

누가 그의 모사가 되었느냐(34절 하반절)

"모사"는 '충고자' 혹은 '상담자'를 뜻합니다. 사람들은 순간적으
로 하나님께 충고자가 되고 상담자로 나섭니다. 우리가 측량할 수
없는 하나님의 은혜를 안다면 이런 태도를 취할 수 없습니다. 기도
응답이 많을수록 이런 잘못을 범하게 됩니다. 이런 말을 들은 적
이 있습니다. 어떤 사람이 이스라엘과 아랍의 평화를 위해 기도했
더니 하나님께서 이스라엘과 PLO가 평화협정을 맺도록 해주셨다
는 것입니다. 그러면 그가 기도하지 않았으면 평화협정이 맺어지
지 않았을 것이라는 말입니까? 우리도 이런 잘못을 범할 때가 많습
니다. 그가 기도하지 않았다 할지라도 하나님의 뜻이 있으시면, 하
나님의 뜻 가운데 이스라엘과 아랍의 평화협정이 맺어지는 것입니
다. 하나님의 뜻이 아니라면, 아무리 기도해도 그 협정은 이루어지
지 않았을 것입니다. 기도하는 것은 우리가 스스로 낮은 자리에 머
물기 위함입니다.

가령 내가 병이 들었는데, 병 낫기를 원하는 마음이 있습니다. 이런 마음이 없는 사람이 어디 있겠습니까? 그러나 내 병만 나아야 한다고 하나님께 기도하면, 하나님의 충고자가 되는 것입니다. 아니, 명령자가 되는 것입니다.

세 번째는, 주님의 은총을 구하는 마음을 지녀야 합니다.

누가 주께 먼저 드려서 갚으심을 받겠느냐(35절)

우리가 주님께 먼저 무엇을 드렸기 때문에 주님으로부터 답례를 받는 것이라 착각해서는 안 된다는 것입니다. 내가 기도를 많이 해서, 내가 교회에서 봉사를 열심히 해서, 내가 주일을 잘 지켜서, 내가 헌금을 많이 해서 주님께로부터 은혜가 임하는 것이라고 생각해서는 안 됩니다. 하나님의 은총을 바르게 이해하고 그에 응답하는 것은 대단히 중요합니다. 그래야 하나님의 은총을 흘려버리지 않는 복된 그릇이 될 수 있습니다. 더 중요한 사실은, 바르게 이해하는 것 역시 하나님의 은총이 임했기 때문에 가능한 것이라는 점입니다.

우상을 섬기는 아브라함에게 주님께서 먼저 찾아오셔서 그로 하여금 큰 민족을 이루어 주겠다는 언약을 주셨습니다. 이에 아브라함이 감사함으로 응답드림으로 하나님의 은총이 그의 삶 속에서 구체적으로 열매 맺어질 수 있었습니다. 이 순서가 바뀌면 언제든지 나의 공로가 앞서게 됩니다. 제가 생각하기를, '제가 주님 앞에서 누구보다도 더 열심히 봉사하고 기도했으니 주님께서 제 공로를 보시고 저에게 이런 아름다운 교회를 맡기셨습니다'라고 한다면, 저는 교만에 빠진 것입니다. 우리가 아무것도 한 것이 없는데도 주님께서 우리에게 은총을 베푸셔서, 그 은총으로 우리가 주님 앞에서 봉사하고 헌신할 수 있는 것입니다.

네 번째는, 오직 주님의 영광을 구하는 마음을 지녀야 합니다.

이는 만물이 주에게서 나오고 주로 말미암고 주에게로 돌아감이라 그에게 영광이 세세에 있을지어다 아멘(36절)

만물이 주님에게서 비롯되고, 주님으로 말미암아 있으며, 결국 주님을 향해 갈 것이기 때문입니다. 만물과 일어나는 모든 일 가운데에 하나님의 섭리하심이 있습니다. 그러므로 이 세상을 살아가다가 내가 어떤 불이익과 아픔을 겪게 된다 할지라도 하나님의 영광을 구하고자 하는 것이, 주님의 신비스러운 능력을 믿는 이의 바른 마음 자세입니다.

왜 이 땅에 전쟁이 있어야 합니까? 왜 전쟁 때문에 수많은 사람들이 죽어야 합니까? 왜 이 땅에 질병이 있어야 합니까? 왜 열심히 일하는데도 도산하고 사기당해야 합니까? 이에 대해 우리는 명확한 답을 가지고 있지 못합니다. 그러나 한 가지 분명한 사실은, 그 모든 사건들과 일들에 혹은 그 배경에 우리가 측량할 수 없는 하나님의 지혜와 지식이 있음을 믿는다면, 우리는 그 일들을 통해 하나님의 영광을 보리라는 것입니다. 우리가 비행기를 타게 되면 조종사를 믿고 가야 합니다. 택시를 타도 기사를 믿고 가야 합니다. 그런데 하나님께서 조종사나 택시 기사만도 못하신 분입니까? 그분은 역사를 움직이시고, 사회를 움직이시고, 인생들을 움켜쥐고 계십니다. 그분의 지혜와 지식은 우리에게 판단 자체가 불가능합니다.

그러면 이상 네 가지 마음을 지니고 사는 사람은 이 땅에서 어떤 모습으로 살아갑니까? 12장 1절에 나오는 "그러므로"라는 단어가 중요합니다. 이런 마음을 지닌 까닭에 그 사람의 일거수일투족이 거룩한 산 제사일 수밖에 없습니다. 우리의 일거수일투족은 우리의 마음이 반영된 결과이기 때문입니다. 정말 주님을 알고자 하는 마음을 가지십시다. 정말 주님을 겸손히 따르는 마음을 가지십시다. 주님의 은총을 구하고, 주님의 영광을 구하는 마음을 가지십시다. 이런 마음으로 우리의 삶을 산 제사로 주님께 드리십시다. 그때 우리의 삶은 신비한 능력으로 날마다 채워 주시는 주님의 은총을 소멸시키지 않고 간직하는 복된 그릇이 될 것입니다.

로마서 12장

21
몸을 산 제물로

로마서 12장 1절

그러므로 형제들아 내가 하나님의 모든 자비하심으로 너희를 권하노니 너희 **몸을** 하나님이 기뻐하시는 거룩한 **산 제물로** 드리라 이는 너희가 드릴 영적 예배니라

우리가 무엇을 믿을 것인지가 바로 되어야 우리가 어떻게 살 것인 지가 바로 서게 됩니다. 그래서 로마서 16장 전체에서 믿음의 내용 을 다루는 1장부터 11장까지가 70퍼센트가량을 차지하고 있습니 다. 휴거론자들이 가정도, 직장도 버리고 예배당에서 찬양만 드렸 습니다. 잘못된 삶으로 사회적인 물의를 일으켰습니다. 그들이 따 르는 믿음의 내용이 잘못되었기 때문입니다.

로마서 1장부터 11장까지의 믿음의 내용을 한 줄로 압축하면, 하나님의 기적적인 사랑과 구원의 은총이 우리를 살리셨다는 것입 니다. 내가 구원받을 만한 자격이 있다거나 구원받을 만한 능력이 있어서가 아니라, 하나님의 일방적인 사랑, 신비스러운 구원의 능

력이 나를 살려 주시고 세워 주셨다는 것입니다. 나의 모든 허물에도 불구하고 당신의 독생자를 죽이시기까지 구원해 주신 주님께서 날마다 내게 더 좋은 것으로 채워 주시고 덧입혀 주시고 계십니다. 이런 사랑과 은총을 베풀어 주시는 주님을 위해 우리가 어떻게 살 것인가 하는 질문에 대한 해답을 바울이 로마서 12장부터 전해 주고 있습니다. 로마서 12장 1절은 우리가 어떻게 살 것인가에 대한 총론입니다.

그러므로 형제들아 내가 하나님의 모든 자비하심으로 너희를 권하노니 너희 몸을 하나님이 기뻐하시는 거룩한 산 제물로 드리라 이는 너희가 드릴 영적 예배니라

"그러므로"라는 말은 앞의 내용이 없다면 12장이 있을 수 없음을 나타냅니다. 우리가 로마서 12장을 제대로 이해하려면 반드시 11장까지의 내용을 알아야 합니다. 11장 내용을 요약하면 신비스러운 주님의 은총이 나를 살리셨으며 그분의 영광이 나를 세우셨다는 것입니다. 이것을 기억해야 12장의 내용이 비로소 나의 것이 될 수 있습니다.

12장부터는 지금까지의 분위기와 전혀 다릅니다. 11장까지는 어떠했습니까? 은혜를 더하려고 죄에 거할 수 없으며, 하나님께서 허물 많은 이스라엘 백성을 결코 버리지 않으신다고 바울이 말할 때 대단히 단호한 어조로 강조했습니다. 그런데 12장부터는 "하나님의 모든 자비하심으로 너희를 권하노니"라며 부드럽게 이야기해 나가고 있습니다. 그 이유가 무엇입니까? 1장부터 11장까지 언급된 믿음의 내용, 복음의 교리는 사람들이 믿든 안 믿든, 수용하든 수

용하지 않든 상관없이 불변의 진리입니다. 그러므로 바울은 타협의 여지 없이 강하고 단호하게 이야기했습니다. 그런데 그리스도인이 어떻게 살아갈 것인가 하는 윤리적인 문제로 넘어가면 이야기가 달라집니다. 모든 사람이 윤리적으로 사는 것이 아닙니다. 바르게 사는 사람이 있는가 하면 형편없이 사는 사람도 있습니다. 그러나 하나님을 믿는 백성이라면 바른 삶을 살아야 할 의무가 있습니다. 중요한 점은, 바른 삶은 절대로 야단치고 질책해서 이루어지지 않는다는 것입니다. 그러면 부작용이 생깁니다. 무섭고 두려워서 바른 삶을 사는 것은 어느 정도까지는 되지만 그 이상은 뛰어넘지 못합니다. 오직 사랑 속에서만 바른 삶이 가능합니다.

바울은 이것을 알고 있었습니다. 그래서 하나님의 모든 자비하심으로 권하고 있는 것입니다. 우리도 이와 같은 자세와 마음가짐으로 바른 삶을 전해야 합니다. 인간에게도 자비가 없지 않습니다. 그러나 인간의 자비는 끝이 있고 한계가 있습니다. 그런데 바울은 하나님의 모든 자비하심이라고 했습니다. 하나님의 자비라고 해도 인간의 자비와 비교가 불가능한데, 자비 앞에 "모든"이라는 말을 붙였습니다. 그러면 하나님의 모든 자비하심이란 무엇을 의미합니까? 그것은 하나님의 인내하심입니다. 사람도 참는 시늉은 할 수 있습니다. 그러나 끝까지 참지 못합니다. 그러나 하나님께서는 끝까지 참으십니다. 하나님의 인내하심이 만든 작품이 바로 우리들입니다. 우리는 누구를 인내하며 사랑한다고 하면서도 정작 그를 방치하는 경우가 많습니다. 싫은 사람에게 열과 성을 다해 반복적으로 사랑을 전하지 못합니다. 하나님께서는 끊임없이 반복적으로 인내하시는 분입니다. 바울이 이런 자비하심을 가지고서 권하는 것이라고 고백하고 있는 것입니다.

'권한다'는 말은 단순히 권면한다는 말이 아니라 '파라칼레오 παρακαλέω', 즉 '위로한다'는 뜻입니다. 예수님께서 "애통하는 자는 복이 있나니 그들이 위로를 받을 것임이요"(마 5:4)라고 했는데 여기에서 위로가 파라칼레오입니다. 상대방이 잘못을 저지르는데 그를 꾸짖는 것이 아니라, 말씀으로 격려하고 위로하고 반복적으로 사랑을 베풀어 나감으로 바른 삶으로 이끌어 가는 것입니다. 바울이 가는 곳마다 많은 사람들이 바른 삶을 살게 된 이유가, 바울이 하나님의 자비하심으로 사람들을 '파라칼레오'함으로써 자비하신 하나님께서 바울을 도구로 삼아 역사하셨기 때문입니다. 우리도 그리스도인으로서 바울과 같은 마음으로 사람들에게 바른 삶을 가르치고 깨우쳐 간다면, 자비하신 하나님의 역사하심이 반드시 일어나리라 믿습니다.

그러면 바울이 하나님의 모든 자비하심으로 권면한 내용이 무엇인지 살펴보십시다.

너희 몸을 하나님이 기뻐하시는 거룩한 산 제물로 드리라 이는 너희가 드릴 영적 예배니라(1절 하반절)

이 말씀에서 "몸"과 "산 제물"이라는 단어가 중요합니다. 제사를 드리려면 반드시 있어야 할 것이 있습니다. 제물입니다. 그러면 하나님께 제사를 드리기 위해 바쳐지는 제물은 어떠해야 합니까? 첫째, 정결하고 흠이 없어야 합니다. 조금이라도 흠이 있으면 제물이 될 수 없습니다. 둘째, 반드시 죽어야 합니다. 살아 있으면 제물이 될 수 없습니다. 제물이 죽어야 한다는 말은 제물이 자기 주장을 할 수 없다는 말입니다. 자기를 비운 채 온전히 하나님께 드려지는 것입니다. 내가 무엇을 받기 위해, 내가 무엇을 채우기 위해서가 아니라 하나님 앞에 완전히 드려짐으로 내 뜻, 내 주장은 완전히 사라지는 것입니다. 구약시대에는 이 두 가지 조건만 충족되면 되었습니다.

그런데 로마서 12장에서 한 가지 조건이 더 언급되고 있습니다. "산 제물로 드리라"는 것입니다. 구약의 제사는 흠 없는 제물을 죽여서 바치는 것이었는데, 주님께서 요구하시는 것은 흠 없이 정결하고도 살아 있는 제물이어야 한다는 것입니다. 이것이 무엇을 의미합니까? 우리의 삶 자체가 제물이 되고 제사가 되어야 한다는 것입니다. 삶이 흠이 없고, 정결하고, 하나님 앞에서 죽어지는 삶이어야 합니다. 이것이 진정으로 살아 있는 삶입니다. 이것이 '하나님의 사랑을 알고 깨닫는 사람이 어떻게 살 것인가'라는 물음에 대한 총체적인 대답입니다.

"너희가 드릴 영적 예배"는 우리의 삶 자체가 제사로 드려지는 것을 의미합니다. 우리의 삶이 곧 예배라고만 하지 않고, 영적 예배라고 하였습니다. 그러면 영적 예배, 성령충만한 예배란 무엇입니까? 기도가 어눌하고 서툴다 하더라도 가정과 일터가 여러분의 삶으로 말미암아 향기롭다면, 여러분은 삶으로 성령충만한 예배를 드리는 것입니다. 예배당에서 드리는 예배만 영적 예배가 되는 것이 아닙니다. 만일 그것만을 영적 예배라고 한다면, 예배당 밖에서는 거룩과 상관없이 살아가도 무방할 것이며 예배와 삶의 괴리는 메워지지 않을 것입니다.

'영적'이라는 단어는 헬라어로 '로기코스λογικός'이며 '분별력'을 뜻합니다. 즉 이성적인 것을 말합니다. 영적으로 충만한 삶, 성령이 충만한 삶, 영감이 충만한 삶은 이성이 마비된 삶이 아닙니다. 이성은 온데간데없고 감성만 있는 삶이 결코 아닙니다. 영적인 예배는 이성을 다해서 드리는 예배입니다. 이성이 주인이 되는 예배가 아니라, 하나님을 경배하기 위한 가장 큰 도구로 이성이 쓰여지는 예배를 말합니다. 하나님 아버지께서 내게 무슨 말씀을 주시든지, 그 말씀이 내게 요구하시는 바가 무엇인지를 내 이성을 다해 깨닫고 그것을 내 삶에 이성을 다해 적용하고, 내가 할 수 있는 모든 것을 행하고 내가 버려야 할 모든 것을 버림으로, 빛나는 이성으로 삶을 가꾸어 가고 변화시켜 가는 것이 하나님께서 기뻐하시는 영적인 예배라는 것입니다.

구약시대에 이스라엘 백성은 다섯 가지 제사를 드렸습니다. 첫 번째는 번제燔祭입니다. 제물을 태워서 드리는 제사로, 하나님 앞에서의 자기부인을 의미합니다. 두 번째는 소제素祭입니다. 곡물을 제물로 하여 드리는 제사로, 하나님에 대한 헌신과 봉사를 의미합니다. 세 번째는 속죄제贖罪祭입니다. 자신이 지은 죄를 깨닫고 바로잡기 위해 드리는 제사입니다. 네 번째는 속건제贖愆祭입니다. 물질에 대해 죄를 지었을 때 드리는 제사입니다. 다섯 번째는 화목제和睦祭입니다. 제물을 이웃과 나누는 일종의 잔치제사요 축제제사입니다. 이 다섯 가지 제사의 의미가 삶 속에서 드러나는 것이 바로 영적 예배입니다.

성경은 삶으로 이런 제사를 드린 사람들의 이야기로 가득 차 있습니다. 바울은 번제를 삶으로 드린 사람이었습니다. 날아오는 돌에 피투성이가 되어도, 로마 감옥에 갇혀 추위에 떨어도, 유라굴로 태풍으로 인해 목숨이 경각에 있어도 그의 삶은 흔들리지 않았습니다.

하나님께 소제를 드린 대표적인 사람은 가인입니다. 그는 시기심으로 동생 아벨을 죽였습니다. 그런데 하나님께서는 가인을 벌하시지 않고 구원의 은총을 베풀어 주셨습니다. 창세기 4장 16-17절을 보면, 그 가인이 아들을 낳아 이름을 에녹이라 지었습니다. 에녹이라는 이름은 헌신을 뜻합니다. 내가 이제부터 하나님 앞에 헌신하는 삶을 살겠다는 결단이 아들의 이름으로 드러난 것이었습니다. 그리고 성을 쌓은 뒤에는 에녹 성이라 불렀습니다. 나와 함께하는 모든 사람 또한 하나님께 헌신하고 봉사하도록 이끌겠다는 다짐을 성 이름에 담은 것이었습니다. 소제를 드리기 위해서는 곡식을 절구에 넣고 작은 응어리도 없이 고운 가루로 만들어야 했습니다. 이 작업을 하면서 하나님께 자신의 생각을 내어 드렸습니다. 이성을 주님을 위한 헌신과 봉사의 도구로 바쳤습니다. 가인이 훗날 이런 삶을 산 것입니다.

다윗은 속죄제를 삶으로 드린 사람이었습니다. 그는 우리아의 아내를 빼앗는 죄를 범하고 그 죄를 숨겼습니다. 다윗이 생각하기를 남들은 그 사실을 다 모르리라고 생각했습니다. 그런데 어느 날 나단 선지자가 만조백관滿朝百官이 서 있는 자리에서 다윗의 죄를 지적했습니다. 그때 다윗이 어떻게 했습니까? 자기 수하의 사람들이 다 있는 그 자리에서 자신이 죄인이라고 고백했습니다. 얼마나 창피했겠습니까? 그러나 사람 앞에서의 위신이 문제가 아니라 하나님 앞에서의 자기 삶이 문제였기 때문에, 자기 삶을 속죄제물로 하나님께 바쳤습니다. 그 순간 하나님께서는 나단을 통해 다윗에게 죄사함의 은혜를 내려 주셨습니다.

신약에 나오는 삭개오는 속건제를 삶으로 드린 사람이었습니다. 그는 예수님과 앉아서 밥을 먹다가 자기 재산 절반을 팔아 불쌍한 사람들에게 나누어 주겠다고 했습니다. 그리고 남의 것을 속여 빼앗은 일이 있으면 네 배로 갚겠다고 했습니다. 그가 이렇게 말한 이유가 무엇이었습니까? 그가 모은 재산이 다 불의한 재산이었기 때문입니다. 그래서 지금부터는 물질에 대한 죄를 바로잡기 위해 재산을 남에게 나누어 줌으로써 속건제사의 삶을 살기로 한 것이었습니다.

화목제를 삶으로 드린 대표적인 사람은 아브라함입니다. 하나님께서 가나안 땅을 아브라함에게 주셨습니다. 조카 롯이 그에게 붙어살고 있었는데, 서로 짐승과 종들이 많아져 다 수용하기가 어려워지자 아브라함은 그 가나안 땅을 포기하고 롯에게 먼저 선택권을 주었습니다. 그럼으로써 하나님과의 화목뿐 아니라 이웃과의 화목을 도모하는 삶을 살고자 했습니다.

이들이 하나님 아버지 앞에 삶으로 산 제사를 드릴 때 하나님 아버지께서 기뻐하셨으리라는 것은 두말할 나위도 없습니다. 그런데 중요한 것은 이들이 어떻게 해서 영적인 예배를 삶으로 드릴 수 있었느냐 하는 것입니다. 이들이 위대해서, 특출한 인물이라서 그럴 수 있었던 것이 아닙니다. 하나님의 신비스러운 구원의 은총 속에 거했기 때문입니다.

바울은 다메섹으로 가는 길에서 함께 가는 다른 사람들은 구원받지 못하고 자신만 구원받는 경험을 하였습니다. 그 사랑을 깨달을 때마다 한 사람의 영혼에게라도 더 복음을 전하기 위해 고난을 무릅썼습니다. 가인은 아벨을 죽였음에도 하나님께서 생명표를 주셨습니다. 그 사랑을 깨닫는 한, 에녹 성을 쌓지 않을 수 없었습니다. 다윗은 자신이 죽어야 할 죄를 지었음에도 주님께서 죄사함의 은혜를 내려 주시고 양치기에 불과했던 자신을 왕의 자리에까지 올려 주신 것을 생각하며, 하나님과 백성을 헤아리는 성군이 되도록 힘

썼습니다. 삭개오는 같은 민족에게 매국노라 비난받는 세리였음에
도 주님께서 친히 그의 집에 들어가 베풀어 주신 구원의 은총을 떠
올리며, 모든 물질을 내려놓을 수 있었습니다. 아브라함은 하란에
서 우상을 섬기던 사람이었음에도 하나님께서 일방적으로 은혜 내
려 주시어, 가야 할 길을 가르쳐 주시고 인도해 주셨습니다. 그 사
랑을 깨닫고 그 사랑에 힘입어 아브라함은 오늘에 이르기까지 믿음
의 본이 되는 삶을 살 수 있었습니다. 로마서 1장부터 11장까지 나
타난 주님의 신비스러운 사랑을 진정 깨달았다면, 우리도 삶으로
영적 예배를 드리지 않을 수 없는 것입니다.

　과천에 살고 있는 한 교인분이 자신이 다니는 교회에서 전도 훈
련을 받고서 '누구에게 전도할까' 생각하다가, 학교 동창생을 찾아
가 전도했습니다. 그 동창생은 전도를 받고서 주님의교회에 등록
하게 되었습니다. 그런데 이분의 딸은 본래 다른 교회를 다니다가
어머니를 따라 주님의교회로 나오게 되었습니다. 제가 몇 년 전 벽
산그룹에서 직장 예배를 인도한 적이 있습니다. 그때 같이 예배드
리던 분과 그 아들을 포함해 가정이 주님의교회에 나오게 되었습
니다. 그리고 어제 그분의 딸과 이분의 아들이 약혼식을 올렸습니
다. 제가 그 약혼식에서 주례를 하는데, 하나님의 기적 속에 서 있
는 것 같았습니다. 과천에 계신 분이 동창생을 전도하지 않았다면,
이 약혼식은 불가능했을 것입니다. 그 동창생이 주님의교회로 인도
받아 오지 않았다면, 이 약혼식은 불가능했을 것입니다. 그 딸이 어
머니가 다니는 교회로 오지 않았다면, 만약 직장 예배를 드렸던 분
이 주님의교회로 오지 않았다면, 그 아들이 교회로 향하는 아버지
의 발걸음에 함께하지 않았다면, 그 약혼은 불가능했을 것입니다.

　바울 식으로 고백한다면, 하나님께서 그 두 사람을 구원하시고,

사랑하게 하시고, 짝지어 주시기 위해 5년 반 전에 이곳에 주님의 교회를 세우셨습니다. 그리고 한 치의 오차도 없이 두 사람을 만나게 하시고 사랑하게 하시고 함께하게 하셨습니다. 그러니 한 젊은 남자, 한 젊은 여자가 서 있는 것이 아니라 하나님의 기적이 서 있는 것이요, 하나님의 사랑이 서 있는 것입니다. 이 두 사람이 자기들을 구원하시고 가정을 이루게 해주신 하나님의 사랑을 잊지 않는다면, 일평생 자기들의 삶을 산 제사로 드릴 수 있을 것입니다. 주님의 그 사랑 안에 있다면, 그 사랑을 잊지 않고 기억한다면, 삶 속에 어떤 어려움이 있더라도 이처럼 오묘하게 역사하시는 하나님의 계획과 영광을 믿고 바라볼 수 있을 것입니다.

그 하나님의 아름다운 사랑이 이 자리에도 함께하고 계십니다. 그 사랑이 우리를 이곳으로 인도하시고 이런 모습으로 우리를 만나게 하셨습니다. 우리 자신이 기적이요 이 만남이 하나님의 사랑입니다. 이 사랑으로 지나간 날들을 되돌아보십시다. 이 사랑으로 미래를 내다보십시다. 이 사랑 안에서 우리의 삶을 주님 앞에 거룩한 산 제사로, 영적 예배로 드리십시다. 그리하면 올 한 해가 그리스도 안에서 주님께서 기뻐하시는 새해가 될 줄 믿습니다.

22
영적 예배

로마서 12장 1절

그러므로 형제들아 내가 하나님의 모든 자비하심으로 너희를 권하노니 너희 몸을 하나님이 기뻐하시는 거룩한 산 제물로 드리라 이는 너희가 드릴 **영적 예배니라**

우리 믿음의 내용, 다시 말해 기독교 교리의 핵심은 주님의 신비스러운 사랑, 불가사의한 사랑이 우리를 구원하셨다는 사실입니다. 바로 이 주님의 사랑이 우리를 죽음에서 건지고 우리로 하여금 참사랑의 삶을 살 수 있도록 인도해 주셨습니다. 우리에게 일어나는 모든 것이 하나님의 신비로운 사건이고 은총입니다. 그러나 하나님께서 우리를 살리기 위해 베푸신 사건 중에서 가장 크고 극적인 사건은 뭐니 뭐니 해도 십자가 사건입니다. 임마누엘 되시는 성자 하나님께서 인간인 나를 위해 십자가에 달려 머리에서, 가슴에서, 옆구리에서 흘리신 피로 말미암아 내가 머리로, 가슴으로, 손과 발로 지은 모든 죄들이 '패스오버'된 것입니다. 기적 중에서 무엇이 제일 큰 기적입니까? 하나님께서 인간을 위해 죽으신 것입니다.

　이제 우리가 그 하나님의 사랑을 받은 사람으로서 어떻게 살아야 하는지 밝혀지고 있습니다. 12장 1절에서 가장 먼저 나오는 "그러므로"라는 단어가 중요하다고 했는데, 그 이유를 좀더 살펴보겠습니다.

또 기도할 때에 이방인과 같이 중언부언하지 말라 저희는 말을 많이 하여야 들으실 줄 생각하느니라 그러므로 저희를 본받지 말라 구하기 전에 너희에게 있어야 할 것을 하나님 너희 아버지께서 아시느니라(마 6:6-8)

　세상의 부모도 어린아이가 필요한 것이 무엇인지 이미 알고 있습니다. 그리고 미리 준비했다가 적절한 때 아이에게 줍니다. 그런데 하나님께서 우리가 필요로 하는 것을 모르신다면 세상의 부모들보다 못한 분이 되어 버립니다. 전능하실 수도 없고, 우리 믿음의 대상이 되실 수도 없습니다. 그렇다면 내가 아무리 구해도 하나님께서 주시지 않는 이유가 무엇입니까? 하나님께서 내 기도를 듣지 못하셨기 때문이 아니라 지금 내가 구하는 것이 내게 있으면 해롭든지, 지금 불필요하든지, 아니면 그것보다 더 좋은 것을 주시기 위해 내게 있어야 할 것을 정확히 아시는 하나님께서 예비하고 계시기 때문입니다. 우리가 이것을 믿는다면 어떻게 기도해야 합니까?

그러므로 너희는 이렇게 기도하라 하늘에 계신 우리 아버지여 이름이 거룩히 여김을 받으시오며(마 6:9)

　주님께서 가르쳐 주시는 기도가 나오고 있습니다. 이 기도는 철저하게 결단의 기도입니다. 땅의 것을 구하는 삶에서 위의 것을 구하는 삶을, 나의 뜻이 아닌 하나님의 뜻을 실천하는 삶을, 일용할 양식으로도 만족하는 삶을, 내게 죄를 지은 사람들의 모든 허물을 용서하는 삶을, 모든 죄악의 유혹에서 벗어나 자유하는 삶을 살 것을 하나님 앞에서 결단하는 기도입니다.

만약 하나님께서 내게 있어야 할 것을 정확히 아신다는 사실을 내가 믿는다면, '그러므로' 내가 기도로 구해야 할 바는 이전과는 전혀 새로운 삶이어야 한다는 것입니다. 이것이 우리의 기도 내용이 되어야 한다는 것입니다. 다른 무엇이 아닌, 새로운 삶을 위한 도움을 구하라는 것입니다. 마태복음 6장을 읽으면서 '그러므로'라는 단어를 놓쳐 버리면, 이처럼 주님께서 우리에게 중요하게 전하시는 바를 놓치고 맙니다.

그래서 성경에서 '그러므로'라는 단어가 나오면 표시를 해두어야 합니다. 그리고 그 앞에서 무슨 내용이 있었는지 다시 읽고 그 뒤의 결론을 우리의 마음속에 깊이 각인시켜야 합니다.

1절에서 "그러므로"라는 단어 다음에 "형제들아"라고 했습니다. 바울은 사도행전에서도 그렇고 다른 서신에서도 상대를 부를 때 형제들이라고 불렀습니다. 그 의미는 참으로 깊습니다. 형제라고 부를 때 가장 두드러진 특징은 상대를 나와 대등한 관계로 만든다는 것입니다. 아버지와 아들은 상하의 관계입니다. 할아버지와 손자도 수직적인 상하의 관계입니다. 그러나 형제는 수평적인 관계입니다. 바울은 이미 예수 그리스도를 안 지 오래되었습니다. 그런데 로마에 있는 초신자들을 향해 형제라고 한 것은 그들을 자기와 대등한 관계로 보았기 때문입니다. 당시 바울은 자타가 인정하는 사도였습니다. 그런데 로마에 있는 평신도를 자신의 형제로 대등하게 포용하고 있는 것입니다. 당시 바울은 명실공히 석학이었습니다. 그런데 자기보다 훨씬 덜 배운 사람들에게 군림하려 하지 않은 것입니다. 그들과 동등한 위치에서 관계를 맺어 가고 있는 것입니다.

내가 누군가에게 열심히 복음을 전하고 있는데 말씀의 역사가 일어나기는커녕 오히려 역작용이 일어나고 있다면, 내가 그에게 대등한 관계에서 이야기하는 것이 아니라 위에서 마치 무엇을 베풀듯이 내려다보는 시선으로, 군림하는 시선으로 이야기하고 있는 것은 아닌지 돌아보아야 합니다. 하나님께서도 인간과 대등한 관계를 맺어 주시기 위해 인간의 몸을 입고 이 땅에 오셨습니다. 그렇게 우리와 수평적인 관계를 맺어 주셨습니다. 그래서 그분의 말씀 한 마디 한 마디가 우리의 가슴을 움직이고 감동시키는 것입니다.

부부지간에, 부자지간에, 형제지간에 말씀의 나눔이 쉬운 일은 아닙니다. 다른 사람과는 말씀을 잘 나누는데 가족들과는 안 되는 경우가 많습니다. 여러 이유가 있는데 그중 하나가 상대를 대등하게 대하지 않는다는 것입니다. 남편보다 신앙생활을 먼저 한 아내가 처음 믿은 남편을 대등하게 대하지 않습니다. 위에서 가르치는 입장에서 말씀을 전합니다. 형이 동생을 대등한 관계로 대하지 않습니다. 지시하는 입장으로 말씀을 전합니다. 이렇게 되면 말씀의 역사가 일어나지 않습니다.

내가 상대와 대등한 관계를 맺지 않고 위에서 내려다보는 시선을 가지고 말을 하면, 내가 말씀의 주인이 되어 있는 것을 의미합니다. 그 말은 하나님의 말씀을 차용했지만 사실은 사람의 말입니다. 상대가 나보다 못하다 하더라도 내가 그와 대등한 관계를 맺어 수평적인 관계를 만들어 가면, 내가 말씀을 높이고 있는 것을 의미합니다. 그때는 내가 전하는 말이 내 말이 아니라 진정으로 주님의 말씀이 되어, 주님의 역사가 일어납니다.

사도 바울이 가는 곳마다 사람들의 변화가 일어났던 것은 만나는 모든 사람을 형제와 같이 대등하게 대하며 말씀을 전했기 때문입니다. 바울은 상대를 형제로 대하는 것으로만 그치지 않았습니다.

그러므로 형제들아 내가 하나님의 모든 자비하심으로 너희를 권하노니(1절 상반절)

바울은 인격적으로 상당히 수양된 사람임에도 자신의 자비함으로 권한다고 하지 않았습니다. 바울이 자신의 자비함에 대해 생각조차 하지 않은 것은, 인간의 자비함이라는 것이 별 볼 일 없는 것이기 때문입니다. 인간에게 자비가 있는 것처럼 보여도, 결국 인간의 한계만큼의 자비일 뿐입니다.

지난 1년 동안 안식년을 보내면서 가능한 한 아이들과 많은 시간을 가지려고 했습니다. 목사에게는 주말이 없기 때문에 다른 아이들과 달리 주말에 아버지와 떨어져 있어야 하는 것이 목사의 아이들입니다. 그런데 예전에는 몰랐는데 아이들과 많은 시간을 같이 지내다 보니 꾸짖을 일이 참 많았습니다. 저희 집 앞에 비디오 가게가 하나 있습니다. 일주일에 한 번씩 온 가족이 가족극장이라고 해서 영화를 보기로 하고 비디오를 빌리러 갔습니다. 그런데 선정적인 포스터가 너무 많아서 아이들은 비디오 가게에 못 들어가게 하고 저와 아내가 번갈아 가며 빌려왔습니다. 그 가게에는 저희 아이들 또래의 딸아이들이 있는데, 갈 때마다 아이 엄마가 아이들을 꾸중했습니다. 그것을 보면서 '왜 저렇게나 꾸짖을까, 저 아이들 참

안됐다'고 생각했는데, 어느 날 불현듯 생각해 보니 그 아주머니나 저나 다를 바가 없음을 깨닫게 되었습니다.

우리 아이들이 잘못하면 꾸짖고 지적해 주어야 합니다. 그러나 하나님의 자비로움을 의지하지 않으면, 자비로운 부모가 될 수 없습니다. 좋은 부모가 될 수 없습니다. 왜 그렇습니까? 인간의 자비로움이라는 것은 별 볼 일 없는 것이기 때문입니다. 하나님의 자비로움이 없으면 친자식에게도 자비로운 부모가 될 수 없는데 하물며 타인에게는 두말할 필요가 있겠습니까? 내 자비로움으로 타인에게 무엇을 얼만큼 해줄 수 있겠습니까?

그래서 바울은 하나님의 자비하심으로 권한다고 말하고 있는 것입니다. 그런데 여기에 '모든'이라는 단어를 더해 "하나님의 모든 자비하심으로"라고 말하고 있습니다. 하나님의 모든 자비하심이란 무엇인지 다시 정리해 보십시다. 첫째, 인내하심입니다. 하나님의 인내는 사람처럼 한두 번 참다가 포기하는 것이 아니라 오래도록 지속되는 것입니다. 언제까지 오래 참으십니까? 우리가 하나님께로 돌아올 때까지 참으십니다. 만약 하나님께서 우리처럼 조급한 분이셨다면 우리는 이미 기회를 몰수당하고 말았을 것입니다. 바울은 이러한 하나님의 오래 참으심으로 형제들에게 권했습니다. 그래서 말씀을 전한 뒤 결과에 대해 조급해하지 않았습니다. 하나님의 오래 참으심과 함께했기 때문입니다.

둘째, 사랑하심입니다. 우리는 때로는 인내할 수 있습니다. 그런데 우리가 인내하고 참을 때 그 인내의 근거가 사랑이 아니라 증오일 때가 많습니다. 증오심으로 버텨 보고, 미움으로 참아 보는 것입니다. 이를 악물고 견뎌 보는 것입니다. 이런 까닭에 우리가 인내하고서 되돌려 받는 것은 증오입니다. 증오라는 것이, 주면 반드시 되돌아오는 것이기 때문입니다. 하나님께서는 오래 참으시지만 증오하시지 않습니다. 하나님께서는 인간으로부터 증오받기를 원하시지 않기 때문입니다. 하나님께서는 인간으로부터 사랑을 되돌려 받기를 원하십니다. 그래서 오래 참으심은 물론이요 사랑하십니다. 바울은 이러한 하나님의 사랑하심으로 형제들에게 권했던 것입니다. 그래서 세월이 흘러서도 수많은 형제들로부터 사랑을 되돌려 받고 있는 것입니다.

셋째, 반복하심입니다. 우리는 인내와 사랑의 명분으로 상대를 방치하는 경우가 허다합니다. 그러나 어떤 경우에도 방치는 인내도, 사랑도 아닙니다. 참다운 인내와 사랑은 언제든지 반복으로 이어집니다. 상대의 행위에 상관없이 내가 행해야 할 것을 반복적으로 행하는 것입니다. 하나님과 우리의 관계를 한번 생각해 보십시다. 만약 하나님께서 우리에게 진리의 말씀, 생명의 말씀을 한 번만 주는 것으로 그치셨다면, 우리 모두는 벌써 죄악의 나락으로 떨어졌을 것입니다. 우리는 선천적으로 진리의 말씀을 들으려 하지 않습니다. 듣고도 흘려버리기 일쑤입니다. 그런데 하나님께서 수없이 많은 선지자들을 보내어 반복해서 말씀을 주셨습니다. 이것도 모자라 우리에게 성경을 주시고 반복해서 말씀을 읽을 수 있도록 하셨습니다. 이뿐만 아니라 주일 예배를 통해, 찬양 예배를 통해, 수요 예배를 통해, 새벽 예배를 통해, 구역 예배를 통해 반복해서 말씀을 전해 주고 계십니다. 하나님의 이러한 반복하심 때문에 우리가 이 정도라도 가꾸어진 것입니다. 바울은 이러한 하나님의 반복하심으로 형제들에게 권했습니다.

나의 감정이나 나의 자비함을 믿고 상대를 대하면 언제나 그에게 상처를 주기 마련임을 기억해야 합니다. 그러나 하나님의 자비하심

속에서 하나님의 인내하심으로, 하나님의 사랑하심으로, 하나님의 반복하심으로, 위로하는 심정으로 말씀을 전한다면, 우리 모두 생명의 역사를 일으키는 도구가 될 수 있습니다.

너희 몸을 하나님이 기뻐하시는 거룩한 산 제물로 드리라 이는 너희가 드릴 영적 예배니라(1절 하반절)

우리 몸을 거룩한 산 제물로 하나님께 드리는 것이 바로 하나님을 믿는 사람들이 어떻게 살아야 할 것인가, 이 윤리적인 질문에 대한 대답의 핵심입니다. 우리 몸은 우리 육신을 가리키지만, 한 단계 더 나아가 우리의 삶 자체를 말합니다. 따라서 우리의 삶을 거룩한 산 제물로 드리는 것이 우리가 드려야 할 영적 예배입니다.

'영적'이라고 할 때 그 의미가 '분별력 있는', '이성이 있는', '이치에 맞는'이라고 했습니다. 영적 예배를 드린다는 것은 우리의 온 이성을 다해 깨어 있는 예배를 드리는 것입니다. 인간이 이성의 노예가 되면 피도 눈물도 없는 인간으로 전락할 수 있지만, 이성을 하나님을 위한 도구로 사용한다면 그보다 더 아름다운 재산이 없습니다. 이성을 통해 더 높고 더 깊으신 하나님을 알게 되고, 그 이성을 통해 어떻게 해야 하나님께서 더 기뻐하시는 영적 예배가 가능한지 날로 깨달아 갈 수 있기 때문입니다.

미국 옐로스톤 국립공원 제일 남쪽에 올드 페이스풀 호텔이 있습니다. 지금부터 90년 전에 건축된 그 호텔은 통나무로 지어진 세계 최고 최대의 건물입니다. 객실만 370개라고 하니 얼마나 큰 호텔입니까. 통나무로 지었기 때문에 욕실이 없는 방이 태반입니다. 이 호텔이 제일 두려워하는 것이 바로 화재입니다. 그래서 방마다 화재 주의사항을 크게 붙여 놓았습니다. 그런데 주의사항 제일 밑에 다른 호텔에서 찾아보기 힘든 문구가 있습니다.

아무리 급해도 당황하지 마십시오. 만약 당신이 겁을 먹지 않고 명료하게 생각하기만 하면, 어떤 경우에도 당신은 안전합니다.

여기서 명료하게 생각하라는 말을 쉽게 바꾸면, 정신을 차리고 있으라는 뜻입니다. 우리에게 주어진 이성은 모든 위기와 상황을 극복할 수 있는 힘입니다. 하나님께서 이런 이성을 우리에게 선물로 주셨습니다. 우리가 어떤 상황에서도 이성을 다해 하나님을 바라보기만 하면, 이성을 다해 우리의 삶을 하나님을 위한 산 제물로 꾸려 나가고자 하면, 우리의 삶은 하나님께서 기뻐하실 영적 예배가 될 것입니다. 우리를 구원하신 하나님의 사랑이 우리와 함께하시기 때문입니다. 우리가 그 사랑을 향해 마음의 중심을 찾아 세운다면, 하나님께서 친히 우리의 이성을 사용하시고 인도해 주실 것이기 때문입니다.

23
분별하도록 하라

로마서 12장 1-2절

그러므로 형제들아 내가 하나님의 모든 자비하심으로 너희를 권하노니 너희 몸을 하나님이 기뻐하시는 거룩한 산 제물로 드리라 이는 너희가 드릴 영적 예배니라 너희는 이 세대를 본받지 말고 오직 마음을 새롭게 함으로 변화를 받아 하나님의 선하시고 기뻐하시고 온전하신 뜻이 무엇인지 **분별하도록 하라**

우리의 몸을 거룩한 산 제물로 드린다는 것, 우리가 하나님 앞에 영적인 예배를 드린다는 것이 구체적으로 무엇을 의미하는지 좀더 살펴보겠습니다. 바울은 2절에서 다음과 같이 이야기하고 있습니다.

너희는 이 세대를 본받지 말고 오직 마음을 새롭게 함으로 변화를 받아 하나님의 선하시고 기뻐하시고 온전하신 뜻이 무엇인지 분별하도록 하라

첫째, 이 세대를 본받지 않는 것입니다. "이 세대"라는 것은 이

세상을 가리킵니다. 즉 이 세상의 풍조를 본받지 말라는 뜻입니다. 본받지 말라는 것은 그것을 본으로 삼지 말라는 것입니다. '본'이란 비유로 말하자면, 금형金型과 같습니다. 똑같은 것을 찍어 낼 수 있는 기본 틀을 말합니다. 이 세상의 풍조를 금형으로 삼아 그것으로 인생을 찍어 내서는 안 된다는 것입니다. 그리스도인에게는 영원히 추구해야 할 금형, 곧 예수 그리스도께서 계시기 때문입니다. 영적 예배는 이 세대를 본받지 않는 것으로부터 시작됩니다.

지난 12월 소위 성지순례를 다녀왔는데, 가는 곳마다 한국 사람으로 넘쳤습니다. 보통 '성지순례단'이라고 하면, 무척이나 거룩해 보일 것 같습니다. 뭔가 그들이 여행할 때는 다른 분위기가 있을 것 같습니다. 자기 돈을 써가면서 예수 그리스도의 발자취를 따라가 보겠다고 하는 것은 쉽게 가질 수 없는 마음입니다. 그런데 여행 업계에 이런 이야기가 있다고 합니다. 단체 여행에는 가이드가 동행하는데, 성지순례 관광객들의 경우 예수 잘 믿는 가이드는 세 번만 함께 다녀오면 더 이상 가지 않으려 한다는 것입니다. 그 그룹에 목사나 장로가 있으면 가이드가 더욱 가지 않으려 한다고 합니다. 그래서 성지순례 관광객들에게는 주로 믿음이 없는 가이드가 동행한다고 합니다. 저는 이 말을 듣고 여행하는 사흘 동안 마음이 참 무거웠습니다.

서울에서 비행기가 출발하고 하루쯤 지나 좀 친해졌다고 생각하는 순간부터 순례객들은 서로 터놓고 놀기 시작하는데, 그 정도가 믿지 않는 사람들이 술친구들 대하는 것과 별반 다를 바가 없었습니다. 호텔에 도착해 두 층을 한국 사람들이 사용했는데, 그들 중 일부가 새벽기도를 한다면서 통성으로 기도해 투숙객들에게 빈축을 샀습니다. 아침이 되어 로비로 내려가니 일행 중 한 사람이 생일을 맞이했는지 그 로비에서 손들을 잡고 생일축하 노래를 부르더니, 그분을 중간에 세워 놓고 통성으로 기도하고 박수를 치며 크게 웃었습니다. 호텔 식당에서는 한 테이블에 과일이 나오지 않았습니다. 그런데 그중 한 분이 소리를 지르며 욕을 하는 것이었습니다. 그 말을 순화해서 전하면, 돈만 받아먹고 음식도 제대로 안 준다는 것이었습니다. 그 옆에 분이 말리면서 뭐라고 부르는가 봤더니 "장로님!" 하는 것이었습니다.

이스라엘은 다이아몬드가 유명합니다. 성지순례 간 사람들 가운데 다이아몬드 공장에 가서 다이아몬드를 산 뒤 밀수해서 들어오는 이들이 있다고도 했습니다. 현지 가이드는 그들에게 다이아몬드를 어디에 숨겨야 들키지 않는지 가르쳐 줍니다. 그러면서 물론 그 가이드는 "목사님", "장로님", "집사님"이라고 호칭합니다. 열네 명이 함께한 저희 그룹에서도 목사님 한 분, 장로님 한 분이 그렇게 다이아몬드를 구입했습니다. 시내 산에 올라가고 갈릴리 호수를 지나면서는 사람들마다 주머니가 가득 찹니다. 주머니에 돌을 넣어서 그렇습니다. 기념으로 집에 가지고 가기 위함입니다.

예수님께서 기도하신 곳도 감람산이고 승천하신 곳도 감람산입니다. 왜 이름이 감람산이냐면 감람나무가 많은 곳이어서입니다. 그런데 지금은 감람산에 감람나무가 거의 없습니다. 그나마 몇 그루 남아 있는 것을 철책을 쳐서 보호하고 있습니다. 예수님께서 감람 산에서 예루살렘 성을 보시면서 우셨다고 하는 그곳에 '눈물의 교회'라는 예배당이 있는데, 걸어 들어가는 길 위에 감람나무가 있습니다. 이 나무에는 가지가 하나도 없는 상태입니다. 많은 관광객들, 그중에서도 한국 사람들이 꺾어 갔기 때문입니다. 감람나무 가지를 꺾으면 그가 속한 그룹의 가이드에게 벌금 200만 원가량을 물린다고 예루살렘 정부가 법으로 정했는데도 그 같은 일이 계속 벌어졌다고 합니다.

로마에서 비행기로 출발하는데, 서울로 가는 대한항공 여객기가 스위스를 거쳐 갔습니다. 승객의 80퍼센트가량이 성지순례를 마치고 서울로 가는 분들이었습니다. 그런데 비행기가 출발을 하지 않았습니다. 탑승 게이트 앞에서 한 남자와 승무원이 싸움이 붙어서였는데, 남자는 근래에 가장 많은 사람을 인솔하는 여행사 가이드였습니다. 대한항공으로 보면 큰 고객이었습니다. 그 가이드가 일행들이 모여 앉을 수 있도록 항공사에 부탁했는데, 일행 중 한 사람이 떨어져 있게 되었다며 이 문제로 한 시간여 동안을 싸웠습니다. 그 모습을 보면서 우리 한국 교회의 모습을 떠올리게 되었습니다.

가는 곳마다 통성으로 기도하며 소리 지르고 할렐루야는 외치는데 믿지 않는 사람들이 그 모습을 보고 나도 예수 믿어 볼까 하는 생각이 과연 들겠습니까? 남이야 어떻게 생각하든 말든 내 기분만 좋으면 되고, 내 이기심만 충족되면 되고, 내 욕망만 채워지면 된다는, 지극히 이기적인 이 세상을 그대로 본받은 모습과 무엇이 다릅니까? 우리의 삶이 거룩한 산 제물이 되기 위해서는 이 세대를 본받지 않는 것부터 시작해야 합니다. 우리는 우리가 보는 것에 영향을 받습니다. 이 세상을 바라보면 세상이라는 금형에 찍혀 나올 수밖에 없습니다.

둘째, 마음을 새롭게 함으로 변화를 받는 것입니다. 우리가 흔히 예수 믿고 변화되었다고 말합니다. 변화라는 것이 무엇입니까? 마음을 새롭게 하는 것입니다. 마음을 바꿔 먹는 것입니다. 그런데 여기에서 변화라는 것은 겉모습이 바뀌는 'change'는 물론, 본질이 바뀌는 'transformation'을 의미합니다. 안팎으로 바뀌는 것입니다.

어떻게 우리가 안팎으로 바뀔 수 있습니까? 마음을 새롭게 할 때 가능합니다. 그러면 어떻게 마음을 새롭게 할 수 있습니까? 이제부터 마음을 새롭게 하자는 결단만으로 됩니까? 그렇지 않습니다. 방법은 한 가지밖에 없습니다. 하나님을 바라보는 것입니다. 하나님을 바라보면, 새로워질 수 있습니다. 하나님을 바라보는 마음은 새롭게 바뀝니다. 하나님을 바라보지 않으면, 어떤 면에서는 'change'는 될지 몰라도 'transformation'은 일어나지 않습니다.

하나님께서 출애굽한 백성을 시내 산으로 인도하셨습니다. 이스라엘 백성이 어쩌다 보니 그렇게 이동해 간 것이 아니라 하나님께서 불기둥과 구름기둥으로 그곳으로 인도하셨습니다. 그리고 모세로 하여금 시내 산에 올라와 40일 동안 머물게 하셨습니다. 시내 산은 해발 2,188미터로 매우 높은 산입니다. 1,500미터 지점에서는 차에서 내려 700미터 정도를 올라가는데, 아주 가파른 산이기도 합니다. 왜 하나님께서 이런 높은 산으로 모세를 부르셨습니까? 시내 산은 물 한 방울 없고, 풀 한 포기 나지 않는 돌산입니다. 그곳에서는 하나님 외에는 보이는 것이 없습니다. 시내 산이 있는 시나이 반도 자체가 광야요 황무지입니다. 왜 하나님께서 이런 곳으로 이스라엘 백성을 인도하셨습니까? 그곳에서는 아무것도 없기 때문에 모든 것이 보입니다. 서울 시내는 보이는 것이 너무도 많습니다. 그래서 사람들은 정작 보아야 할 것을 보지 못합니다. 그런데 광야에는 아무것도 없기 때문에, 모든 것 가운데 가장 중요한 하나님이 보입니다.

이스라엘 백성이 출애굽해서 걸어갔던 여정 자체가 하나님을 바라보도록 훈련받는 코스였습니다. 지도에서 보면 하나님께서 이스라엘 백성을 인도하신 시나이 반도와 시내 산은 애굽과 가나안의 중간에 있습니다. 애굽은 어둠과 죄악의 도시이자 우리가 벗어 버려야 할 옛 모습입니다. 가나안 땅은 새로운 약속의 땅이자 우리가 새롭게 가꾸어 가야 할 영적인 모습입니다. 그 옛 모습, 옛 땅과 새 모습, 새 땅 사이에 시내 산, 시나이 반도가 있습니다. 여기에 무슨 메시지가 있습니까? 하나님을 바라보지 않으면 절대로 애굽을 떠날 수 없다는 메시지입니다. 하나님을 바라보지 않으면 절대로 옛 삶을 버리지 못합니다. 하나님을 바라보지 않으면 절대로 가나안을 향하지 못합니다. 하나님을 바라보지 않으면 절대로 가나안을 내 삶 속에 이룰 수 없습니다.

하나님을 바라보려면 말씀을 떠나서는 안 됩니다. 하나님을 믿는 사람들은 말씀을 통해 하나님과 동행하고, 말씀을 통해 애굽을 버리고, 말씀을 통해 가나안을 향하고, 말씀을 통해 가나안을 얻을 수 있기 때문입니다.

셋째, 하나님의 선하시고 기뻐하시고 온전하신 뜻이 무엇인지 분별하는 삶을 살아가는 것입니다. 바울은 단순히 하나님의 뜻이라고 말하지 않고, 하나님의 선하시고 기뻐하시고 온전하신 뜻이라고 말하고 있습니다.

우선, 하나님의 뜻은 언제나 선하십니다. 하나님을 믿는 사람들이 자신이 하나님의 뜻을 이루어 간다고 하면서, 나쁜 계획을 세우고 악한 방법을 취하고 부정직한 삶을 살아가는 것만큼 모순되는 일이 없습니다. 하나님의 뜻은 언제나 선하시기 때문입니다. 두 번째로, 하나님의 뜻은 그 속에 하나님의 기뻐하심이 있습니다. 그러므로 내가 어디에 있든, 지금 하고 있는 일이 하나님의 영광을 위한 일이라고 한다면, 그 속에 하나님의 기뻐하심이 깃들어 있는지, 행여 그것이 내 욕심과 이기심이 아닌지 따져 봐야 합니다. 세 번째로, 하나님의 뜻은 언제나 온전하십니다. 내가 지금 하고 있는 일이 하나님의 뜻을 이루기 위한 일이라면, 대충대충 그 일을 해서는 안 됩니다. 하나님의 뜻은 온전하시기 때문에, 그 뜻을 이루기 위해서는 내가 할 수 있는 최선을 다해 가야 합니다. 따라서 그리스도인의 손에 의해 만들어지는 제품에는 불량품이 있어서는 안 됩니다.

'분별'이라는 헬라어의 본뜻은 연금술사가 금이나 은을 녹여 그 속에 있는 불순물이나 찌꺼기를 제거해 내는 것을 의미합니다. 그러므로 하나님의 뜻을 분별하라는 것은 우리 안에 하나님의 뜻과 아닌 것을 구별해 내고, 아닌 것을 제거해 내라는 의미입니다. 우리의 삶 속에 조금이라도 선하지 않은 모든 계획과 수단과 방법들을 제거해야 합니다. 하나님께서 조금이라도 기뻐하시지 않는 부분을 드러내야 합니다. 우리의 안위를 위해 나태하고 게으르고 싶은 마음을 제거해야 합니다. 그래야 삶이 영적 예배가 되고, 거룩한 산 제물이 됩니다.

'분별'이라는 헬라어 본뜻에는 '입증'이라는 뜻도 있습니다. 즉, 하나님의 선하시고 기뻐하시고 온전하신 뜻을 우리의 삶으로 증거해 나가야 한다는 것입니다. 우리는 하나님의 증인으로 부름 받은 사람들이기 때문입니다. 우리의 삶을 통해서만 하나님의 선하심과 기뻐하심과 온전하심을 세상 사람들이 알 수 있습니다. 이 같은 삶을 통해 하나님 아버지께서 우리 가정을 가꾸시고 이 사회를 바꾸시고 한 민족을 새롭게 세워 가시는 것입니다. 우리가 어떻게 이 세상을 본받지 않고 하나님을 바라보며, 마음을 새롭게 하고 하나님의 뜻을 분별해 갈 수 있습니까? 우리가 어디를 보아야 하나님을 볼 수 있습니까? 하나님께서는 지금 이 순간에도 당신의 사랑으로, 말씀으로 우리와 함께하고 계십니다. 우리는 지금 함께하고 계시는 하나님을 바라볼 수 있어야 합니다.

로마에 가보면 바울이 참수당했던 터에 성당이 세워져 있습니다. 그곳 지명이 트레 폰타나인데, '트레'는 '셋'을, '폰타나'는 '샘'을 의미하는 단어입니다. 사형 집행관이 바울의 목을 쳤더니 그 목이 바닥에 세 번 튀었는데, 튄 곳마다 샘물이 솟아났다고 해서 붙여진 이름입니다. 성당 안에 들어가면 바울이 참수당할 때 사용된 돌기둥이 하나 있습니다. 그리고 세 번 튀었다고 하는 그곳에 세 개의 제단이 만들어져 있습니다. 바울이 정말 그곳에서 죽었는지, 그 목이 세 번 튀었는지는 사실 큰 의미가 없습니다. 십중팔구, 전설을 좋아하는 사람들이 만들어 낸 이야기일 것입니다.

그러나 로마 어디에선가 주님을 위해 살다가 참수당해 죽었다는 바울의 실제의 삶은 사람들의 가슴을 아련하게 합니다. 제가 성당에 들어갔을 때 성당 옆에 조각판이 하나 붙어 있었습니다. 그 조각판에는 로마 군인이 돌에 묶인 바울의 목을 칼로 치는 장면이 조각되어 있는데, 바울의 표정이 얼마나 생생한지 모릅니다. 조각인데도 그 눈동자를 보니 가슴이 찡했습니다. 그리고 바울의 전 생애가그 조각을 통해 마음속으로 전해 오면서 느껴지는 바가 있었습니다. 저분은 정말 이 세대를 본받지 않았던 분이라는 것이었습니다. 바울이 그 당시 세대를 본받는 사람이었다면, 절대로 진리를 위해 죽지 못했을 것입니다. 바울은 진정 그리스도 안에서 새롭게 변화되었던, 변형되었던 그리스도인이었습니다. 그리고 하나님의 선하시고 기뻐하시고 온전하신 뜻이 무엇인지 매일매일 분별하며 살아갔던 그리스도인이었습니다. 그러했기에 참수의 기둥에 자신의 목을 내밀 수 있었던 것입니다. 하나님의 선하심과 기뻐하심과 온전하심을 온 천하에 입증하기 위해서였습니다.

적어도 우리만큼은 교회라는 이 울타리를 탈피하십시다. 교회 밖에서의 삶은 어떻든지 간에 교회 안에서만 향기롭게 살면 된다는 생각을 떨쳐 버리십시오. 이 울타리 밖에서 영적인 예배의 삶을 살기 위해, 거룩한 산 제물의 삶을 살기 위해 힘쓰다가 교회에서의 할 일을 놓치게 되더라도 안타까워하지 마십시오. 하나님께서 절대로 탓하지 않으시고 오히려 여러분을 격려하실 것입니다. 우리 한 사람 한 사람이 교회라는 울타리를 넘어 두 발을 딛고 있는 이 세상으로 나아가 하나님을 바라봄으로, 하나님의 선하시고 기뻐하시고 온전하신 뜻을 분별하고 실천하며 입증하는 사람들이 된다면, 하나님께서는 우리를 통해 우리 가정을, 이 사회를, 이 민족을 바로 세우실 것입니다. 우리를 통해 역사하시는 하나님께서는 창조주 하나님이시요, 전지전능하신 하나님이시기 때문입니다.

24
지혜롭게 생각하라

로마서 12장 3절

내게 주신 은혜로 말미암아 너희 각 사람에게 말하노니 마땅히 생각할 그
이상의 생각을 품지 말고 오직 하나님께서 각 사람에게 나누어 주신 믿음의
분량대로 **지혜롭게 생각하라**

바울이 로마에 있는 그리스도인들에게, 그리스도인들이 어떻게 살
아야 하는지 권하고 깨우침을 주고 있습니다. 로마서를 쓸 당시 바
울은 아직 로마에 가보지 않아 로마에 있는 그리스도인들을 한 번
도 만난 적이 없었습니다. 만약 바울의 이 같은 권함이 없었더라
면, 로마에 있는 그리스도인들이 자신이 구원받은 그리스도인으로
서 주님을 위해 살기는 살아야 되겠는데 구체적으로 어떤 삶이 주
님을 위한 거룩한 제사가 되는지, 영적인 예배가 되는지 분별하기
어려웠을 것입니다. 그래서 신앙이 현실과 괴리되고 관념으로 치
우쳐, 이중적인 자세를 취하거나 개인의 경험을 절대화하기 쉬웠
을 것입니다.

바울의 이 권면으로 말미암아 로마에 있는 그리스도인들뿐만 아니라 2천 년이 지난 오늘날의 우리도 주님을 위해 산 제물의 삶을 사는 것이 무엇인지 분명한 틀을 알게 되고, 우리 삶을 그 속에 넣어 적용하고 실천해 나갈 수 있습니다. 바울처럼 남을 깨우치고 권면하는 삶은 참으로 귀한 삶이 아닐 수 없습니다. 따지고 보면 예수님을 만난 이후 바울의 생애는 남을 권면하고 깨우치는 삶으로 일관했습니다. 그 이유가 무엇입니까?

내가 너희에게 분부한 모든 것을 가르쳐 지키게 하라(마 28:20상)

예수님의 이 마지막 명령에 순종하기 위함입니다. 예수님께서 이 땅에서 마지막으로 남기신 말씀이 모든 사람에게 찾아가 내가 너희에게 분부한 모든 것을 그 사람들로 하여금 가르쳐 지키게 하라는 것이었습니다. 다시 말해, 그들에게 권면하고 그들로 하여금 깨우침 받게 하고, 그래서 그들이 분별하는 삶을 입증해 나갈 수 있도록 해주라는 것입니다. 이것이 주님의 명령이었기에, 바울은 그 명령에 충실하고자 했습니다.

그러면 예수님의 마지막 명령은 사도 바울 개인에게만 향한 것입니까? 아닙니다. 예수님을 믿는 우리 모두에게 주어진 명령입니다. 따라서 주님을 믿는 그리스도인으로서 우리 또한 많은 사람들에게 진리의 삶이 무엇인지, 바른 삶이 무엇인지 권면하고 깨우쳐야 할 의무를 지닙니다. 그렇다고 예수님을 모르는 사람들만 찾아가서 권면하고 깨우치면 되는 것입니까? 그렇지 않습니다. 신약성경의 4분의 1 이상을 차지하는 바울서신은 예수 그리스도를 믿는 사람들을 향한 권면으로 가득 차 있습니다. 로마서도 예수님을 믿지 않는 로마인들이 아니라 예수님을 믿는 로마인들을 향한 바울의 권면입니다. 우리가 주님을 알지 못하는 사람들에게 가서 주님의 말씀으로 권면하고 깨우치는 것도 아름다운 일이지만, 주님을 믿으면서도 주님을 온전히 알지 못해 바른 삶을 살지 못하는 사람들에게 권면하고 깨우침을 주는 것은 그리스도인 서로가 서로에 끊임없이 해나가야 할 의무라고 할 수 있습니다.

우리가 남에게 권면하고 깨우침을 줄 때는 두 가지 방법이 있습니다. 첫째, 말이 아니라 삶으로 본을 보여 주는 것입니다. 비록 고달프고 어려운 삶이라 할지라도 그렇게 살아갈 때, 내 삶 자체가 권면이 되는 것입니다. 세상 사람들이 다 부정직하게 살아가도, 나는 이득을 적게 보더라도, 정직한 삶을 본으로 남겨야 합니다. 세상 사람들이 불의와 타협해도, 나는 빛 된 삶의 발자취를 남겨야 합니다. 그러면 사람들이 참된 삶의 가치와 의미가 저런 것이구나 하고 깨닫게 됩니다.

얼마 전 비리가 있는 세무공무원의 집으로 수사관이 들이닥치자 그 공무원이 아파트 외벽의 수도 파이프를 타고 내려가다 떨어져 죽는 사건이 있었습니다. 이렇게 불안한 삶을 살아가는 사람들이 참 많습니다. 그러나 아무리 고지식하고 어리석어 보이는 사람이라 해도 정직하게 정도를 걷고 있는 사람이라면, 그는 두 다리를 뻗고 밤에 편안하게 잠을 잘 것입니다. 그가 한마디 말로 권면한 것이 없을지라도 그 주위 사람들은 언젠가는 그를 통해 무거운 깨달음을 느끼게 됩니다.

둘째, 그야말로 말로 권면하는 것입니다. 불이익을 당하고 손해를 감수하는 삶을 통해 권면하는 일은 참으로 아름다운 일입니다. 그러나 내가 이처럼 무언의 권면을 하는 동안 누군가가 피해를 보는 일이 초래된다면, 그때는 말로 권면할 수 있어야 합니다. 왜냐하면 우리는 진리의 파수꾼이어야 하기 때문입니다. 내 믿음으로 나 혼자 불이익을 감수할 수는 있으나, 많은 사람들에게까지 불이익을 강요하는 것은 바른 믿음이 아닙니다.

작년 연말, 고3 입시생을 둔 성도님 댁에 그 학생의 선생님으로부터 전화가 왔습니다. 요지는 이제 학년말 시험이 있는데 영어, 수학처럼 중요한 시험은 한 과목에 200만 원, 나머지 일반 과목은 한 과목에 50만 원씩이라며 몇몇 부모님에게만 연락드리는 것이라고 했습니다. 대부분의 부모들은 이런 전화를 받으면 두 가지 이유 때문에 그 제안을 거절하지 못할 것 같습니다. 첫째는 점수에 대한 유혹 때문이고, 둘째는 거절하면 선생님과의 관계도 그렇고 뭔가 불이익이 올 거라 생각되기 때문입니다.

그런데 그 성도님은 주님을 믿는 믿음으로 거절했습니다. 그런데 그것으로 끝내지 않았습니다. 나는 내 양심으로 거절했지만, 선생님 몇 분이 모의해서 그 시험 문제를 팔고 누군가가 그 시험 문제를 사서 시험을 치렀다면, 많은 학생들이 피해를 보게 될 것이었기 때문입니다. 그래서 그 부모님이 교장 선생님에게 전화를 했습니다. 그리고 지금 이런 일이 있는데 막아 달라고 했습니다. 이처럼 참다운 믿음은 용기로 드러납니다.

지난 시간에 성지순례를 하면서 경험했던 이야기를 들려 드렸습니다. 여행 중에 주일을 맞아 갈멜 산 꼭대기에서 예배를 드리게 되었습니다. 그때 제가 간절한 심정으로 이런 말을 했습니다. "우리가 성지관광단이면 몰라도 성지순례객이라고 한다면, 적어도 이곳에서 우리가 경험하지 못했던 예수 그리스도를 더 깊이 경험할 수 있어야 하지 않겠습니까? 비싼 돈을 들여 이곳에 와서 사진만 찍고

쇼핑만 하고 가는 것이 아니라, 내 삶이 새롭게 변화되는 전기가 이 여행 동안 마련되어야 하지 않겠습니까? 정말 우리가 이런 마음으로 여행한다면, 이스라엘 당국이 금하는 나무를 함부로 꺾을 수 있겠으며, 가는 곳마다 돌을 채취할 수 있겠습니까?" 이런 말을 하고는 내심 걱정도 되었습니다. 그런데 산을 내려오는데 감람나무를 꺾는 사람이 아무도 없었습니다. 가이사랴 해변에 예쁜 돌들이 그렇게 많았지만 줍는 사람이 없었습니다. 대신 사람들이 당국에서 허가받은 기념품 가게에서 필요한 것들을 샀습니다.

일행 중에 두 분이 1캐럿짜리 다이아몬드를 샀습니다. 문제는 그리스도인이 세상 사람들과 마찬가지로 그 다이아몬드를 공항에서 밀반입하려고 궁리한다는 데 있습니다. 한 분에게는 기회가 없어 말씀드리지 못하고 다른 한 분과는 비행기에서 옆자리에 앉게 되었습니다. 그분은 목사였습니다. 이런저런 이야기를 하다가 그분에게 이런 말씀을 드렸습니다. "정말 행복한 목사는 어떤 사람일까요? 제가 믿기로 정말 행복한 목사는 창세기에서 요한계시록까지 어떤 구절이 나와도 그 말씀 앞에 부끄러움 없이 설교할 수 있는 목사입니다. 그런데 목사님이 다른 여행도 아니고 소위 성지순례를 한 뒤에 다이아몬드를 사서, 세상 사람들이 하듯이 숨겨서 들어간다면, 앞으로 교인들에게 정직하고 의롭게 살라고 설교할 수 있겠습니까? 물론 할 수는 있겠지만 성령님의 역사는 일어나지 않습니다. 목사님이 다이아몬드를 구입할 정도로 재력 있는 가정에 계시다면, 이에 대한 세금도 지불할 수 있지 않으신가요?"

그런데 그 목사님이 불쾌하게 여기지 않고 제 손을 꼭 잡고는 감사해했습니다. 그리고 공항 입국장을 통과하는데 세관원에게 다이아몬드 반지를 내놓았습니다. 세금을 얼마 냈는지 저는 물어보지 않았습니다. 중요한 것은 세관대에 서 있던 그분의 당당한 표정입니다. 만약 그분이 다이아몬드를 숨기고 들어간다면 그리스도인으로서 얼마나 치사한 모습으로 그 앞을 통과해야 했겠습니까? 그분이 설령 많은 세금을 내었다 할지라도, 앞으로 자신 있게 정직한 삶, 의로운 삶을 이야기할 수 있지 않겠습니까?

예수 그리스도를 믿는다는 사람치고 악하게 살겠다고 결심하며 예수 믿는 사람이 어디 있겠습니까? 적어도 우리가 그리스도인의 길을 가겠다며 세례 받은 사람이라면, 우리 마음속에 바르게 살고자 하는 기본적인 욕구가 있습니다. 때로는 몰라서, 때로는 알았다가 망각해서, 때로는 내 욕망이 더 커서 그렇게 살지 못하는 것입니다. 그럴 때마다 우리가 바른 삶을 권하고 깨우쳐 함께 의로운 길로 걸어가는 동반자가 되는 것은 참으로 아름다운 일입니다.

잊지 말아야 할 것은 나의 의로움이나 감정으로가 아니라, 하나님의 자비하심으로 권해야 한다는 점입니다. 마치 나만 옳고 너희는 틀렸다는 식으로, 그래서 도덕 선생님이 매를 들고 아이들을 훈계하듯이 권면하면, 아무리 권면해도 성령님의 역사가 일어나지 않습니다. 하나님의 자비하심으로 우리가 일평생 사람들에게 바른 삶을 권면하고 깨우치게 하는 것이 주님께로부터 주어진 사명이라면, 정말 그렇게 권면할 수 있게끔 스스로 훈련해야 합니다.

세례 요한이 요단 강에서 사람들에게 회개할 것을 설교했습니다. 온 예루살렘에서 사람들이 모였습니다. 그런데 세례 요한이 바리새인과 사두개인들이 다가오는 것을 보고서 독사의 자식들이라고 했습니다. 그리고 옷 두 벌이 있는 사람은 옷이 없는 사람에게 주라고 했고, 군인들에게는 권력을 남용하지 말라고 했습니다. 분명 조금도 사리에 어긋나지 않는 말이었습니다. 그런데 성경은 사람들이 세례 요한의 설교를 듣고 '회개했다'고 기록하지 않습니다. '자복했다'고 전하고 있습니다(마 3:6). 자복했다는 것은 인정했다는 말입니다. 회개는 지금의 삶을 떨쳐 버리고 새로운 삶으로 돌아선다는 의미인데, 요한의 설교를 들은 사람들은 돌아서지는 않고 요한의 말이 맞다고만 인정한 것이었습니다. 믿지 않는 사람들에게 교회에 가자고 하면 죄를 많이 지어 못 간다고들 합니다. 교회가 세상을 향해 하도 "이 죄인들아!" 하고 외쳐 세상 사람들이 스스로 죄인이라고 인정들은 합니다. 그런데 돌아서지는 않습니다.

그러나 예수님께서는 야단스럽게 외치지 않으셨습니다. 삭개오를 만나서는 오순도순 이야기하면서 저녁만 드셨습니다. 그런데 비리 공무원이었던 삭개오가 눈물을 흘리고 회개하며 자기 재산을 팔아 새로운 삶을 시작했습니다. 예수님께서는 자신을 죽이려는 로마 군인들을 향해 왜 권력을 남용하냐고 호통 치지 않으셨습니다. 오히려 하나님께 저들을 용서해 달라고 기도하셨습니다. 그런데 그곳에 있던 백부장이 예수님을 가리켜 진실로 하나님의 아들이라며 회개했습니다. 예수님께서 하나님의 모든 자비하심 속에서 말씀하셨기 때문입니다.

바울은 3절 상반절에서 다음과 같이 말합니다.

내게 주신 은혜로 말미암아 너희 각 사람에게 말하노니

하나님께서 자신에게 주신 "은혜로" 말한다고 했습니다. 이 은혜는 권면할 때 하나님의 모든 자비하심으로 할 수 있게 하는 은혜를 의미합니다. 이렇게 하나님의 사랑하심으로 권하고, 하나님의 인내하심으로 권하고, 하나님의 반복하심으로 권면하는 자리에는 늘 새로운 삶의 역사가 일어납니다.

올해는 우리의 기도의 내용이 달라져야 하겠습니다. 더 이상 우리의 욕망을 위한 헛된 물질 추구로 우리에게 주어진 귀한 시간을 기도라는 이름으로 낭비하지 말아야 하겠습니다. 일본은 지진에 완벽한 대비를 갖췄다고 자랑하던 나라입니다. 그런데 인간이 이루어 놓은 물질 세계라는 것이 얼마나 허망하고 덧없는지 여실히 보여 주고 말았습니다. 우리가 이렇게 덧없이 끝나버릴 것을 위해 아무리 철저히 준비해도, 조금 더 안전해지고 나아질 수는 있으나 결국 돌아오게 되는 것은 절망뿐입니다.

우리는 하나님의 모든 자비하심으로 사람을 권면할 수 있는 은혜를 하나님께 간구해야 합니다. 우리가 추구하는 모든 물질은 언젠가는 끝나게 마련이지만, 사람을 권면하고 깨우치는 사랑은 영원히 남습니다. 사랑은 언제든지 살아서 움직이고 역사합니다. 바로 이 은총을 얻을 때 우리는 자비로운 부모가 될 수 있고, 그리스도의 사랑을 품은 남편과 아내가 될 수 있고, 자애로운 직장 동료가 될 수 있는 것입니다.

바울은 은혜로 "각 사람에게" 말한다고 했습니다. 1절에서는 "너희를 권하노니"라고 해서 '너희들' 곧 복수로 표현했습니다. 그런데 지금은 한 사람, 한 사람에게 말한다는 것입니다. 모두를 보더라도 그 속에 있는 한 사람, 한 사람을 볼 수 있는 마음이 하나님의 마음입니다. 하나님께서 우리 모두를 구원하시려 독생자 예수 그리스도를 보내 주셨습니다. 그분은 우리 모두의 구원자이십니다. 그렇다고 해서 하나님께서 우리를 익명의 대중 속으로 몰아넣지 않으셨습니다. 우리를 상대로 바겐세일하지 않으셨습니다. 하나님께서는 우리 모두를 대하시면서도, 각 사람을 인격적으로 상대하십니다.

바울은 하나님께서 이런 분이심을 알고 있었습니다. 바울 역시 모두를 향해 이야기하지만 그 모두 속에 각 사람을 익명으로 지워 버리는 것이 아니라 한 사람, 한 사람을 위한 시선과 마음을 고스란히 지니고 있었습니다.

효율로 따지면, 우리가 살아가는 이 세상은 제한되어 있으니 같은 시간, 같은 여건, 같은 상황, 같은 조건이라면 보다 많은 대중들을 놓고 이야기하는 것이 훨씬 효율적입니다. 한 사람씩 상대하는 것은 대단히 비효율적인 것처럼 보입니다. 그러나 계산이 앞서면 사랑이 아닙니다. 계산이 앞서는 것은 투자입니다. 또한 사랑은 낭비입니다. 그리스도인과 교회는 한 영혼을 살리기 위해 우리의 모든 재능과 시간과 물질적인 자원들을 낭비할 수 있어야 합니다. 오늘도 우리가 많은 사람을 만나 그리스도의 이름으로 권면하지만 내 앞에, 내 뒤에 감추어져 있는 한 영혼을 위해 우리의 삶을 낭비할 수 있어야 합니다. 내가 한 영혼을 위해 낭비하는 삶을 살 때만, 나를 위해 십자가 위에서 자신의 생명을 낭비해 주신 예수 그리스도와 연합되는 기쁨을 누릴 수 있습니다. 그리스도와 연합되지 않은 삶은 어떤 형태이든지 쓰디쓴 맛으로 끝납니다. 오늘 우리에게 주어진 이 한 해를 쓰디쓴 맛으로 끝내지 않으려면, 그리스도와 함께 연합하는 기쁨을 누리고자 한다면, 어머니가 자식을 위해 모든 것을 낭비하듯이 한 영혼을 위해 삶을 낭비할 수 있어야 합니다.

마땅히 생각할 그 이상의 생각을 품지 말고(3절 중반절)

이 말을 직역하면, 나 자신에게 있는 것 이상으로 생각하지 말라는 뜻입니다. 쉽게 말하면, 자신을 과대평가하지 말라는 것입니다.

인간의 불행이 어디에 있습니까? 자기 자신을 과대평가하는 것에서 시작합니다. 자기 자신을 과대평가하면 만족이라는 것이 있을 수 없습니다. 아무리 최선을 다해 이루어도 생각은 더 높은 곳에 있어 그 간극이 좁혀지지 않기 때문입니다. 늘 불평불만이 있을 수밖에 없습니다. 이루어질 수 없는 허망한 허상을 위해 일생을 탕진하게 됩니다. 그러면 어떻게 해야 합니까?

오직 하나님께서 각 사람에게 나누어 주신 믿음의 분량대로 지혜롭게 생각하라(3절 하반절)

"믿음의 분량대로" 생각하라는 것은 어떤 사람에게는 큰 믿음이 주어지고 어떤 사람에게는 작은 믿음이 주어졌으니 믿음의 대소에 따라 생각하라는 의미보다는, 하나님께서 주신 믿음의 힘을 의지해 자신을 평가하라는 의미입니다. 다시 말해, 하나님께서 나를 바라보시는 시선으로 나 자신을 판단하라는 것입니다. 그런데 그 판단을 "지혜롭게" 하라고 했습니다. 헬라어 원문으로 그 의미를 살펴보면, '맑은 정신으로', '냉철하게' 판단하라는 의미입니다. 그리스도인은 바른 자아의식을 갖는 것이 중요합니다. 인간의 행복도, 바른 신앙의 삶도, 나 자신을 바르게 발견하는 것에서 시작됩니다. 나 자신을 잘못 발견하면, 그렇게 발견된 나 자신이 허상인 고로, 내 삶은 허상으로 끝날 수밖에 없습니다.

최근 한 방송 프로그램을 보았는데, 여성들이 성형수술을 했다가 부작용이 생긴 사례를 취재한 내용이었습니다. 주름투성이 노년의 한 여인이 수술을 하고는 과연 젊은 여자의 얼굴이 되었습니다. 그런데 프로그램이 끝날 즈음, 그분이 걸어가는 뒷모습이 나왔는데 할머니의 모습 그대로였습니다. 그 모습이 제 뇌리에 계속 남았습니다. 자신이 나이가 들었다는 사실을 수용하지 못하는데 앞으로 그 삶에 과연 아무런 문제가 안 생기겠습니까?

권투에서 케이오(녹아웃)라는 것이 있습니다. 케이오는 턱에 맞았을 때 확률이 가장 높다고 합니다. 우리가 목을 돌리면 머리만 도는 것이 아니라 두개골 속에 있는 뇌도 같이 돌아갑니다. 그런데 갑자기 턱을 맞으면 그 순간 머리는 돌아가는데 뇌는 그대로 있게 됩니다. 속은 그대로 있고 겉만 돌아가기 때문에 그 충격으로 사람이 정신을 잃게 되는 것입니다. 사람의 생각과 삶이, 마음과 육체가 같이 움직여야 하는데 내게 주어진 것을 호불호에 따라 취사선택한다면, 문제가 생기지 않겠습니까? 어쩌면 위기가 왔을 때 케이오 당하지 않겠습니까?

성경을 이야기하면서 적극적인 사고방식을 강조하는 사람들이 있습니다. 특히 젊은이들에게 비전을 심어 줄 때 요셉의 이야기를 합니다. 그러면서 요셉처럼 꿈을 이루라고 합니다. 꿈을 높은 데 두라고 합니다. 그러나 이것은 거짓말입니다. 요셉은 어릴 때 꿈을 꾸었습니다. 자기 아버지와 형들이 자기에게 절하는 꿈이었습니다. 그러나 이후 요셉은 그 꿈을 잊고 살았습니다. 한 번도 기억하지 않았습니다. 만약 요셉이 그 꿈을 품고 그 꿈을 이루고자 했다면 애굽에서의 종살이를 절대 견디지 못했을 것입니다. 도망가거나 탈출해야 했었을 것입니다. 요셉은 이스라엘에서는 거부의 아들이었지만, 애굽에서 자신의 상황을 겸허하게 받아들였습니다. 그리고 맡겨진 일에 충실했습니다. 억울하게 옥살이를 했을 때에도 죄수로서의 자신을 거부하지 않았습니다. 옥에서도 자신이 할 수 있는 삶을 성실히 살았습니다. 그 결과로 총리대신이 되었습니다.

그렇게 오랜 시간이 지난 어느 날 형들이 애굽으로 곡식을 사러 와서 자기 동생인지도 모르고 요셉에게 무릎을 꿇고 절하였습니다. 성경은 그제야 요셉이 어릴 때 꾸었던 꿈을 생각했다고 증언하고 있습니다(창 42:9). 우리가 꿈을 지닌다는 것은 참 아름다운 일입니다. 그러나 지금 내가 처한 상황, 지금의 나 자신을 살피지 않고 바라는 바만 목적하는 꿈이라면, 그것은 꿈이 아니라 망상이거나 욕망입니다. 그런 꿈은 가지면 가질수록 주변 사람을 이용하고 함정 속으로 몰아넣습니다. 하나님의 선하심을 믿고 하나님의 인도하심에 뿌리를 둔 꿈만이 아름다운 열매로 결실됩니다.

사람이 자신의 현재를 인정하지 못하는 것은 두 가지 이유 때문입니다. 하나는 과거의 어떤 순간에 집착하기 때문입니다. 영화로웠던 과거의 한 순간에서 벗어나지 못하기 때문입니다. 또 하나는 현재 자기 허상을 만들어 놓았기 때문입니다. 자기로부터 자유하려면 현재의 나를 인정해야 합니다. 하나님께서 나를 나이 들게 하셨다면 그것을 인정해야 합니다. 하나님께서 나를 실패하게 하셨다면 그것을 인정해야 합니다. 하나님께서 나를 아픔 속에 집어넣으셨다면 그것을 인정해야 합니다. 이렇게 나를 인정한다는 것은 나를 가꾸어 가시는 하나님의 손에 나를 맡긴다는 것을 의미합니다. 하나님께서 나를 어떻게 가꾸시든지 모든 것을 맡기겠다는 것입니다. 이것이 자유입니다.

하나님께서는 우리를 하나님의 방법으로, 하나님의 형상으로 가꾸어 가십니다. 하나님께서 현재 나를 어떤 모습으로 두셨고 어떤 상황에 처하게 하셨든지, 하나님을 믿는 믿음으로 나 자신을 바라보고 나 자신의 모습을 인정함으로써 삶 속에서 참된 자유와 기쁨을 경험하실 수 있기를 축원합니다.

25
한 몸이 되어 서로 지체가

로마서 12장 4-5절

우리가 한 몸에 많은 지체를 가졌으나 모든 지체가 같은 기능을 가진 것이 아니니 이와 같이 우리 많은 사람이 그리스도 안에서 **한 몸이 되어 서로 지체가** 되었느니라

지난 시간, 바울이 권면하는 바에 대해, 즉 자신을 과대평가하지 말고 자신의 있는 모습 그대로를 냉철하게 바라보고 인정해야 함을 이야기했습니다. 인간의 온갖 불행이 자신을 과대평가하는 것으로부터 비롯됩니다. 가장 큰 불행은 그때 하나님과의 관계가 뒤틀려진다는 사실입니다. 현재 내가 처해 있는 이 상황, 나의 지금 모습은 하나님께서 당신의 계획 속에서 내게 허락하신 바입니다. 따라서 나를 과대평가한다는 것은 지금 나를 있게 하신 하나님을 부정하는 것이 됩니다. 나를 과대평가하면서 동시에 하나님을 믿는다고 고백한다면, 이것은 나 자신의 욕망을 이루기 위해 하나님을 이용하려는 것입니다. 나를 과대평가하는 한 하나님과의 관계는 바로

형성될 수 없고, 하나님을 믿는다고 고백하면서도 그 마음에 하나님으로부터의 평안은 주어지지 않습니다.

누가복음 15장에 나오는 탕자는 자기를 과대평가했기에 아버지로부터 재산을 받아 집을 떠났습니다. 자기를 과대평가하는 순간, 아버지와의 관계가 뒤틀려졌습니다. 그런데 아버지를 떠났던 그 탕자가 어느 날 자기 존재를 본질적으로 인정하게 되었습니다. '나'라는 존재가 실은 돼지가 먹는 쥐엄 열매조차 얻어먹지 못하는 하찮은 존재임을 인정하는 순간, 아버지께로 되돌아가 마침내 아버지와의 관계가 회복되고 그의 삶은 제자리를 찾게 됩니다.

우리가 본질적으로 어떤 존재입니까? 아무리 예쁜 꽃도 떨어지고 싱싱한 풀도 마르듯이, 우리의 인생도 어느 날엔가 소리 없이 끝나게 될 것입니다. 인생은 안개 같아서 뭔가 실체가 있는 듯하다가도 이내 사라집니다. 우리가 참으로 무상하기 짝이 없고 무력한 존재라는 것을 인정할 때, 비로소 영원하신 하나님과의 관계가 회복됩니다.

예수 그리스도께서 "너희가 돌이켜 어린아이들과 같이 되지 아니하면 결단코 천국에 들어가지 못하리라"(마 18:3)고 말씀하신 의미는 어린아이와 같이 순수하라는 뜻이지, 어린아이 수준의 유치한 의식을 본받으라는 뜻이 아닙니다. 그런데 나이가 들었음에도 그런 자신을 인정하지 못하고 지나간 젊은 시절에 매달리는 사람들이 있습니다. 이런 사람들은 더불어 살아가는 관계 속에서 조화를 이루지 못하고 오히려 다른 사람들의 걸림돌이 됩니다.

우리는 주어진 모든 상황을 있는 그대로 인정할 수 있어야 합니다. 우리의 모습은 다 다릅니다. 우리가 가지고 있는 능력도 다르고, 수입도 다릅니다. 만일 우리 각자가 자신의 상황을 인정하지 않고 원하는 대로 하려고만 하면, 서로 간에 불화가 끊이지 않습니다. 언제나 자신의 생각이 제일 옳다고 생각하기 때문입니다. 그러나 하나님 중심으로 생각한다면, 우리 각자를 다르게 창조하신 하나님, 우리 각자에게 다른 상황을 주신 하나님의 뜻 가운데 전혀 새로운 의미의 삶을 누리게 됩니다.

본문 4-5절은 다음과 같이 전하고 있습니다.

우리가 한 몸에 많은 지체를 가졌으나 모든 지체가 같은 기능을 가진 것이 아니니 이와 같이 우리 많은 사람이 그리스도 안에서 한 몸이 되어 서로 지체가 되었느니라

바울은 믿음의 눈으로 냉철하게 생각해 보니, 여러 지체가 모여 한 몸을 이루듯이 각기 다른 역할을 맡은 우리 각자가 그리스도가 머리 되시는 한 몸을 이루고 있음을 알게 되었습니다. 사람의 머리가 얼마나 중요합니까? 머리가 없으면 생각할 수 없고 움직일 수도 없습니다. 그렇다고 하나님께서 인간에게 머리만 주신 것은 아닙니다. 우리 몸에는 셀 수 없이 많은 지체들이 있습니다. 그 지체들은 각각 기능들이 다름에도 서로 연결되어 한 몸을 이루고 있습니다. 그 몸이 바로 '나'입니다. 그래서 내 몸의 각각의 지체는 어떤 지체든지 중요하지 않은 것이 없습니다.

우리는 모습이 다르고, 출신이 다르고, 살아온 여정이 다르고, 성격이 다릅니다. 그리고 다른 환경 속에서 다른 일을 하며 살아가고 있습니다. 그럼에도 우리가 모여 그리스도의 몸을 형성하고 있습니다. 그러므로 한 지체인 내가 빠져서는 그리스도의 몸이 온전한 역할을 해나갈 수 없습니다. 내가 그리스도의 지체가 된 이상

나는 그리스도께 없어서는 안 될 존재인 것입니다. 우리 각자는 그렇게 중요한 존재들입니다. 우리 삶의 새로운 의와 가치가 발견되는 것입니다.

그렇다면 하나의 몸의 특징은 무엇입니까? 첫째, 함께 기뻐하는 것입니다. 각 지체는 다른 지체 앞에서 자기를 드러내고 자랑해서는 안 됩니다. 서로 질투해서는 안 됩니다. 열등감을 가져서도 안 됩니다. 왜냐하면 각 지체가 연합할 때만 참된 기쁨을 얻을 수 있기 때문입니다. 펠레라는 유명한 축구선수가 있습니다. 축구는 발로 하는 경기입니다. 전후반 90분 동안 발은 쉴 새 없이 뛰어다녀야 합니다. 펠레가 현역 시절 1천 골이라는 가히 신화적인 기록을 세울 때까지 그의 발이 얼마나 혹사당했겠습니까? 그런데 사람들은 펠레의 발이 어떻게 생겼는지 모릅니다. 항상 신문과 텔레비전에 나오는 것은 펠레의 얼굴입니다. 발이 그렇게 고생했는데 단상에 올라가 상을 받는 것은 펠레의 손입니다. 그렇다고 펠레의 발이 질투합니까? 내 영광을 가로챘다고 싸웁니까? 그렇지 않습니다. 펠레의 얼굴이 받는 영광이 발의 영광이요, 펠레의 손이 받는 기쁨이 발의 기쁨입니다. 어떤 지체의 기쁨도 나의 기쁨이 됩니다.

그리스도 안에서 한 몸이 된다는 것은 다른 사람이 영광 받는 것을 함께 기뻐하는 것입니다. 그리스도인들마저도 다른 사람이 잘되는 것을 배 아파 한다면, 한 몸일 수 없습니다. 이런 까닭에 참된 그리스도인은 자신에게 없는 것을 쌓아 두려 하지 않습니다. 내게는 없지만 그것을 가지고 있는 사람의 기쁨에 함께 참여하기 때문입니다. 그래서 모두의 수고가 한 사람의 기쁨이 되고 한 사람의 기쁨이 모두의 기쁨이 되는 것이 그리스도의 몸 된 교회가 누리는 특별함입니다.

둘째, 함께 아파하는 것입니다. 손가락이 곪으면 온몸에서 열이 납니다. 발바닥에 작은 가시가 하나만 박혀도 온몸이 예민하게 아픔에 반응합니다. 손은 음식을 먹기 위해 늘 부지런히 고생하는데 재미는 배만 느끼는 것이 괘씸해서 어느 날 손이 음식을 뜨지 않았습니다. 그렇다고 손이 마냥 행복합니까? 얼마 안 가 고통을 겪습니다. 한 몸이기 때문입니다.

그리스도인이 한 몸이 된다는 것은 어떤 공동체든지 그 구성원들이 구성원 한 사람의 아픔을 함께 느끼는 것을 의미합니다. 아이가 다쳐서 아파하면 아이를 보는 엄마도 함께 아픕니다. 정치하는 사람들은 한 당에 있다가 찢어지고 나눠져도 아파하지 않습니다. 한 몸의 특징은 아파하되, 한 지체가 잘려 나갈 때 남아 있는 지체가 더 아파한다는 것입니다. 예를 들어, 지금 당장 내 손이 잘렸다고 한다면, 잘려 나간 손은 아픔을 못 느낍니다. 그러나 남아 있는 모든 지체는 말할 수 없는 고통을 느낍니다. 누구 하나가 잘려 나갔는데 아파하지 않는다면 한 몸이 아닙니다. 그리스도의 지체들은 한 지체가 실족하려 할 때, 그리스도로부터 떨어져 나가려 할 때, 상상할 수 없는 아픔을 느끼며 그를 붙잡습니다. 그래서 그리스도의 몸된 공동체는 절대 허물어지지 않습니다.

셋째, 같은 목표를 향해 나아가는 것입니다. 몸의 지체들이 모양과 역할이 다르다고 해서 각기 다른 목표를 가지고 있는 것이 아닙니다. 만약 그렇다면, 절대로 건강한 몸이 될 수 없습니다. 그리스도인들에게 그 하나의 목표는 두말할 것도 없이 그리스도의 증인된 삶입니다. 현재 내가 행하고 있는 일이 이 목표 안에 있다면, 그것이 곧 그리스도의 몸을 움직이는 성직이라 할 수 있습니다.

넷째, 각각의 지체가 머리의 지시를 따르는 것입니다. 옆집 사람의 머리가 좋다고 해서 내 몸의 지체들이 옆집 사람의 지시를 따를 수 없습니다. 어떤 경우에도 몸의 지체들은 그 몸의 머리의 지시를 따르기 때문에, 서로 다른 역할을 하는 지체들이 모여 완벽한 통일성과 조화를 이룰 수 있습니다. 우리는 각각 다른 모습으로 살아가지만 그리스도 한 분의 지시를 받는 사람들입니다. 그러므로 우리를 통해 한 몸으로서의 통일성과 조화로움이 드러나야 합니다.

다섯째, 각 지체들이 맡겨진 역할에 충실하는 것입니다. 우리 몸의 여러 지체 가운데 남의 눈에 드러나 있는 지체는 별로 없습니다. 얼굴과 손 정도가 드러나 있습니다. 다른 중요한 많은 지체들은 몸 깊숙한 곳에 숨겨져 있습니다. 그런데 옷 속에, 몸속에 깊이 감추어져 있다고 해서 절대로 자기의 역할에 소홀하지 않습니다. 우리는 머리와 몸이 연합하여 사랑하고 충성하기에 존재할 수 있는 것입니다. 그러니 유익하지 않은 지체는 없습니다.

불과 얼마 전까지만 해도 사람들은 개복수술을 할 때 더러 맹장을 미련 없이 잘라버리곤 했습니다. 원숭이에서 인간으로 진화하는 과정에서 그 부분은 진화가 안 되었다고 이야기하기도 합니다. 그런데 요즘 발견된 맹장의 기능이 무엇입니까? 인간에게 없어서는 안 될 T임파구를 몸속에서 가장 많이 생성해 내는 역할을 합니다. 창조주 하나님께서 만들어 주신 지체 중 어느 하나도 중요하지 않은 것이 없음을 다시금 알 수 있습니다.

어느 성도님이 강연을 하러 지방에서 서울로 올라가는 길이었습니다. 그런데 폭우가 쏟아졌습니다. 출고된 지 얼마 안 된 새 차를 타고 가고 있었는데, 그 차의 와이퍼가 그만 고장이 났습니다. 다른 것은 다 이상이 없는데 폭우가 쏟아지는 가운데 와이퍼가 작동이 안 되니 앞으로 나아갈 수가 없습니다. 평소에 비가 오지 않을 때는 와이퍼가 없어도 됩니다. 그날 그는 중요한 것을 다시금 깨달았습니다. 평소에는 불필요하게 여겨지는 것도 반드시 필요할 때가 있다는 것이었습니다.

내가 하나님 앞에 불필요한 존재라고 콤플렉스를 느낄 때에도, 하나님 앞에서 나는 여전히 절대적으로 필요한 존재입니다. 흙탕물을 지나간다면 시야 확보를 위해 와이퍼와 더불어 차에서 세척수가 나와야 합니다. 그 세척수가 나오는 구멍은 1밀리미터도 안 됩니다. 그런데 그 구멍이 막히게 되면, 운행 자체가 불가능하게 됩니다. 아무리 작은 구멍이라도 그 하나가 없거나 막히면 자동차가 제 역할을 다할 수 없습니다. 내 삶이 아무리 작고 보잘것없고 내 역할이 세상에서 보이지 않더라도, 이 세상 50억 인구 중 누구도 흉내 낼 수 없는 존재의 이유가 있는 것입니다. 그 50억 인구가 정말 많아 보이지만, 나 말고 나머지 사람들은 감히 엄두도 내지 못할, 내가 아니고는 이루어질 수 없는, 나만을 향한 하나님의 뜻이 있는 것입니다. 우리 각자는 이를 위해 창조되었고, 지금 내가 처해 있는 상황 속에서 하나님 아버지께서는 아름다운 뜻을 이루어 가고 계십니다.

내 몸의 지체는 독자적인 이름을 갖고 있지 않습니다. '이재철'이라는 이름 속에 이 손은 종속되어 있습니다. 발도 독자적으로 이름을 갖고 있지 않습니다. 그 발이 '이재철의 발'이라 불려도 발은 불만이 없습니다. 아니, 발이 이재철이라는 몸을 떠나 독자적인 이름을 가지게 되면, 더 이상 한 몸의 지체로서의 의미는 없어집니다. 우리 각자 그리스도의 지체들입니다. 그러므로 내 이름이 그리스도께 종속되지 않은 채 불리는 것은 전혀 의미가 없습니다. 내 이름은 아무리 내세워 봐야 바람 같고, 안개 같고, 그림자 같고, 무상하기 짝이 없습니다. 그러나 내가 그리스도의 이름으로, 그리스도의 지체로 존재하는 한 그보다 더 큰 영광, 더 큰 영예는 없습니다. 한 번 그리스도의 지체는 영원한 그리스도의 지체가 되기 때문입니다.

오늘 감동적인 글을 하나 읽었습니다. 프랑스의 목사님이자 자선가인 오베르랑이라는 분이 알자스의 깊은 눈 덮인 산길을 걸어가다가 길을 잃었는데, 끝내 길을 찾지 못하고 지쳐서 쓰러졌습니다. 차츰 의식을 잃어가고 있었습니다. 그런데 마침 마차를 타고 가던 한 마부가 목사님을 발견했습니다. 그리고 마차에 태워 음료를 마시게 하고 산 아래 주막에 데리고 가서 눕혔습니다. 여기까지는 누가복음에 나오는 선한 사마리아인의 이야기와 똑같습니다.

이 목사님은 곧 의식을 회복했습니다. 깨어나게 되어 너무도 감사했습니다. 그래서 마부에게 감사를 표시하기 위해 주머니에 있는 돈을 주려고 했습니다. 그런데 마부가 거절했습니다. 가다가 쓰러진 사람을 돕는 것은 사람의 도리이고 자신은 그저 도리를 다했을 뿐인데 어떻게 돈을 받겠느냐는 것이었습니다. 그러자 목사님이 마부에게 말했습니다. "그러면 당신의 이름이 무엇인지 가르쳐 주십시오. 제가 평생 기도할 때마다 당신을 위해 기도하겠습니다." 그랬더니 마부가 목사님에게 물었습니다. "목사님, 제가 질문 하나 하겠습니다. 성경에 나오는 선한 사마리아인의 이름을 아십니까?" 이에 목사님은 큰 깨달음을 얻었다고 합니다. 성경은 그 사마리아인의 이름을 밝히지 않고 있습니다. 선한 사마리아인에게는 자신의 이름보다 예수 그리스도의 지체 됨이 더 의미 있었기 때문입니다.

마부는 자기 이름을 남기지 않고 눈 위에 마차 바퀴 자국만 남기며 사라졌습니다. 목사님은 마부의 이름을 모르지만 주님께서는 그 마부를 아십니다. 그 마부는 이 세상 그 누구도 느끼지 못하는 행복과 자유의 삶을 살았을 것입니다. 그리스도의 지체로서 주님의 명령을 따르는 삶을 살았기 때문입니다. 주님과 동행했기 때문입니다.

오늘 우리 자신이 아무리 작고 보잘것없어 보여도, 50억 인구 그 누구도 흉내 내지 못할 의미를 지니고 있습니다. 이 세상 그 누구도 대신할 수 없는 나만의 역할을 통해 하나님의 뜻이 이루어져 나갈 때 하나님께서 어찌 기쁘지 않으시겠습니까? 우리가 어떤 상황에 처해 있든지 바로 그 상황 속에서 하나님의 도구가 되기를 주님께서 원하십니다. 이 사실을 진정으로 깨달아 우리의 모든 상황을 주님께서 주신 상황으로 인식하고, 그리스도의 지체로서 다른 지체들과 함께 그리스도의 한 몸을 이루어 가는 삶의 희열을 체험하시기를 주님의 이름으로 축원합니다.

26
혹 예언이면

로마서 12장 6-8절

우리에게 주신 은혜대로 받은 은사가 각각 다르니 **혹 예언이면** 믿음의 분수대로, 혹 섬기는 일이면 섬기는 일로, 혹 가르치는 자면 가르치는 일로, 혹 위로하는 자면 위로하는 일로, 구제하는 자는 성실함으로, 다스리는 자는 부지런함으로, 긍휼을 베푸는 자는 즐거움으로 할 것이니라

참된 행복은 그리스도 안에서 자신의 역할을 바로 인식하고 그 역할에 충실한 삶을 살아갈 때 주어집니다. '그리스도 안에서' 자신의 역할을 찾지 않으면, 자신의 역할을 발견하지 못하면, 우리는 언제든지 욕망으로 인해 자신을 과대평가하게 됩니다. 자기 역할을 확장시키는 것입니다. 그리고 그 결과는 파멸로 끝나 버립니다.

제가 잘 아는 기업인이 있는데, 그가 주력하는 분야에서는 명실공히 대한민국 최고로 꼽힙니다. 그 분야에서 최고인 만큼 능력 있고 많은 부를 축적한 분입니다. 그러니 이분에게 접근하는 사람들이 얼마나 많겠습니까? 그런데 이분이 말하기를, 누가 와서 다른

일을 권유하면서 지금보다 몇 배의 돈을 더 벌 수 있다고 하면 전부 거절한다고 합니다. 이유는 한 가지입니다. 지금 내가 하고 있는 이 일이 바로 하나님께서 내게 주신 천직이라고 믿기 때문입니다. 그래서 이분은 30년 동안 자신의 분야를 떠나지 않았습니다. 그 결과 하나님과의 관계가 깊어지고, 가족과의 관계 또한 아름답게 가꾸어졌습니다. 무엇보다도 자기 자신을 되돌아보는 여유가 생겼습니다.

여유 있는 삶과 게으른 삶은 전혀 같은 말이 아닙니다. 게으르다는 것은 의미 없이 시간을 죽여 버리는 것입니다. 반면, 여유라는 것은 자기에게 맡겨진 역할을 그리스도 안에서 충실히 감당했을 때 되돌아오는 보너스 같은 시간입니다. 그 여유가 하나님의 역사가 임하는 마당이 되는 것입니다.

그런데 많은 사람들이 어떻게 살아가고 있습니까? 한 분야의 정상이 되기도 전에 누군가가 던진 그럴듯한 미끼를 물어 버리고 맙니다. 자기 역할에 지속적으로 집중하기보다는 영역을 확대시켜 나갑니다. 그러다 보니 하나님과의 관계에서 여유가 없습니다. 가족의 얼굴도 제대로 보지 못합니다. 자기를 되돌아보는 성찰이 없습니다. 혹 세상적으로 성공하고 출세했다는 말을 들을지 모르지만 그 인생은 메말라 금이 가 있습니다. 머리 되신 그리스도를 바라보고 나를 되돌아보는 인식의 순환이 없으면, 반드시 영적 생명의 고갈로 이어집니다.

인생이 대체 무엇입니까? 해가 뜨면 말라비틀어지는 풀과 같습니다. 잠시 있다가 사라지는 안개와 같습니다. 모든 것이 헛것 같고 그림자 같습니다. 무상하기 짝이 없는 이 덧없고 짧은 인생을 정말 참되고 가치 있고 의미 있게 꾸려 가기 위해서는, 그리스도 안에서 주어진 자신의 역할을 어그러짐 없이, 벗어남 없이, 넘침 없이,

제대로 충실하게 다하는 것뿐입니다. 그리스도 안에서 나를 발견하고 내게 주어진 역할에 충실해 간다면, 나는 영원한 생명에 접속되는 것입니다. 내가 영원하신 그리스도의 지체 되기 때문입니다.

오늘 본문은 우리에게 주어진 각자의 역할에는 어떤 것이 있는지 가르쳐 줍니다. 이것은 교회 안에만 국한된 이야기가 아닙니다. 많은 사람들이 성경에 나오는 말씀을 교회에만 국한해 생각합니다. 그래서 교회 안팎의 삶이 다릅니다. 바울은 우리의 삶을 주님께 드리는 것이 영적 예배라고 했습니다. 교회 안에서나 밖에서나 주님께 자신의 삶을 드리는 것이 하나님을 바로 섬기는 것입니다. 이런 의미로 보아야 말씀이 의미하는 깊은 뜻을 놓치지 않을 수 있습니다. 6절을 보십시오.

우리에게 주신 은혜대로 받은 은사가 각각 다르니 혹 예언이면 믿음의 분수대로

우리가 본받지 않을 수 없는 바울의 정신을 다시 한 번 확인할 수 있습니다. 우리가 어떤 역할을 맡았든지 그것은 하나님께로부터 주어진 은혜요 은사라는 것입니다. 은사란 선물입니다. 지금 내가 맡고 있는 역할이 하나님께서 내게 주신 선물이라는 것입니다. 그래서 바울은 자신에게 주어진 역할을 감당하기 위해 고난과 핍박도 무릅쓰고 목숨까지도 아깝게 여기지 않았습니다.

우리가 교회 안에서나 밖에서나 무슨 일을 하더라도 그것이 하나님께로부터 주어진 하나님의 은사요 은혜라고 인식하는 것이 중요합니다. 그래야 내가 하는 일이 절대적 가치를 지니게 됩니다. 내가 하는 일을 남이 하는 일과 비교하지 않습니다. 남과 비교함으로 생기는 열등감에 빠지지 않을 수 있습니다. 그때 내게 맡겨진 역할에 감사하면서 그 일을 위해 내 인생을 걸 수 있습니다.

바울이 말하는 그리스도인의 역할에 대해 하나씩 살펴보시겠습니다.

먼저, 예언하는 일입니다. 한글 성경에는 '미리 예豫' 자가 사용되어 사람들이 앞날을 예측하는 것을 예언이라고 잘못 인식하고 있습니다. 그러나 예언에 해당하는 헬라어 '프롭헤테이아προφητεία'는 이런 의미가 아닙니다. 한자로 쓴다면 '맡길 예預' 자를 사용해야 합니다. 하나님께서 사람에게 말씀을 맡겨 주셨습니다. 이것이 예언입니다. 성경은 하나님께서 우리에게 맡겨 주신 예언입니다. 쉽게 말해, 말의 형태와 언어가 어떠하든지 인간이 하나님께 드리는 모든 말이 기도이듯이, 하나님께서 인간에게 주시는 모든 말씀이 예언입니다.

그러면 먼저 교회 안에서 생각해 보십시다. 교회 안에서 예언의 역할을 감당하는 사람은 설교자 즉 목회자, 교역자라고 할 수 있습니다. 목사가 설교를 한다는 것은 절대로 개인의 능력이 아니라 하나님의 은혜요 은사로 되는 일입니다. 그런데 우리가 간과해서는 안 될 것이 있습니다. 교회 안에 예언하는 역할이 있다는 것은, 그 말씀을 듣고 배우는 역할도 있음을 의미합니다. 따라서 말씀을 맡아 전하는 사람은 하나님의 말씀을 바르게 전할 수 있도록, 날마다 하나님 앞에서 겸손하게 은혜를 구해야 합니다. 마찬가지로 교회 안에서 말씀을 듣고 배우는 사람 역시 그 역할을 바르게 감당할 수 있도록 주님의 은혜를 구해야 합니다.

어떤 은혜를 구해야 합니까? 첫 번째로, 말씀을 들을 수 있는 은혜입니다. 예수님께서 "귀 있는 자는 들으라"고 누누이 말씀하셨습니다. 이것이 무슨 뜻입니까? 주님께서 같은 장소에서 같은 말씀을 하시는데 그 말씀을 듣는 능력과 정도가 다르다는 것입니다. 그러므로 우리는 하나님의 말씀을 들을 수 있는 영적인 귀를 구해야 합니다. 가룟 유다가 예수님과 함께 먹고 마시며 따라다녔습니다. 그리고 다른 제자들과 함께 동일한 말씀을 들었습니다. 그러나 가룟 유다는 예수님을 배신했습니다. 왜 그렇습니까? 말씀을 듣는 귀가 없었기 때문입니다. 우리가 주님의 말씀을 바로 듣기 위해서는 무엇보다 말씀에 대한 재미를 느껴야 합니다. 시편 기자가 "주의 말씀의 맛이 내게 어찌 그리 단지요. 내 입에 꿀보다 더 다니이다"(시 119:103)라고 했습니다. 우리가 바로 이 은혜를 구해야 합니다. 일생에서 말씀을 읽고 듣는 것이 가장 큰 낙이어야 합니다. 재미있는 소설을 밤을 새우며 읽듯이 성경을 읽을 수 있는 은혜를 구해야 합니다.

우리의 육체는 세월이 흘러가면서 반드시 쇠합니다. 육체만이 아니라 기억력도 감퇴합니다. 우리가 나이가 들어 아무것도 기억할 수 없을 때 우리에게 남는 것이 무엇이겠습니까? 젊었을 때 내 속에 채워 두었던 것입니다. 그러므로 하루라도 더 젊을 때 말씀을 읽고 가슴에 새길 수 있는 은혜를 구해야 합니다. 이것은 우리의 일생을 말씀 안에서 영예롭게 마무리하는 길입니다.

두 번째로, 들은 말씀을 재해석할 수 있는 은혜입니다. 설교를 듣고서 그것으로 그치는 것이 아니라 재해석할 수 있어야 합니다. 우리가 가지고 있는 성경은 지금으로부터 3500여 년 전부터 2000여 년 전까지 쓴 글들입니다. 그리고 이 땅의 마지막까지 존재하게 될 것입니다. 그런데 이러한 성경을 오늘을 살아가고 있는 우리의 상황에 맞도록 해석한 것이 설교입니다. 그러므로 설교를 듣는 사람은 설교자의 해석을 자신의 상황 속에서 재해석할 수 있어야 합니다. 아무리 명설교를 들어도 그 의미를 자신의 삶 속에서 재해석할 수 없다면, 그저 설교를 즐긴 것일 뿐입니다. 재해석해야 그 말씀이 내 안에 살아남으면서 나를 변화시키는 레마가 되는 것입니다.

2년 전 겨울방학 때 아이들과 가정예배를 드리면서, 길 잃은 한 마리 양에 대해 주님께서 말씀하신 마태복음 18장 12-14절을 읽었습니다. 그리고 이 말씀을 해석해 주었습니다. 아이들에게 이 말씀을 통해 무엇을 느꼈는지 물었습니다. 대개는 큰아이가 대답한 대로 밑의 아이들이 따라서 대답을 합니다. 그런데 마침 친척 한 분이 저희 집에 오셨다가 같이 예배를 드렸습니다. 그분은 당시에 아무런 소망도 없이 인생의 벼랑 끝에 서 있었습니다. 당장 내일 자녀를 데리고 들어갈 거처조차 없었습니다. 어떻게 살아야 할지 암담한 절망 속에서 예배에 함께했습니다. 저는 그분에게도 같은 질문을 드렸습니다. 그랬더니 그분이 대답하기를, 우리 하나님이 아흔아홉 마리의 양을 두고 한 마리를 찾기 위해 나서시는 사랑의 하나님이시라면 나의 거처 또한 마련해 주실 것으로 믿는다고 하였습니다. 내가 하나님만 바라보며 힘을 내어 살아가려 하는데 하나님께서 나를 굶겨 죽이시겠습니까? 결코 그렇지 않다고 믿은 것입니다. 그분은 자신의 상황 속에서 말씀을 재해석하고 적용한 것입니다. 우리에게 어떤 말씀이 전해지든지 그 말씀을 삶 속에서 재해석하는 은혜를 얻으면, 그 삶 속에서 하나님의 능력과 소망이 날마다 함께합니다.

세 번째로, 말씀을 실천할 수 있는 은혜입니다. 말씀이 맛있고 듣는 재미가 큼을 느꼈습니다. 그 말씀을 삶 속에서 재해석하는 적용

능력도 키웠습니다. 그러면 이제 삶 속에 재해석한 말씀을 삶 속에서 실천하는 은혜를 구해야 합니다. 방금 전에 말씀드렸던 그분은 그 이후 철저하게 하나님 중심으로 하나님의 말씀대로 살았는데, 지난 2년 동안 그분이 속해 있는 영역에서 뿌리 내리고 이전보다 더 나은 환경이 조성되었습니다.

우리가 말씀의 능력을 확인할 수 있는 곳는 한 곳뿐입니다. 바로 실천의 장입니다. 말씀을 실천하는 그 현장입니다. 아무리 말씀을 읽고 재해석해도 실천하지 않으면, 말씀은 생각에 머물러 있게 됩니다.

머릿속에서만 하는 사랑이 있습니다. 막상 사랑의 대상을 만나 사랑의 열병을 앓게 되면, 머리로 그리던 사랑과는 비교가 안 됩니다. 하나님의 능력을 머리에서 얼마든지 그릴 수 있습니다. 그러나 실천의 장에서 하나님의 능력을 경험하면, 머리로 그리는 것은 아무것도 아님을 알게 됩니다.

예수님께서 우리를 사랑하시지 않았다면, 이 땅에 오셔서 눈물을 흘리실 까닭이 없었을 것입니다. 주님께서는 우리가 잘못된 길을 걸어갈 때 통분히 여기시고 비통의 눈물을 흘리시는 분입니다. 이 말씀이 내 귀에 들린다면, 내 심령을 때린다면, 내 삶 속에서 재해석해야 합니다. 내 삶의 어떤 부분을 보고 주님께서 통분히 여기실지 생각할 수 있어야 합니다. 재해석한 뒤에는 내 삶에 썩은 가지, 불필요한 가지를 쳐내야 합니다. 바로 그때, 가지를 치는 실천의 현장에서 예수님의 기쁨을 나의 기쁨으로 느낄 수 있게 되는 것입니다. 그래서 내 삶의 가지를 치는 것은 아픔이 아니라 기쁨이요, 그것이야말로 능력임을 확인하게 되고, 그 확인을 거듭하면서 우리가 성숙해지는 것입니다.

그러면 이제 교회 울타리 밖에서는 예언의 은사를 어떻게 실천해야 하는지 살펴보겠습니다.

오늘날 내가 네게 명하는 이 말씀을 너는 마음에 새기고 네 자녀에게 부지런히 가르치며 집에 앉았을 때에든지 길에 행할 때에든지 누웠을 때에든지 일어날 때에든지 이 말씀을 강론할 것이라(신 6:6-7)

모든 그리스도인은 가정에서 하나님 아버지의 말씀을 맡아 그 말씀을 가르치는 예언의 역할을 감당할 것을 하나님께서 명령하셨습니다. 가정에서만 그렇게 하면 됩니까? 그렇지 않습니다.

그러므로 너희는 가서 모든 민족을 제자로 삼아 아버지와 아들과 성령의 이름으로 세례를 베풀고 내가 너희에게 분부한 모든 것을 가르쳐 지키게 하라(마 28:19-20상)

주님께서는 모든 그리스도인에게 이 사회, 이 세상 속에서도 주님께로부터 받은 말씀을 전해야 함을 명령하셨습니다. 간단히 말하자면, 그리스도인은 교회 울타리 안에서는 주님의 말씀을 듣고 배우고, 교회 울타리를 넘어서는 교회에서 듣고 배운 것을 가르치는, 말씀을 전하는 역할을 함께 감당해야 한다는 것입니다.

우리가 이 예언의 역할을 잘 감당하기 위해 잊지 말아야 할 사실이 하나 있습니다. 6절을 다시 보면, 말씀을 맡아 전하는 역할을 할 때 "믿음의 분수대로" 하라고 했습니다. 이 말씀은 믿음의 정도에 따라 하라는 의미입니다. 말씀을 전하는 사람의 믿음의 정도를 뜻하기도 하고, 말씀을 듣는 사람의 믿음의 정도를 뜻하기도 합니다.

말씀을 전하는 사람은 말씀을 내가 아는 수준에 한하여 전해야 합니다. 내가 알지 못하는 것까지 전하려고 하면, 전하는 말씀이 거짓이 되고 맙니다. 또 상대의 수준을 감안하여 전해야 합니다. 상대의 수준에 맞지 않게 말씀을 전하면 설득력이 떨어지게 됩니다. 바울의 말처럼(고전 3:2) 젖을 먹어야 하는 사람에게는 젖을 주고, 죽을 먹어야 하는 사람에게는 죽을 주고, 밥을 먹을 수 있는 사람에게는 복음을 진수성찬으로 요리하여 줄 수 있어야 한다는 것입니다.

그러면 수준에 맞추어 말씀을 전하려면 어떻게 해야 합니까? 첫째, 말씀을 떠나서는 안 됩니다. 내가 먼저 말씀에 온전히 붙어 있지 않고는 말씀을 전하는 예언의 사명을 감당할 수 없습니다. 상대의 수준에 맞게 쉽게 이야기할 수 있으려면 말씀을 깊이 있게 해석할 수 있는 말씀의 전문가가 되어야 합니다. 어렵게 말하는 것은 누구든지 할 수 있습니다. 그러나 쉽게 말하기 위해서는 말하고자 하는 내용을 내 것으로 만들지 않으면 불가능합니다. 시편 1편에서 누가 복 있는 사람이라 말하고 있습니까? 율법을 주야로 묵상하는 사람입니다. 주야로 말씀을 묵상하는 사람이 하나님의 명령을 바르게 완수할 수 있습니다.

둘째, 주어진 말씀을 온전히 믿어야 합니다. 우리가 말씀을 온전히 믿지 않으면, 전하는 말씀에 힘이 떨어집니다. 진실성이 결여됩니다. 안드레가 예수님을 만났습니다. 그리고 자기 형 베드로를 찾아가서는 자신이 메시아를 만났다고 했습니다. 그 말을 듣고 베드로는 모든 것을 버리고 예수님을 만나러 갔습니다(요 1:40-42). 어떻게 그렇게 짧은 한마디가 베드로로 하여금 모든 것을 버리고 예수님께 가게 만들었습니까? 안드레의 말 속에 확신이 있었기 때문입니다. 내가 온전히 믿을 때 그 믿음은 반드시 다른 사람에게 전해집니다.

　우리가 교회 안에서 말씀을 듣고 배우되 그 목적은 교회 울타리를 벗어나 주님께서 맡겨 주신 말씀을 전하는 예언의 역할을 해나가는 것임을 잊지 마십시다. 이 사명을 감당하기 위해 날마다 말씀과 함께하며 더욱 듣고 배우고 믿는 그리스도인이 되십시다. 우리가 전한 하나님의 말씀으로 다른 사람의 인생이 변화되고 그 가정이 새로워지고 그 사람의 일터가 새로운 의미를 갖게 되는 것보다 더 큰 기적은 없습니다. 이보다 더 큰 기쁨도 없습니다. 이 세상에서 눈에 보이는 모든 업적은 사라집니다. 그러나 우리가 전한 하나님의 말씀과 그로 인해 거듭난 생명은 영원히 사라지지 않습니다. 여러분 모두가 날마다 말씀 속에 거함으로, 말씀의 사람이 됨으로, 예언의 역할을 감당하여 삶의 현장에서 사람들을 살리는 기적을 경험하게 되시기를 바랍니다.

27
혹 섬기는 일이면

로마서 12장 6-8절

우리에게 주신 은혜대로 받은 은사가 각각 다르니 혹 예언이면 믿음의 분수
대로, **혹 섬기는 일이면** 섬기는 일로, 혹 가르치는 자면 가르치는 일로, 혹
위로하는 자면 위로하는 일로, 구제하는 자는 성실함으로, 다스리는 자는 부
지런함으로, 긍휼을 베푸는 자는 즐거움으로 할 것이니라

오늘 본문은 그리스도인에게 주어진 두 번째 역할, 곧 섬기는 일을
언급하고 있습니다.

혹 섬기는 일이면 섬기는 일로(7절 상반절)

섬긴다는 것이 구체적으로 무엇을 의미합니까? 다른 말로 간단
히 표현하면, 봉사입니다. 봉사는 모든 그리스도인에게 주어진 역
할입니다. 이 봉사는 교회에서뿐만 아니라 교회 밖에서도 해야 하
는 것입니다. 어디에서든지 그리스도인은 봉사자가 되어야 합니다.

'봉사'에 해당하는 헬라어는 앞서 나온 바 있는 '디아코니아'이며, 영어로는 'service'입니다. 디아코니아의 본뜻은 식탁을 준비하고 시중드는 행위를 말합니다. 이처럼 음식을 대접하는 사람들에게는 몇 가지 특징이 있습니다.

첫째, 자신이 먼저 먹으려 하지 않는다는 것입니다. 음식을 준비하는 목적은 타인을 먹이기 위함입니다. 둘째, 자기 입맛에 따라 음식을 만들지 않는다는 것입니다. 오직 먹을 사람의 입맛에 맞추어 만듭니다. 셋째, 먹을 사람을 자기 뜻대로 지배하려 하지 않는다는 것입니다. 고급 식당을 한번 연상해 보십시다. 요리사가 진기한 재료를 가져다가 멋진 요리를 만듭니다. 자기가 먹으려고 자기 입맛에 맞게 만드는 것입니까? 그렇지 않습니다. 먹을 사람의 입맛에 맞게 요리를 하면, 웨이터가 음식을 가지고 와 주문한 사람 앞에 놓습니다. 그리고 자신 자리로 돌아가 대기합니다. 식탁에 물이 떨어지면, 달라고 하지 않아도 채워 줍니다. 식사가 끝나면 알아서 차를 내줍니다. 위에서 말한 세 가지가 여기에 다 들어 있습니다.

그렇다고 웨이터가 하는 봉사를 성경에서 말하는 봉사라고 합니까? 그렇지 않습니다. 왜냐하면 그들은 그 행위에 대한 대가를 받기 때문입니다. 대가를 바라고 하는 서비스는 성경이 말하는 디아코니아가 아닙니다. 성경에서 말하는 봉사는 그와 같은 시중을 다 들면서도 철저하게 무상으로 할 때 해당됩니다.

디아코니아를 연상하면 가족들을 위해 헌신하는 어머니를 떠올려 볼 수 있습니다. 어머니는 가족을 위해 음식을 준비합니다. 그리고 자신은 먹지 않습니다. 남은 잔반을 먹습니다. 그래서 미련한 아이들은 엄마가 맛있는 것은 못 먹는 줄로 압니다. 어머니가 자신의 입맛에 맞게 요리합니까? 그렇지 않습니다. 남편이 싱겁게 먹으면 싱겁게 하고, 아이들 입맛을 생각하면서 맛있게 만듭니다. 그러고도 어머니는 가족을 지배하려 하지 않습니다. 그 모든 것을 철저하게 무상으로 합니다. 모자지간, 모녀지간에 문제가 생기는 것은 내가 너에게 이만큼 했으니 보상을 받아야겠다는 마음에서 생기는 것입니다. 부모가 자식을 지배해야겠다고 생각하면, 그 순간 문제가 생깁니다. 우리가 이야기하고 있는 참된 어머니상은 이루 말할 수 없는 모든 것으로 시중들지만 절대로 보상을 요구하지 않습니다. 아무리 세월이 흘러도 어머니라는 말 앞에서 가슴이 뛰는 감동과 감격과 그리움을 느끼는 것은, 무상으로 봉사하는 어머니의 모습 때문입니다.

그렇다면 우리는 먼저 봉사를 이렇게 정의할 수 있습니다. 봉사는 부모가 자식을 대하는 심정으로, 어머니가 자식을 대하는 심정으로 타인을 보살피고 돌보는 행위입니다. 그러나 좀더 생각해 보아야 할 것이 있습니다.

디아코니아라는 단어는 '디아코노스διάκονς'에서 파생되었습니다. '디아코노스'는 '하인', '종'이라는 뜻입니다. 그런데 하인이나 종을 가리키는 또 다른 단어로 '둘로스'가 있습니다. 이 두 단어는 뉘앙스가 다릅니다. 둘로스는 주종 관계가 분명할 때 사용되고, 디아코노스는 내 주인이 아님에도, 내가 명령을 받아야 할 의무와 책임이 없음에도 하인의 심정으로 상대를 섬기는 사람을 가리킵니다.

구체적인 예를 보십시다. 요한복음 2장 1-7절에 나오는 하인들은 잔치하는 집의 하인들입니다. 예수님의 하인이 아니었습니다. 그 사람들은 예수님의 말을 듣지 않아도 하등 상관이 없었습니다. 더구나 그때는 예수님께서 공생애를 시작하신 지 불과 사흘밖에 안 된 때였습니다. 아직까지 사람들에게 존재감이 없으셨을 때입니다.

그런데 잔치 집에 손님으로 가서는 그 집 하인들에게 지시하셨습니다. 그 지시 또한 지극히 무리한 내용이었습니다. 잔치에 참여한 사람들은 포도주를 달라고 하는데, 예수님께서 하인들로 하여금 맹물을 항아리에 부었다가 그것을 떠다 주라는 것이었습니다. 그런데 하인들이 이 같은 예수님의 지시에 마치 주인을 섬기는 심정으로 순종했습니다. 이것이 바로 디아코노스입니다. 그렇다면 우리는 봉사를 이렇게 정의할 수 있습니다. 봉사는 내가 어떤 책임이나 의무를 져야 할 필요가 없음에도 상대를 보살피고 돕는 행위입니다.

이 디아코노스에는 하인이라는 뜻 외에 '일꾼'이라는 뜻이 더 있습니다. 하인이 주종관계를 강조하는 단어라면, 일꾼은 시간의 개념과 함께 생각해야 하는 단어입니다. 일꾼은 품꾼과 같은 의미입니다. 내가 일한 시간만큼 삯을 받는 것이 일꾼이요 품꾼입니다. 디아코노스가 시간과 관련되어 있고, 시간과 관련되어 있는 이 단어로부터 봉사라는 말이 유래되었다는 것은 봉사란 곧 시간임을 의미합니다. 봉사는 머리에서 이루어지는 생각이나 마음속에 품은 계획이 아닙니다. 봉사는 나에게 주어진 시간을 쪼개어 사용하는 시간을 의미합니다. 그래서 시간이 없는 곳에는 봉사의 구호는 있을지 몰라도 봉사는 존재하지 않습니다.

지금도 1초 1초 시간이 흐르고 있습니다. 이런 시간이 합쳐져 한 인간의 일생이 됩니다. 이 일생은 다시는 기회가 없습니다. 이 시간들이 합쳐져 유일회적인 인생이 되는 것이라고 한다면, 우리의 인생에서 의미 없는 시간, 보잘것없는 시간이라는 것은 존재할 수 없습니다. 어떤 시간이든지 이 세상 그 무엇보다도 소중한 인생의 한 부분이기 때문입니다. 그러면 인생을 가꾼다는 것이 무엇입니까? 시간을 가꾸는 것입니다. 하루 24시간을 내가 어떻게 가꾸느냐에 따라 일생이 결정되는 것입니다. 내가 하루를 살아가는데 타인을 위한 봉사의 시간을 단 몇 분도 할애하지 않으면서 인생이 의미 있고 가치 있기를 바란다면, 그것은 억지이거나 욕심입니다. 즉 봉사는 구체적으로 시간을 쪼개어 다른 사람을 보살피는 행위라고 할 수 있습니다.

봉사에 대한 이상의 세 가지 의미를 종합해 보면, 봉사는 자식을 대하는 어머니의 심정으로, 주인을 대하는 하인의 심정으로, 책임과 의무를 져야 할 필요가 없는 타인을 위해 구체적으로 시간을 할애해 돌보고 보살피는 행위입니다. 돌보고 보살핀다는 것은 구체적으로 무엇을 의미합니까? 우리는 봉사에 대해 고정적인 틀을 가지고 있습니다. 교회에서는 한 부서에 속해 일하는 행위를 봉사라 하고, 교회 밖에서는 양로원이나 고아원을 찾아가 일하는 것을 봉사라고 합니다. 그러나 성경이 말하는 봉사는 이런 것을 훨씬 넘어서는 행위입니다.

사도행전 6장 4절은 "우리는 오로지 기도하는 일과 말씀 사역에 힘쓰리라"고 전하고 있는데, 여기에서 '말씀 사역'에 해당하는 헬라어가 봉사를 뜻합니다. 즉 봉사는 말씀을 전하고 나누는 것입니다. 우리가 세상에 나가 전도하면서 예수 믿으라고 외치는 것으로 끝난다면, 이것은 봉사가 아닙니다. 내게 맡겨진 말씀, 내 마음속에 있는 말씀을 구체적으로 사람들과 나누는 것이 봉사입니다. 사도행전 11장 29절은 "제자들이 각각 그 힘대로 유대에 사는 형제들에게 부조를 보내기로 작정하고"라고 전하는데, 여기에서 '부조'가 또한 봉사를 뜻합니다. 즉 물건이나 돈으로 남을 도와주는 행위를 성경은 봉사라고 말하고 있는 것입니다. 봉사란 보살피는 것인데, 그 보살핀다는 것은 구체적으로 시간을 나누고, 말씀을 나누고, 나의 소유를 나누고, 나의 신앙을 나누고, 나의 지식을 나누는 것을 말합니다. 이런 모든 것을 나누는 것을 한마디로 하자면, 인생을 나누는 것입니다.

내가 혈연관계가 없는 누군가와 내 인생을 나누며 살아가고 있다면, 그보다 더 아름다운 봉사는 없습니다. 이것이 바로 하나님께서 요구하시는 봉사입니다. 기업 활동도 마찬가지입니다. 돈을 목적으로 하는 것이 아니라 나의 경험, 나의 지식, 내가 가진 모든 기술과 정보, 그리고 내가 가지고 있는 것으로부터 나만이 얻을 수 있는 유익을 많은 사람들과 나누는 것을 목적으로 한다면, 그 기업보다 더 아름다운 봉사 단체는 없을 것입니다. 자신의 인생을 나누기 위해 기업을 하는 사람은 절대로 사람을 해치는 물건을 못 만듭니다. 절대로 부정한 방법을 사용할 수 없습니다. 사람들의 욕망을 불러일으켜 과소비를 조장하는 상품을 만들 수 없습니다. 대신 영원히 있어야 할 유익한 것들을 만들어 갈 것입니다.

성경에서 말하는 봉사자의 자세는 무엇입니까? 요한복음 13장에서 예수님께서 그 본을 보여 주셨습니다. 무릎을 꿇고 제자들의 발을 씻겨 주시는 모습입니다. 이 땅에 오신 예수님께서는 자신의 전 생애를 제자들 앞에서 무릎을 꿇는 자세로 나누어 주셨습니다. 이 자세야말로 어머니가 자식을 대하는 심정이요 하인이 주인을 섬기는 심정을 그대로 표현해 줍니다. 우리가 타인을 위해 인생을 나눌 때 본받고 취해야 할 봉사상이 바로 이 모습입니다. 우리는 자주 봉사의 현장에서 절망합니다. 나는 상대에게 꿇어 엎드린 자세로 봉사를 행하였음에도 지금 내 눈앞에 되돌아오는 것이 없어 보이기 때문입니다. 상대가 변화되기는커녕, 감사하기는커녕 오히려 당연한 것으로 생각합니다.

그런데 중요한 사실은, 내 인생을 나누다가 절망할 수밖에 없는 그 공간이 바로 나를 위해 무릎을 꿇으시는 예수 그리스도와 만나는 역사의 공간이 된다는 것입니다. 내가 절망할 수밖에 없을 정도로 봉사하는 그 현장에 있을 때, 나같이 하찮은 존재를 위해 무릎 꿇으시고 당신의 전 생애를, 아니 생명을 십자가에서 낭비하신 예수 그리스도를 만나게 됩니다. 그래서 봉사를 행하다 보면, 상대가 변화되기 이전에 내가 먼저 변화되는 경험을 하게 됩니다. 이것이 예수님께서 우리에게 봉사를 명하시는 또 다른 이유입니다. 타인을 위한 봉사가 결국은 나의 성숙, 나의 유익이 되기 때문입니다. 내가 변하면 그것은 또다시 상대의 변화를 촉진시키는 촉매제가 됩니다.

이제 우리는 봉사를 최종적으로 이렇게 정의할 수 있습니다. 봉사는 마치 어머니가 자식을 대하는 심정으로, 하인이 주인을 섬기는 심정으로, 내가 책임과 의무를 져야 할 필요가 없음에도 상대를 위해, 절망할 수밖에 없는 지경에 이르기까지 그를 보살피고 돌보는 행위입니다. 바꾸어 말해, 절망에 이를 수밖에 없는 지경에 이르기까지 내 인생을 나누어 주는 행위입니다. 내가 내 인생을 나누어 주다가 중도에 포기해 버리면, 그것은 모두의 절망으로 끝나고 맙니다. 그동안 했던 것들은 다 쓸모없게 됩니다. 그러나 예수 그리스도를 만나면, 부활하신 주님의 능력으로 다시 일어설 수 있을 뿐더러, 모든 것이 새롭게 되는 역사를 경험하게 됩니다.

봉사와 관련해 꼭 유념해 두어야 할 것이 두 가지 있습니다. 첫째, 봉사는 사람을 위한 봉사가 되어야 합니다. 모든 봉사의 동기는 주님이십니다. 주님께서 우리를 사랑해 주셨기 때문에, 우리가 봉사하는 것입니다. 그래서 하나님을 향한 봉사는 하나님께서 사랑하시는 사람을 위한 봉사로 연장되어야 합니다. 하나님께는 열심히 봉사하는 것 같은데 그것이 사람을 위한 봉사로 이어지지 않으면, 그 봉사는 자기 만족으로 그치고 맙니다. 쉬운 예로, 내가 하나님을 위해 봉사하고자 교회에 와서 의자를 닦는다고 하십시다. 이것이 하나님만 생각하고 행해졌다면, 아무리 열심히 의자를 닦아도 다른 사람과의 관계가 깊어지지 않습니다. 오히려 그런 봉사를 할수록 다른 사람들과 더 분리될 수 있습니다. 그러면 의자를 닦는 행위가 어떻게 승화되고 연장되어야 합니까? 그 의자에 앉을 사람을 위한 봉사로 이어져야 합니다. 이 의자에 앉을 사람을 사랑하는 마음으로 봉사에 임할 때, 비록 작은 일이라 할지라도 그 일을 통해 타인과 인생을 나누게 되는 것입니다. 이런 봉사는 날이 갈수록 사람과의 관계를 깊게 하고 인생의 나눔을 더 살찌게 만들어 줍니다.

둘째, 눈에 보이지 않는 봉사자의 손길을 깨달아야 합니다. 우리가 예배를 드리기까지 많은 사람들의 봉사가 있었습니다. 우리가 먹는 양식을 위해 자기 인생을 건 사람들이 있습니다. 우리가 누리는 문화·예술을 위해 인생을 건 사람들이 있습니다. 그뿐만 아니라 이 땅을 지키기 위해 수없이 많은 사람들이 자기 인생을 걸었기에 오늘 우리가 이 터전에서 살 수 있습니다. 허물 많고 죄악된 우리를 위해 자신의 전 생애를 남김없이 나누어 주신 예수 그리스도로 말미암아 오늘 우리는 자유인으로 존재합니다. 보이지 않아도 내가 어디를 걷든지 그 공간에 꽉 차 있는 주님을 비롯한 수많은 사람들의 봉사의 손길을 인격적으로 만날 때, 우리가 기꺼이 인생을 나누어 주는 봉사자가 될 수 있는 것입니다.

아무리 세상이 혼탁하고 어렵다 할지라도 인생과 인생의 나눔이 어우러지는 곳에는 주님의 사랑과 빛이 있습니다. 그곳만은 사랑과 행복이 넘치는 살 만한 곳으로 변화됩니다. 그리스도를 믿는 우리를 통해 그런 일이 이루어진다고 하는 것은 얼마나 복된 일입니까.

28
혹 가르치는 자면

로마서 12장 6-8절

우리에게 주신 은혜대로 받은 은사가 각각 다르니 혹 예언이면 믿음의 분수대로, 혹 섬기는 일이면 섬기는 일로, **혹 가르치는 자면** 가르치는 일로, 혹 위로하는 자면 위로하는 일로, 구제하는 자는 성실함으로, 다스리는 자는 부지런함으로, 긍휼을 베푸는 자는 즐거움으로 할 것이니라

그리스도인이 해야 하는 세 번째 역할, 곧 가르치는 일에 대해 살펴보겠습니다.

혹 가르치는 자면 가르치는 일로(7절 하반절)

어떤 사람들이 가르치는 사람들입니까? 교회 울타리 안에서는 주일학교 교사나 믿음의 선배들이라 할 수 있겠습니다. 그러나 교회 밖에서는 모든 그리스도인이 교사입니다. 모든 그리스도인은 하나님께서 명하신 대로, 가정에서 교사의 역할을 감당해야 합니

다. 예수님께서는 제자들에게 모든 백성을, 모든 족속을 제자로 삼아 당신께서 분부하신 모든 것을 가르치라고 유언하셨습니다. 그러므로 그리스도를 믿는 사람은 원하든 원하지 않든, 교사가 되어야 합니다.

그러면 왜 주님께서 그렇게 명하신 것입니까? 두 가지 이유를 생각할 수 있습니다.

첫째, 가르치는 것은 곧 나의 앎을 나누어 주는 것이기 때문입니다. 다시 말해, 앎의 나눔을 통한 봉사요 섬김인 것입니다. 타인과 나누지 않는 앎은 그 앎이 커지면 커질수록 사람과 사람을 분열시키고 분리시킵니다. 초등학교가 하나밖에 없는 산간벽지의 마을이 있다고 하십시다. 그 마을 사람들은 다 그 학교 출신이고 중학교에 진학한 사람은 없습니다. 그런데 한 학생이 멀리 있는 중학교에 입학하였고, 졸업한 뒤 마을로 돌아왔습니다. 그때 그가 자신이 배운 중등교육을 마을 사람들을 위해 쓰지 않으면, 그의 앎은 오히려 그를 마을 사람들로부터 분리시킵니다. 초등학교 나온 사람들과는 말이 안 통한다고 생각하게 되기 때문입니다. 이렇게 되면 서로가 서로에게 상처가 됩니다. 소위 지성인들은 학위를 소유하지 않은 대중과 자신을 분리시킵니다. 나눔이 없는 앎은 끊임없이 사람을 분리시키고 분열시키는데, 그 결과는 모두의 파멸로 나타납니다.

러시아혁명 때 러시아에 지식인이 없었습니까? 그런데 그 많은 지식인들이 무엇을 했습니까? 그들이 가진 지식으로 민중을 계몽시켰습니까? 민중을 섬기고 민중에게 봉사했습니까? 그렇지 않았습니다. 자신들의 앎으로 일반인과 자신들을 철저하게 분리시켰습니다. 그 결과 어떻게 되었습니까? 공산주의의 발톱 아래 지식인들과 민중 전부 피해자가 되고 말았습니다.

작년에 안식년을 마무리하면서 전국을 여행했는데, 안동에 있는 도산서원을 방문했을 때입니다. 도산서원을 둘러보면서 일종의 서글픔, 분노가 끓어올랐습니다. 도산서원은 안동에서도 자동차로 4, 50분을 더 들어가야 있습니다. 그러니 옛날에 그곳에 가려면 얼마나 멀었겠습니까? 그런 깊은 계곡에서 선비들이 배운 것으로 무엇을 했습니까? 백성을 가르쳤습니까? 백성에게 봉사했습니까? 자신들의 앎을 나누었습니까? 그렇지 않았습니다. 당시 대부분의 선비들이 고양된 학문을 자기 정진의 수단으로만 삼았습니다. 권력의 중심에서 벗어나서도 여전히 배우지 못한 사람은 상놈이고 자기들만 양반이었습니다. 끊임없이 백성으로부터 자기들을 분리시키고 그들 안에서도 끊임없이 분열을 일으켰습니다. 그러다가 조선이 망했습니다.

성경에는 바리새파가 나옵니다. '바리새'라는 말 자체가 '분리주의자'라는 뜻입니다. 그들은 자신들이 가장 많이 안다고 자부했습니다. 다른 이들은 무식해서 일절 함께하지 않았습니다. 하나님의 율법을 모르는 이방인은 바리새인들에게 개와 같은 존재였습니다. 유대인이라 할지라도 바리새파에 속하지 않고 율법을 자기들처럼 지키지 않는 사람들은 개와 같은 사람이었습니다. 그 결과가 무엇입니까? 백성에게 자유를, 독립을 주었습니까? 로마에게 철저하게 파멸당하는 것이었습니다.

중세 가톨릭이 타락한 시절, 사제들이 철저하게 자기들을 성도들로부터 분리시켰습니다. 그리고 성도들에게 성경을 읽지 못하게 했습니다. 자신들은 성도들이 읽을 수 없는 라틴어로 된 성경을 사용했습니다. 그 결과, 구교와 신교로 찢어지게 되었습니다. 2천 년 가톨릭 역사에 가장 치욕적이고 모욕적인 순간을 겪게 된 것입니다.

우리가 주님께로부터 받은 복음을, 말씀을 나누지 않으면, 말씀을 나눔으로 사람들에게 봉사하고 섬기지 않으면, 그래서 우리끼리 모여 신선 노릇하기만을 원하면, 우리는 사람들을 생명으로 이끌기는 커녕 분열과 분리의 구렁텅이로 빠뜨리고 말 것입니다. 분열시키고 분리시키는 것은 어떤 의미에서든 복음이 아닙니다.

거룩한 삶을 산다는 것은 구별된 삶을 사는 것이라고 했습니다. 그러나 그 구별이란 사람들을 분열시키고 분리시키기 위한 것이 아니라, 구별된 생각과 구별된 뜻을 가짐으로 이 세상 속으로 들어가 세상과 더불어 살면서 그들을 바로 세워 주기 위한 것입니다. 이처럼 내가 가지고 있는 구별된 생각, 거룩한 뜻을 가르치고 나눌 때에만 이 세상은 분열되지 않고, 분리되지 않고 하나의 공동체로 결속되어 갑니다. 하나님께서 어떤 분이십니까? 끊임없이 사람을 가르치시는 분입니다. 아브라함을 믿음의 조상이라고 하는데, 아브라함이 스스로 믿음의 조상이 되었습니까? 그렇지 않습니다. 하나님께서 그에게 모든 것을 가르치셨습니다. 잘못 생각할 때, 잘못 행할 때, 하나님께서 일일이 가르치셔서 아브라함을 믿음의 조상으로 세우셨습니다.

모세 역시 마찬가지입니다. 시내 산에서 하나님께서 그를 부르셨을 때 모세는 그 부르심에 응할 수 없다고 했습니다. 그러자 하나님께서는 가르쳐 주겠다고 하셨습니다. 내가 다 가르쳐 줄 테니 하라는 대로만 하라고 하셨습니다. 모세가 위대한 것이 결코 아닙니다. 모세를 위대하게 가르치신 하나님께서 위대하신 것입니다. 성경은 하나님께서 우리를 가르치기 위해 주신 것입니다. 예수님의 전 생애가 가르치시는 시간이었습니다. 복음서를 보면 '가르치다'라는 동사가 무려 쉰다섯 번이나 나옵니다. 예수님께서 이 땅에 오신 이유가 가르치시기 위함이었습니다.

배우려 하지 않는 인간들을, 하나님의 말씀에 귀 기울이지 않는 인간들을 왜 그토록 가르치셨습니까? 하나님께서 우리를 사랑하시기 때문입니다. 그래서 인간으로부터 당신 자신을 분리시키기를 원치 않으셨기 때문입니다. 하나님께서 우리에게 가르쳐 주시지 않았다면, 하나님께서 하나님의 앎을 우리에게 나누어 주시지 않았다면, 우리는 하나님과 분리될 수밖에 없었을 것입니다. 우리가 어떻게 하나님을 알고, 어떻게 하나님을 섬길 수 있겠습니까? 우리가 어떻게 영생을 알고 진리를 알 수 있겠습니까? 불가능합니다. 그러나 하나님께서 우리를 사랑하셨기에, 우리를 분리시키지 않기 위해 끊임없이 가르쳐 주셨습니다. 그분의 가르치심 속에서 우리는 하나님과 더불어 진리이신 예수 그리스도 안에서 생명을 누리게 되었습니다. 그래서 주님께서는 우리 모두에게 가르치는 교사가 되라고 명령하십니다. 우리가 가르칠 때, 우리가 나눌 때, 이 세상은 더 이상 분리되지 않고 주님의 사랑과 화합과 평강이 넘치는 사회로 일구어져 갈 수 있습니다.

둘째, 가르치는 것은 곧 배우는 것이기 때문입니다. 내가 가르치기 전까지는, 내가 배운 것이 배운 것이 아닙니다. 내가 가르치기 전까지는, 내가 배운 것이 절대로 내 것이 되지 않습니다. 가르칠 때만, 배운 것이 비로소 내 것으로 남습니다.

지난 주 설교 제목이 무엇인지, 내용이 무엇인지 말씀해 주실 수 있는 분이 계십니까? 자신이 들은 설교 내용을 듣지 못한 이에게 가서 들려줄 수 있다면, 그분은 그 내용을 앞으로도 거의 잊어버리지 않으실 것입니다. 가르치는 것은 저장하는 것이기 때문입니다. '가르치다'에 해당하는 헬라어 '디다스코διδάσκω'는 '배우다'라는 뜻도 지닙니다. 배움은 가르침으로 연결되어야 하고, 가르친 것만 확실하게 배운 것으로 남기 때문입니다. 주님께서 우리에게 모든 사람을 제자로 삼고 당신께서 분부하신 모든 것을 가르치라고 유언하신 까닭이, 주님께서 가르쳐 주신 모든 것을 나의 것이 되게 해주시기 위함임을 깨닫게 됩니다.

그러면 우리는 사람들을 어떻게 가르쳐야 합니까? 첫째, 질문하는 사람이 될 수 있도록 가르쳐야 합니다. 질문할 줄 아는 사람만 해답을 얻을 수 있습니다. 질문의 질이 답의 질을 결정합니다. 성숙한 질문은 성숙한 답을 얻습니다. 질문하지 않고 귀로 듣기만 하면, 그 들은 것은 바른 해답으로 남지 않습니다.

아이들이 말을 알아듣기 시작할 때부터 교회학교 영아부에서 다윗에 대해 배웁니다. 유치부에 들어가서도 교사만 바뀌었을 뿐 똑같은 이야기를 듣습니다. 초등부에 들어가서도, 중고등부에 가서도 또 듣습니다. 가르치는 사람에 따라 그 내용이 좀더 극적이냐, 재밌느냐의 차이일 뿐입니다. 그래서 영아 때부터 같은 이야기를 듣던 아이들은 나중에는 흥미를 잃을 수밖에 없습니다.

목포에서 교사로 계신 김용진 선생님이 쓴 글에 이런 내용이 있습니다. 초등학교 4학년 실과 시간에 '꽃 심기'라는 단원이 있다고 합니다. 이분이 아이들에게 꽃 심는 것을 실습시키기 위해 학교 빈터에 봉숭아 씨를 심었습니다. 어느 날 보슬비가 오는데 아이들에게 종이 한 장씩을 주고 운동장으로 나갔습니다. 그리고 손 삽으로 모종을 떠서 아이들에게 나누어 주었습니다. 다 나누어 주고 교실에 들어갔는데 깜짝 놀랐습니다. 아이들이 모종에 붙어 있어야 할 흙은 다 털어 버리고 줄기만 들고 있었기 때문입니다. 어떤 아이는 물로 콩나물 씻듯이 다 씻어 냈습니다. 그것을 본 선생님이 호통을 쳤는데 아이들은 왜 야단을 맞는지 이유를 몰랐습니다. 그때 선생님이 깨달았습니다. '내가 잘못 가르쳤구나. 초등학교 4학년이 되도록 질문하는 법을 안 가르쳐 주었구나' 하는 생각이 들었습니다. '선생님, 왜 흙을 붙여서 주셨어요?' 이렇게 질문하는 아이가 한 명만 있었어도, 흙이 생명이라는 것을 알았을 것입니다. 질문하는 능력을 가르쳐 주지 않았기에, 모종의 생명을 버리게 된 것입니다.

교회학교 아이들 역시 고등학교 다닐 때까지 계속 주입식으로 듣기만 하지, 적극적으로 질문하는 능력을 배양받지 못합니다. 그런 상태로 사회에 진출하고 보니, 자신의 신앙과 현실이 맞부딪칠 때 "이럴 때는 어떻게 해야 합니까?" 하고 질문하지 않습니다. 그리고 아무것도 모른 채 생명의 말씀을 털어 버립니다. 그래서 교회학교를 잘 다닌 학생들이라 할지라도 사회생활을 하면서 태반이 교회를 떠납니다. 그러다가 세상 속에서 여러 일들을 겪으면서 질문하게 됩니다. 내가 이렇게 사는 것이 맞습니까? 이렇게 늙어 가는 것이 맞습니까? 죽음이 찾아올 때 어떻게 되는 것입니까? 내가 가진 돈으로 죽음을 극복할 수 있습니까? 이토록 힘들고 지쳤는데 이 상황을 어떻게 딛고 일어설 수 있습니까? 이렇게 질문을 제기하면서부터 교회로 돌아오기 시작합니다.

선생님은 아이들에게 질문을 제기할 수 있는 능력을 키워 주어야 합니다. 우리도 서로에게 질문할 수 있도록 해야 합니다. 왜 우리가 그리스도를 믿어야 하는가? 그리스도를 믿는다는 것은 무엇인가? 말씀대로 산다는 것은 무엇인가? 말씀대로 살다가 불이익을 당하면 어떻게 해야 하는가? 말씀과 현실이 부딪칠 때는 어떻게 해야 하는가? 말씀 안에서 가정을 이룬다는 것은 구체적으로 무엇인가? 그리스도 안에서 사업을 한다는 것은 어떤 의미인가? 그리스도인에게 돈은 무엇인가? 그리스도인에게 권력은 무엇인가? 질문해야 합니다. 질문을 제기할 수 있는 능력을 갖게 되면 우리는 홀로설 수 있습니다. 스스로 질문할 수 있는 사람은 스스로 해답도 찾기때문입니다. 이런 사람이 믿음의 용장勇將이 됩니다.

둘째, 주님의 제자가 될 수 있도록 가르쳐야 합니다. 성도들을 주님의교회 교인 되게끔 가르치는 것은 의미가 없습니다. 주님의교회를 떠나지 않고 붙들어 두기 위해 가르치는 것은 아무런 의미가 없습니다. 그것은 사람을 분리시킬 뿐입니다. 주님의 제자가 되도록하는 것이 가르치는 목표가 되어야 합니다. 하나님께서 원하시는일을 행할 수 있도록 하기 위해 가르쳐야 합니다. 가르치고 나서는주님께서 원하시는 때에 보내 줄 수 있어야 합니다. 그때에만 우리는 사심 없이 바르게 가르칠 수 있습니다.

어릴 때부터 가톨릭 가정에서 자란 남자와 결혼한 성도님이 있습니다. 그런데 결혼하고 보니 남편이 성당에 다니지 않았습니다. 이름만 가톨릭 신자였습니다. 그러면서 아내를 개신교회에 가지 못하게 했습니다. 이런 상황 가운데 살다 보니 그 여성도님의 인생이 얼마나 곤고하겠습니까? 저와 상담을 하면서 어떻게 하면 남편이 주님의교회에 나와 개신교인이 될 수 있느냐고 물었습니다. 저는 성도님이 그런 목적을 가지고 있다면 십중팔구 실패한다고 답했습니다. 대신, 남편이 좋은 프로테스탄트 신자가 되게 해달라고 기도하시지 말고, 좋은 가톨릭 신자가 되게 해달라고 기도하라고 했습니다. 남편을 주님의교회로 끌어오려 하지 말고 남편을 따라 성당에갈 수 있는 성숙한 믿음을 달라고 기도하라고도 했습니다.

그랬더니 성도님이 묻기를, 개신교인이 가톨릭 교인이 되어도 괜

찮느냐고 했습니다. 함께 그리스도를 섬기는 것인데 무슨 일이 있 겠습니까? 우리 입장에서 보면 가톨릭이 문제가 있는 것처럼 보이 지만, 가톨릭 신자들의 입장에서는 개신교 신자들이 문제투성이로 보입니다. 그러니 사람이나 조직이나 교회를 보지 말고 그리스도를 본다면, 개신교나 가톨릭이나 모두 하나님의 자녀들입니다.

그 남편분은 몇 달 전부터 성당을 다니게 되었습니다. 여성도님 이 남편을 따라 성당을 가기로 결심했기 때문입니다. 며칠 전 제가 여성도님을 만난 자리에서 이렇게 기도를 드렸습니다. "주님, 이분 이 성당에서 정말 좋은 신부님을 만나 주님의교회에서 그동안 깨닫 지 못했던 깊은 말씀의 은혜를 체험하게 해주십시오. 그리고 정말 신실한 교우들을 만나서 남편과 더불어 더 성숙한 그리스도인이 되 는 행복을 느끼게 해주십시오." 기도가 끝났을 때 그 성도분이 제 게 이런 말씀을 주셨습니다. "만약 제가 주님의교회를 안 다녔다면 일평생 남편 신앙 따로, 내 신앙 따로, 이렇게 따로따로 노는 불행 한 부부가 되었을 텐데, 주님의교회에서 신앙생활을 하면서 그리스 도 안에서 하나의 신앙을 가지고 하나의 가정이 되는 기쁨과 행복 을 맛보게 되어 감사합니다."

정말 그리스도의 제자가 되게끔, 하나님께서 필요로 하시는 곳으 로 보내어 드릴 수 있도록 가르쳐야 합니다. 그때에만 생명과 사랑 이 그곳에서 역사합니다.

셋째, 우리의 삶으로 가르쳐야 합니다. 예수 그리스도께서는 진 정 위대한 스승이시고 교사이십니다. 그런데 예수님께서 말씀을 많 이 하셔서 위대한 스승이 되셨습니까? 예수님께서 하신 말씀은 사 복음서에만 기록되어 있습니다. 사복음서 중에서 예수님에 관한 행 적을 빼고, 요한복음을 제외한 공관복음에서 중복되는 예수님의 말씀을 빼어 예수님께서 하신 말씀만 추려낸다면, 그 말씀을 읽는 데 두 시간도 안 걸립니다. 책으로 따지면 조그마한 시집 정도 분량밖에 안 되는 말씀입니다. 그런데 이 정도의 말씀을 하시고 예수님께서 위대한 교사가 되셨습니다. 그 이유가 무엇입니까? 삶으로 십자가 위에서 사랑과 진리와 생명을 가르쳐 주셨기 때문입니다.

어떤 중학교에서 이런 일이 있었다고 합니다. 한 아이가 입학했는데, 같은 반의 한 아이와 감정 대립을 하게 되었습니다. 그런데 이 아이가 마음이 넓은 아이였던 것 같습니다. 몇 번이고 치고받을 수 있었음에도 주먹다짐까지는 가지 않았습니다. 그런데 어느 날 쉬는 시간에 상대방 아이가 시비를 걸어 왔습니다. 그날도 이 아이는 싸울 마음은 없었으나 화가 나서 크게 한 번 화를 냈습니다. 그 순간 반에 있는 아이들이 옆에서 싸우라고 부추겼습니다. 분위기상 싸우지 않으면 바보가 되게 되었습니다. 그래서 이 아이가 웃통을 벗고 싸웠습니다. 아이들이 싸우는데 반 아이들은 주머니에서 돈을 꺼내 나는 이쪽, 나는 저쪽 하며 돈을 걸었습니다. 결국 이 아이가 이겼는데, 이기고 났더니 이 아이에게 돈을 건 아이들이 어깨를 주물러 주며 잘했다고 인정해 주었습니다.

부모들이 자녀들에게 항상 하는 이야기가 착하게 살라는 말 아닙니까? 학교 선생님이 아이들에게 바르게 살라고 이야기하지 않았겠습니까? 그런데 아이들은 그것이 의로운 싸움인지, 불의한 싸움인지 생각하지 않고 친구를 싸우게 해놓고는, 싸움에 이긴 친구를 격려하는 한심한 태도를 보인 것입니다. 이런 일이 이 학교만의 일이겠습니까? 기성세대들이 그토록 바르게 살라 이야기하는데 왜 아이들이 이렇게 변해 갑니까? 어른들이 말은 그렇게 하면서도 돈만 되면 무슨 짓이든 다 하기 때문입니다. 아이들이 그것을 그대로 보고 배운 것입니다.

우리가 지금 이런 시대에 살고 있습니다. 우리 아이들이 우리가 알지 못하는 가운데 그런 모습을 닮아 갑니다. 우리가 아무리 말해도 우리의 삶으로 보여 주지 않는 것은, 아이들이 절대로 따라하지 않습니다. 우리는 정말 진리를 따라 살아야 합니다. 진리를 삶으로 보여 주어야 합니다. 왜 저 사람들은 더 돈을 벌 수 있고 더 편하게 살 수 있는데 진리를 따르느라 고난을 감수하는지, 세상 사람들이 우리의 삶을 보고 질문할 수 있게 해야 합니다. 그렇게 질문할 수 있게 만들어 주어야 합니다. 우리의 삶 자체로 우리와 만나는 사람들을 그리스도의 제자로 만들어 갈 수 있어야 합니다. 우리가 이같이 삶으로 사람들을 주님의 제자로 가르쳐 갈 때, 삶으로 가르치는 교사가 될 때, 그 결과는 주님께서 책임져 주십니다.

우리가 가르치려고 하는 이 말씀이 무엇입니까? 톨스토이 말입니까, 소크라테스 말입니까? 천지를 지으신 하나님의 말씀, 생명의 말씀, 인간의 관절과 골수를 찔러 쪼개는 능력의 말씀입니다. 우리가 이 말씀을 가르치면, 우리가 이 말씀을 삶으로 진정 바르게 가르치면, 어떤 역사가 어떻게 일어날지 모릅니다. 주님께서는 우리가 상상조차 할 수 없었던 일들을 하십니다. 그 말씀은 천지를 지으신 하나님의 말씀이기 때문입니다.

사도 바울이 골로새서 1장 28-29절에서 말합니다.

우리가 그를 전파하여 각 사람을 권하고 모든 지혜로 각 사람을 가르침은 각 사람을 그리스도 안에서 완전한 자로 세우려 함이니 이를 위하여 나도 내 속에서 능력으로 역사하시는 이의 역사를 따라 힘을 다하여 수고하노라 우리가 가르치는 목표는 가르치는 사람을 완전에 이르게 하는 데 있다는 말씀입니다. 나의 재주, 경력, 과거를 볼 때 내가 어떻게 사람을 완전하게 세울 수 있겠습니까? 불가능한 일입니다. 우리가 어떻게 교사가 될 수 있습니까? 주님께서 우리 안에 계시기 때문에 가능합니다. 바울이 이야기하듯이 내가 교사 되는 삶을 살 때, 내속에 계시는 주님께서 당신의 능력으로 내가 상상치도 못하는 역사를 이루어 가십니다. 세상에 이보다 더 강렬하고 멋진 삶이 어디 있겠습니까.

29
혹 위로하는 자면

로마서 12장 6-8절

우리에게 주신 은혜대로 받은 은사가 각각 다르니 혹 예언이면 믿음의 분수대로, 혹 섬기는 일이면 섬기는 일로, 혹 가르치는 자면 가르치는 일로, **혹 위로하는 자면** 위로하는 일로, 구제하는 자는 성실함으로, 다스리는 자는 부지런함으로, 긍휼을 베푸는 자는 즐거움으로 할 것이니라

저희 교회가 시작된 지 6년 8개월이 되었는데, 이 기간 동안 하나님의 능력을 가장 많이 확인한 사람, 그래서 가장 자주 놀란 사람이 있다면 감히 저라고 말씀드릴 수 있습니다. 그 이유는 제가 이 교회에서 가장 많이 가르쳤기 때문입니다. 하나님의 말씀이 얼마나 많은 분들의 인생을 바꾸어 놓았는지 모릅니다. 그러니 매일 놀라면서 주님의 위대하심을 온 영혼을 다해 찬양드리지 않을 수 없습니다. 주님께서 우리 각자에게 교사가 되라고 명령하시는 것은 우리로 하여금 하나님의 위대하신 능력을 삶 가운데서 경험하도록 해주시기 위한 은총이라는 사실을 다시금 깨닫게 됩니다.

오늘 주님께서 네 번째 역할에 대해 가르쳐 주고 계십니다.

혹 위로하는 자면 위로하는 일로(8절 상반절)

그리스도인은 교회 안팎에서 위로자가 되어야 한다는 말씀입니다. 우리가 어떻게 위로자가 될 수 있습니까? 우리가 누구를 위로한다고 할 때, 그 위로가 어떻게 전달될 수 있습니까?

이런 말은 내가 많이 들었나니 너희는 다 재난을 주는 위로자들이로구나 헛된 말이 어찌 끝이 있으랴(욥 16:2-3하)

욥은 갑자기 자식이 다 죽고, 재산이 몽땅 사라졌습니다. 자신의 건강도 치명적인 해를 입었습니다. 정말 처참한 몰골이 되었습니다. 그래서 이런 욥을 위로하기 위해 친구들이 찾아왔습니다. 며칠 밤낮을 자지 않고 위로해 주었습니다. 그런데 욥이 말하기를, 너희가 나에게 위로한다고 하는데 위로는커녕 너희 말이 오히려 나를 번뇌케 한다는 것입니다. 너희는 미사여구로 나를 위로한다고 하지만, 그 말은 다 허망하기 짝이 없다는 것입니다. 조금도 위로가 되지 않는다는 것입니다.

비방이 나의 마음을 상하게 하여 근심이 충만하니 불쌍히 여길 자를 바라나 없고 긍휼히 여길 자를 바라나 찾지 못하였나이다 그들이 쓸개를 나의 음식물로 주며 목마를 때에는 초를 마시게 하였사오니(시 69:20-21)

이것은 다윗의 탄식입니다. 다윗은 말할 수 없는 환난과 곤고함에 빠져 있습니다. 그래서 누가 나를 위로해 줄 것인지 둘러보았는데, 아무도 위로가 되는 사람이 없습니다. 그 상황에서 사람들의 말은 쓸개가 되어, 초가 되어 다윗의 마음을 더 찢었습니다.

밤에는 슬피 우니 눈물이 **뺨**에 흐름이여 사랑하던 자들 중에 그에게 위로하는 자가 없고 친구들도 다 배반하여 원수들이 되었도다(애 1:2)

이것은 예레미야의 흐느낌입니다. 예루살렘 성이 바벨론에 의해 초토화되어 망했습니다. 이스라엘 백성이 생명처럼 여기던 예루살렘 성전이 더럽혀졌습니다. 얼마나 괴로웠는지 예레미야가 밤을 새워 통곡했습니다. 그리고 누구로부터 위로를 받을까 하고 좌우사방을 살펴보았더니, 위로자가 있기는커녕 오히려 자기가 사랑하던 사람들, 평소에 친구라고 하던 사람들이 다 원수가 되어 있었습니다.

왜 위로한다고 했는데도 위로가 되지 않습니까? 왜 위로한다고 했는데도 허망한 말밖에 되지 않고 오히려 듣는 사람을 번뇌케 합니까? 왜 위로자가 되려 함에도 이 세상 누구도 참다운 위로자가 될 수 없습니까? 그 이유는 간단합니다. 인간의 위로는 구원의 능력이 없는, 구원을 책임질 수 없는 빈말이기 때문입니다. 어린아이가 노트를 사려고 100원을 가지고 가다가 그 100원을 잃어버렸다고 하십시다. 노트를 사 가지 않으면 선생님에게도, 엄마에게도 혼이 나게 생겼습니다. 그래서 겁에 질려 웁니다. 그 아이에게 가장 확실한 위로가 되는 것은 100원을 주어 노트를 사게 하는 것입니다. 그런데 불행하게도 아이를 지켜보는 이가 아이에게 줄 돈이 없거나, 줄 돈이 있어도 주고 싶은 마음이 없어 그저 입으로 위로를 해줍니다. 이것이 우리가 위로라며 해주는 것입니다.

1992년 대통령 선거가 있기 전에, 당시 대통령 후보였던 모 정당의 대표가 미아리 텍사스촌이라고 불리는 무허가 성매매 술집들을 위로차 방문한 것이 신문에 보도된 일이 있습니다. 그가 위로하러 갔던 대상은 성매매 여성들이었습니다. 그곳에서 어떤 성매매 여성도 위로받았다는 이야기를 저는 듣지 못했습니다. 기껏 가서 그가 한 말은, 고생이 참 많다, 여기 온 지는 얼마나 되었느냐, 돈은 좀 모았느냐, 이런 말들이었습니다. 바로 이런 것이 밤마다 몸을 팔고 웃음을 팔아 생존을 연명해 가는 여성들의 입장에서 보면 번뇌케 하는 허망한 말들입니다. 모든 인간의 위로는 이렇습니다.

찬송하리로다 그는 우리 주 예수 그리스도의 하나님이시요 자비의 아버지시요 모든 위로의 하나님이시며(고후 1:3)

하나님께서 모든 위로의 하나님 되심을 증거하고 있습니다. 바꾸어 말하면, 모든 위로는 하나님께 속한 것임을 나타냅니다.

우리 주 예수 그리스도와 우리를 사랑하시고 영원한 위로와 좋은 소망을 은혜로 주신 하나님 우리 아버지께서 너희 마음을 위로하시고 모든 선한 일과 말에 굳건하게 하시기를 원하노라(살후 2:16-17)

모든 위로는 하나님께 속한 것이고 하나님께로부터 올 뿐만 아니라 하나님의 그 위로만이 영원한 위로라고 전하고 있습니다. 왜 하나님으로부터만 위로가 옵니까? 왜 하나님의 위로만이 영원한 위로입니까? 하나님만이 우리의 구원자 되시고 그분의 구원만 영원하기 때문입니다. 다시 말해, 하나님께서는 영원한 생명으로 우리를 구원하시는 분이기 때문입니다. 내가 어떤 환난과 시련 속에 있을 때 환난과 시련만을 바라보면 소망이 없지만, 그러나 나의 영원하신 구원자 되시는 하나님과 관계 맺으면 그 환난과 시련은 전혀 의미가 달라집니다. 전혀 새로운 가치를 지니게 됩니다. 그 모든 것이 하나님 아버지께서 영원한 생명으로 영원히 우리를 구원해 주시기 위한, 영원한 진리 앞에 영원히 우리를 바로 세우시기 위한, 영원한 빛 가운데로 우리를 인도하시기 위한 하나님의 은혜임을 깨닫게 됩니다. 이 깨달음 위에서 그 모든 환난과 시련을 하나님과의 관계 속에서 수용할 수 있는 용기를 얻고 그것들을 극복할 수 있는 능력을 얻게 됩니다. 그래서 하나님만이 위로자가 되실 수 있는 것입니다.

그렇다면 모든 위로가 하나님께 속해 있으며 인간의 위로란 허망한 빈 말일 뿐임에도, 왜 그리스도인 된 우리에게 위로자의 역할을 주시는가 하는 의문이 생깁니다. 우리 각 사람으로 하여금 위로의 역할을 감당하라고 하시는 것은 우리 자신에게 있는 것으로 다른 사람을 위로하라는 것이 아닙니다. 그렇게 하면 실패합니다. 주님께서 우리에게 위로자가 되라고 하신 것은 모든 위로의 근원 되시는 하나님의 위로를 전하는 통로가 되라는 것입니다. 정말 위로가 필요한 사람에게, 위로자 되시는 하나님과 그를 이어 주는 교량이 되라는 것입니다. 위로가 필요한 사람에게 하나님의 위로를 전해 주는 매개체가 되라는 것입니다.

'위로하다'에 해당하는 헬라어 '파라칼레오'는 네 가지 의미를 지닙니다. 첫째, '권면하다'라는 의미입니다. 하나님의 말씀을 권하고 그것으로 채워 주는 것 자체가 위로가 됩니다. 하나님께서는 위로의 하나님이시기 때문에 그분의 말씀이 위로가 되는 것은 너무도 당연합니다. 2천 년 전 갈릴리에 살던 사람들은 가난 때문에, 도저히 피할 수 없는 고통 때문에 괴롭고 힘든 삶을 살았습니다. 이렇게 살고 있는 그들 앞에 예수님께서 서셨습니다. 예수님께서는 그들에게 단 1원도 주신 적이 없습니다. 입을 것이나 잠잘 곳을 마련해 주신 적도 없습니다. 예수님께서는 단순히 말씀하셨을 뿐입니다.

심령이 가난한 자는 복이 있나니 천국이 그들의 것임이요 애통하는 자는 복이 있나니 그들이 위로를 받을 것임이요 온유한 자는 복이 있나니 그들이 땅을 기업으로 받을 것임이요(마 5:3-5)

그런데 그 말씀을 통해 고통 속에 있던 수많은 사람들이 말할 수 없는 위로에 휩싸였습니다. 그분의 말씀은 인간의 말이 아니라 로고스, 하나님의 말씀이었기 때문입니다. 하나님의 말씀을 전하고 하나님의 말씀으로 채워 줄 때, 사람이 상상할 수 없는 위로가 임하게 되는 것입니다.

여호와는 나의 목자시니 내게 부족함이 없으리로다 그가 나를 푸른 풀밭에 누이시며 쉴 만한 물 가로 인도하시는도다 내 영혼을 소생시키시고 자기 이름을 위하여 의의 길로 인도하시는도다 내가 사망의 음침한 골짜기로 다닐지라도 해를 두려워하지 않을 것은 주께서 나와 함께 하심이라 주의 지팡이와 막대기가 나를 안위하시나이다 주께서 내 원수의 목전에서 내게 상을 차려 주시고 기름을 내 머리에 부으셨으니 내 잔이 넘치나이다 내 평생에 선하심과 인자하심이 반드시 나를 따르리니 내가 여호와의 집에 영원히 살리로다(시 23:1-6)

이보다 더 큰 위로가 어디에 있습니까? 말씀 자체가 위로입니다.

둘째, '곁에 있다'라는 의미입니다. 파라칼레오는 '파라παρά'와 '칼레오καλέω'가 합쳐진 복합어입니다. '파라'라는 말은 '곁에', '칼레오'는 '부르다'라는 뜻입니다. 그러므로 직역하면 '곁에서 부르다'라는 의미입니다. 즉, 위로라는 것은 곁에 있는 것입니다. 곁에 있는 것 자체가 위로가 됩니다. 그래서 성자 하나님께서도 인간의 몸을 입고 인간의 곁으로 와주셨습니다. 영이신 하나님께서는 오늘도 영으로 우리 곁에 계십니다. 내 곁에 계시는 하나님, 내 곁에서 언제나 동행하시는 하나님, 이보다 더 크고 아름다운 위로가 어디 있겠습니까? 그래서 우리 역시 위로를 필요로 하는 사람의 곁에 있어 주는 것이 중요합니다. 보다 중요한 것은, 하나님의 마음으로, 위로의 하나님의 대리인으로, 그분의 도구 된 마음으로 곁에 있어 주는 것입니다. 그때 우리를 통로 삼아 하나님의 위로가 그 사람을 붙들고 변화시키고 역사하십니다.

교인이 많아지면서 전화 상담이 무척 많아졌습니다. 어제만 해도 전화 상담을 해오신 분이 다섯 분, 찾아오신 분이 세 분 계셨고, 총 다섯 시간가량 이야기를 나눴습니다. 그럼에도 제가 사무실에 있는 한은 이 일을 포기하지 않으려고 합니다. 목회는 누구든지 도움을 필요로 하는 분 곁에 있는 것이라고 생각합니다. 누군가 나의 도움이 필요한 분 곁에 전화상으로라도 곁에 있을 때, 그분이 나를 통해 그의 곁에 계신 하나님을 발견하고 하나님의 위로를 받을 수 있다면, 그보다 더 아름다운 목회가 어디 있겠습니까?

셋째, '초대하다'라는 의미입니다. 내가 어려움에 처한 사람의 삶 속으로 들어가 삶을 함께 나누는 것은 대단히 아름다운 위로입니다. 그러나 상대를 내 삶 속에 초대해서 삶을 나누는 것은 더 아름답고 더 큰 위로가 되어 줍니다. 위로의 궁극적인 목표가 여기에 있어야 합니다. 예수 그리스도께서 우리의 삶 속으로 들어와 주셨습니다. 우리 곁에 계셔 주셨습니다. 그리고 우리의 아픈 삶을 나누어 주셨습니다. 그렇게 우리에게 말할 수 없는 위로가 되어 주셨습니다. 그런데 예수 그리스도께서 이것으로 마치셨다면, 나는 나를 절대 벗어날 수 없습니다. 나를 벗어나지 않고는 진정한 위로를 얻지 못합니다. 그런데 주님께서 나를 진리와 생명과 빛으로 초대해 주셨습니다. 그래서 우리는 그분의 초대에 응함으로 우리를 벗어나 자유할 수 있게 되었습니다. 우리를 벗어나 주님의 영원하신 위로 속에서 새롭게 빚어지고 새롭게 시작할 수 있게 되었습니다.

넷째, '간구하다'라는 의미입니다. 참된 위로자가 되기 위해서는 항상 하나님의 위로를 간구하는 사람이 되어야 합니다. 하나님의 위로를 받아 본 적도 없고 하나님의 위로를 알지도 못하는 사람이 누구를 위로할 수 있겠습니까? 하나님의 위로를 담지 못한 사람이 누구를 살릴 수 있겠습니까? 하나님의 위로를 끊임없이 간구하고, 이미 내 삶 속에 임하신 하나님의 위로를 바라볼 수 있어야 합니다. 하나님께서 우리를 위로해 주시기 위해 얼마나 많은 사람을 동원하고 계십니까? 하나님께서 우리를 위로해 주시기 위해 얼마나 많은 계획과 일들을 보여 주고 계십니까? 하늘의 별을 통해서도 우리를 위로하십니다. 새 소리를 통해서도 위로하십니다. 피어나는 꽃망울, 시냇물 소리, 온 자연을 통해 우리를 위로하십니다. 그 위로하심을 힘입어 우리도 위로의 통로가 되는 것입니다.

성경에 나타나 있는 위로의 사례들 중에서 대표적인 세 가지를 살펴보십시다.

첫째, 창세기 24장 67절입니다.

이삭이 리브가를 인도하여 그의 어머니 사라의 장막으로 들이고 그를 맞이하여 아내로 삼고 사랑하였으니 이삭이 그의 어머니를 장례한 후에 위로를 얻었더라

이삭과 리브가가 부부지간에 서로 위로를 얻었습니다. 내가 세상에서 아무리 실패하고 좌절을 겪어 낙담하였다 하더라도, 집에서는 부부가 서로 눈을 마주하며 새로운 힘을 얻고 위로를 얻을 수 있어야 합니다. '리브가'라는 이름이 '묶어 두다'라는 뜻입니다. 리브가는 하나님께 묶인 바 되어 있었기 때문에, 하나님께 사로잡힌 바 되어 있었기 때문에, 삶 속에서 역사하시는 하나님의 위로하심을 날마다 경험했습니다. 덕분에 남편에게 훌륭한 위로자가 될 수 있었습니다. 큰 위로가 되어야 할 부부지간에 오히려 상처를 주고 고통을 준다면 그것은 각자가 하나님께 동여매져 있는 것이 아니라, 자기 자신에게 동여매져 있기 때문입니다. 하나님께 묶이지 않고 자기에게 묶여 있는 사람은 위로하는 것이 아니라 위로받으려고만 합니다. 부부지간에 혹은 사람과 사람의 관계에서 위로가 아니더라도 무엇이든지 받으려는 마음만 가지고 있으면, 절대로 만족이 있을 수 없습니다. 받으려는 마음은 아무리 채워도 다함이 없습니다. 내가 주려고 할 때부터 행복이 시작되고 만족이 찾아오는 것입니다.

나를 하나님께 묶느냐, 나 자신에게 묶느냐 혹은 위로하는 사람이 되고자 하느냐, 위로받기만 하는 사람이 되려고 하느냐에 따라 부부지간은 천국이 될 수도 있고 지옥이 될 수도 있습니다. 그 선택은 내가 하는 것입니다. 그리고 그 선택에 대한 고통과 기쁨도 다른

사람이 아니라 내가 갖는 것입니다.

둘째, 창세기 50장 19-21절입니다.

요셉이 그들에게 이르되 두려워하지 마소서 내가 하나님을 대신하리이까 당신들은 나를 해하려 하였으나 하나님은 그것을 선으로 바꾸사 오늘과 같이 많은 백성의 생명을 구원하게 하시려 하셨나니 당신들은 두려워하지 마소서 내가 당신들과 당신들의 자녀를 기르리이다 하고 그들을 간곡한 말로 위로하였더라

　　요셉이 형들을 위로했습니다. 요셉의 형들은 요셉을 죽이려다 팔아먹었습니다. 그런데 요셉이 나중에 애굽의 국무총리가 되었고, 애굽으로 식량을 사러 온 형들이 요셉과 상봉하게 되었습니다. 이제 큰일 날 줄 알았는데 요셉이 다 용서해 주었습니다. 그리고 세월이 흘러 아버지 야곱이 죽었습니다. 형들의 마음속에는 또다시 두려움이 일었습니다. 동생이 자신들을 용서해 준 것은 아버지를 봐서였는데 아버지가 돌아가셨으니 요셉이 옛날 원한으로 자신들을 죽일지 모른다는 두려움이었습니다.

　　그런 형들에게 요셉이 두려워하지 말라고 했습니다. 그리고 형들을 위로했습니다. 이것이 무엇을 의미합니까? 요셉이 권력과 부가 아닌 하나님의 위로 속에 살았음을 의미합니다. 형들에게 배신당하고, 애굽에서 종살이하고, 억울하게 감옥생활도 했습니다. 그런데 그때마다 하나님의 위로하심이 요셉과 함께했습니다. 자기 자신이 하나님의 위로하심 속에서 지내 왔으니 그 위로하심으로 세상을 바라볼 때 용서 못할 사람이 없었던 것입니다.

　　우리는 내 삶 속에 구체적으로 역사하시는 하나님의 위로하심을

날마다 확인하고 그 위로하심의 능력을 힘입어, 지나간 인생 속에서 내게 큰 잘못을 했던 사람들을 용서해야 합니다. 그럼으로써 우리에게 죄지은 사람을 사하여 준 것같이 우리의 죄를 사하여 달라고 하나님 앞에서 떳떳하게 기도할 수 있어야 합니다.

셋째, 사도행전 4장 36-37절입니다.

구브로에서 난 레위족 사람이 있으니 이름은 요셉이라 사도들이 일컬어 바나바라(번역하면 위로의 아들이라) 하니 그가 밭이 있으매 팔아 그 값을 가지고 사도들의 발 앞에 두니라

바나바는 위로의 사람이라는 내용입니다. 그러면 바나바가 무엇을 하였기에 이 같은 호칭을 받을 수 있었습니까?

사울이 예루살렘에 가서 제자들을 사귀고자 하나 다 두려워하여 그가 제자됨을 믿지 아니하니 바나바가 데리고 사도들에게 가서 그가 길에서 어떻게 주를 보았는지와 주께서 그에게 말씀하신 일과 다메섹에서 그가 어떻게 예수의 이름으로 담대히 말하였는지를 전하니라(행 9:26-27)

사울이 주님을 만난 후 제자들을 만나려 했지만 제자들이 꺼렸습니다. 그때 바나바가 증인이 되어 제자들에게 사울을 틀림없는 사람이라고 보증했습니다. 예수님의 제자들과 사울이 서로 친교할 수 있도록 징검다리 역할을 해주었습니다. 그뿐만 아니라 더 중요한 내용이 나옵니다.

예루살렘 교회가 이 사람들의 소문을 듣고 바나바를 안디옥까지 보내니 그

가 이르러 하나님의 은혜를 보고 기뻐하여 모든 사람에게 굳건한 마음으로 주와 함께 머물러 있으라 권하니 바나바는 착한 사람이요 성령과 믿음이 충만한 사람이라 이에 큰 무리가 주께 더하여지더라 바나바가 사울을 찾으러 다소에 가서 만나매 안디옥에 데리고 와서 둘이 교회에 일 년간 모여 있어 큰 무리를 가르쳤고 제자들이 안디옥에서 비로소 그리스도인이라 일컬음을 받게 되었더라(행 11:22-26)

바나바는 성령과 믿음이 충만한 사람이었습니다. 그래서 많은 사람들이 주님께로 나아왔습니다. 바나바는 예루살렘에서 제자들에게 배척당한 별 볼 일 없는 사울을 자신의 삶의 현장으로 초대했습니다. 자기 밑에서 일하도록 하기 위함이 아니라 동역하기 위함이었습니다. 그럼으로써 위대한 바울이 탄생합니다. 그리고 바울을 통해 소아시아, 로마, 당시 서양인들이 알던 모든 세계가 복음화되는 역사가 일어납니다.

만약 바나바가 사울이라는 사람을 자기 삶 속에 초대하고 위로하지 않았다면, 절대로 이 같은 역사는 일어나지 않았을 것입니다. 우리는 전 세계를 다니며 복음을 전한 바울만 위대하다고 생각하기 쉽습니다. 그러나 공평하신 하나님께서는 그렇게 평가하시지 않습니다. 하나님께서는 자신의 삶 속으로 초대해 위대한 일을 할 수 있도록 동기를 마련해 준 바나바를 성경에서 유일무이하게 '위로의 아들'이라고 부르십니다. 바나바가 한 일이 위로의 하나님께서 행하시는 일과 같았기 때문입니다.

누군가를 내 삶으로 초대해 내 삶을 함께 나눔으로 그 사람의 삶이 새로워지고, 그 사람에 의해 한 민족, 한 나라, 세계의 한 부분이 새로워진다면 얼마나 감격적인 일이겠습니까? 이것은 결코 불가능한 일이 아닙니다. 내가 하나님의 위로의 통로가 되면 얼마든지 가능합니다. 그때 하나님 아버지께서는 우리를 가리켜 위로의 자녀들이라 불러 주실 것입니다.

2 영화롭게 하셨느니라

이재철 목사의 로마서

2 He Glorified
The Romans of LEE Jae Chul

지은이 이재철
펴낸곳 주식회사 홍성사
펴낸이 정애주
국효숙 김의연 박혜란 손상범
송민규 오민택 임영주 차길환

2015. 7. 29. 초판 발행   2024. 9. 19. 12쇄 발행

등록번호 제1-499호 1977. 8. 1.
주소 (04084) 서울시 마포구 양화진4길 3   **전화** 02) 333-5161   **팩스** 02) 333-5165
홈페이지 hongsungsa.com   **이메일** hsbooks@hongsungsa.com
페이스북 facebook.com/hongsungsa
양화진책방 02) 333-5161

ⓒ 이재철, 2015

ISBN 978-89-365-1109-8 (04230)
ISBN 978-89-365-0542-4 (세트)